# 搭地鐵
# 玩遍紐約

太雅

ANA Inspiration of JAPAN

A STAR ALLIANCE MEMBER

# ANA 帶您暢遊北美

## 一次旅遊玩轉2大城市
## 體驗五星級舒適飛行

# 搭地鐵 玩遍紐約

世界主題之旅 94

| 作　　者 | 孫偉家 |
| --- | --- |
| 攝　　影 | 孫偉家 |

| 總 編 輯 | 張芳玲 |
| --- | --- |
| 發想企劃 | taiya旅遊研究室 |
| 編輯室主任 | 張焙宜 |
| 企劃編輯 | 張焙宜 |
| 主責編輯 | 林孟儒 |
| 特約編輯 | 陳妤甄 |
| 修訂主編 | 鄧鈺澐 |
| 封面設計 | 許志忠 |
| 美術設計 | 許志忠(內頁、地圖) |

太雅出版社
TEL：(02)2882-0755　FAX：(02)2882-1500
E-MAIL：taiya@morningstar.com.tw
郵政信箱：台北市郵政53-1291號信箱
太雅網址：http://taiya.morningstar.com.tw
購書網址：http://www.morningstar.com.tw
讀者專線：(04)2359-5819 分機230

| 出 版 者 | 太雅出版有限公司 |
| --- | --- |
| | 台北市11167劍潭路13號2樓 |
| | 行政院新聞局局版台業字第五○○四號 |

| 法律顧問 | 陳思成律師 |
| --- | --- |

| 印　　刷 | 上好印刷股份有限公司　TEL：(04)2315-0280 |
| --- | --- |
| 裝　　訂 | 東宏製本有限公司　TEL：(04)2452-2977 |
| 二　　版 | 西元2017年01月01日 |
| 定　　價 | 450元 |

(本書如有破損或缺頁，退換書請寄至：台中市工業30路1號　太雅出版倉儲部收)

ISBN　978-986-336-144-2
Published by TAIYA Publishing Co.,Ltd.
Printed in Taiwan

編輯室：本書內容為作者實地採訪的資料，書本發行後，開放時間、服務內容、票價費用、商店餐廳營業狀況等，均有變動的可能，建議讀者多利用書中的網址查詢最新的資訊，也歡迎實地旅行或是當地居住的讀者，不吝提供最新資訊，以幫助我們下一次的增修。聯絡信箱：taiya@morningstar.com.tw

國家圖書館出版品預行編目資料

搭地鐵玩遍紐約／孫偉家作．
— 二版．— 臺北市：太雅，2017.01
面；　公分．—（世界主題之旅；94）
ISBN　978-986-336-144-2（平裝）
1.火車旅行　2.地下鐵路　3.美國紐約市
752.71719　　　　　　　　105018404

　　來到紐約定居，算一算已有將近8年的時間，這顆大蘋果也在不知不覺中，成為我除了故鄉台北以外，生活最久的一座城市，從求學到工作，也從四處探索的新鮮人，成為融入其中的紐約客，和其他亞洲先進城市相比，這個雖不能稱得上精緻的大都會，卻因為它獨有的藝術、文化與時尚氛圍，讓我至今仍對紐約保持無限的新鮮感，每到假日常會像個觀光客，拿起相機四處遊玩，持續感受這座城市瞬息萬變的魅力，就如同傑斯與艾莉西亞凱斯的名曲《Empire State of Mind》中所唱的，紐約的街道將讓你隨時有嶄新的體驗，這座五光十射的城市也將帶給你無限的啟發。

　　"Now you're in New York. These streets will make you feel brand new. Big lights will inspire you" -- Empire State of Mind --

　　「搭地鐵玩遍紐約」可說是探訪這個城市最便利的方式，紐約不但擁有全球少見的24小時地鐵系統，還採用不分遠近、單一票價的收費方式，其中曼哈頓地區類似棋盤格的街區規畫，更讓各位在出站後能輕鬆找尋目的地的方向；在本書當中，首先帶領大家深入淺出地認識紐約的地鐵系統，再依照各條地鐵路線，分別探訪紐約的經典區域。

## 孫偉家

　　國立台灣大學、美國紐約大學(NYU)媒體、文化與傳播研究所畢業，旅遊經歷遍及亞洲、歐洲、北美與南美各地，2008年起於紐約求學與工作至今，現職為紐約地產開發集團行銷公關經理，並擔任《時尚紐約》、《IT STYLE》等中文電視節目的主持人。個人著作包括《搭地鐵玩遍紐約》、《夢想奔放美東大學城》(合著)、《搭地鐵玩遍東京》、《東京年輕人帶路：一週間鮮體驗》與《七年級的東京玩樂全攻略》。

Facebook 粉絲專頁：www.facebook.com/Sin.Wesley
或搜尋「孫偉家Wesley Sin」
微信公眾號：Sin_Wesley或搜尋「孫偉家WesleySin」
Instagram：wesley_sin

特別感謝：作者照片攝影Fai Chen Photography

在每個街區當中，為大家說明其歷史背景與文化特色外，還將向各位介紹觀光客的必訪景點、分享我個人最愛的店家，並請來各種工作領域的在地紐約客們，推薦獨家的私房去處，讓讀者朋友們一次訪遍紐約不可錯過的風景名勝、購物商店與美食餐廳。除此之外，每個月接連舉行的各項節日慶典，也是各位不可錯過的旅遊重點，紐約的一年四季，也因為這些「期間限定」的項目而更為多姿多采，為了讓大家更貼近紐約的脈動，本書特別設計了「紐約四季的特色慶典」單元，透過這個部分，更可在行前就了解紐約將會有什麼新鮮有趣的活動，方便安排行程規畫，玩得更盡興。

本書自2014年發行以來，感謝讀者朋友們的支持，本次改版也加入了更多最新的熱門遊賞去處與不可錯過的人氣名店。

Are you ready? 現在就讓我們一起「搭地鐵玩遍紐約」，一同前往這顆大蘋果中感受紐約Style吧！

**孫偉家**
Wesley Sin

# New York

# 目錄

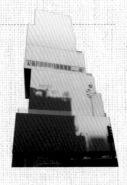

## 60　地鐵：④⑤⑥號線

## 28　紐約5大印象

## 108　①②③

## 40　紐約四季的特色慶典

## 166　地鐵：ＮＱＲ號線

## 212 地鐵：ＦＭ號線

214 第二大道站：下東區

## 222 地鐵：ＡＣＥ號線

224 世貿中心站：下曼哈頓

## 236 獨具魅力的紐約其他地區

238 布魯克林
258 皇后區
270 布朗士
274 史泰登島與其他著名小島

## 編輯室提醒

**出發前，請記得利用書上提供的Data再一次確認**

　　每一個城市都是有生命的，會隨著時間不斷地成長，「改變」於是成為不可避免的常態，雖然本書的作者與編輯已經盡力，讓書中呈現最新最完整的資訊，但是，我們仍要提醒本書的讀者，必要的時候，請多利用書中的電話，再次確認相關訊息。

**資訊不代表對服務品質的背書**

　　本書作者所提供的飯店、餐廳、商店等等資訊，是作者個人經歷或採訪獲得的資訊，本書作者盡力介紹有特色與價值的旅遊資訊，但是過去有讀者因為店家或機構服務態度不佳，而產生對作者的誤解。敝社申明，「服務」是一種「人為」，作者無法為所有服務生或任何機構的職員背書他們的品行，甚或是費用與服務內容也會隨時間調動，所以，因時因地因人，可能會與作者的體會不同，這也是旅行的特質。

**新版與舊版**

　　太雅旅遊書中銷售穩定的書籍，會不斷再版，並利用再版時做修訂工作。通常修訂時，還會新增餐廳、店家，重新製作專題，所以舊版的經典之作，可能會縮小版面，或是僅以情報簡短附錄。不論我們作何改變，一定考量讀者的利益。

**票價震盪現象**

　　越受歡迎的觀光城市，參觀門票和交通票券的價格，越容易調漲，但是調幅不大(例如倫敦)，若出現跟書中的價格有微小差距，請以平常心接受。

**謝謝眾多讀者的來信**

　　過去太雅旅遊書，透過非常多讀者的來信，得知更多的資訊，甚至幫忙修訂，非常感謝你們幫忙的熱心與愛好旅遊的熱情。歡迎讀者將你所知道的變動後訊息，善用我們提供的「線上讀者情報上傳表單」或是直接寫信來taiya@morningstar.com.tw，讓華文旅遊者在世界成為彼此的幫助。

太雅旅行作家俱樂部

# 如何使用本書

本書希望讓讀者能在行前充分的準備，了解當地的生活文化、基本資訊，以及自行規畫旅遊行程，從賞美景、嘗美食、買特產，還能住得舒適，擁有一趟最深度、最優質、最精采的自助旅行。書中規畫簡介如下：

## 地圖資訊符號

| | | | | | |
|---|---|---|---|---|---|
| $ 金額 | http 網址 | 旅館飯店 |
| 地址 | @ 電子信箱 | 購物商店 |
| 電話 | FAX 傳真 | 餐廳美食 |
| 時間 | 休 休息時間 | 觀光景點 |
| MAP 地圖位置 | i 資訊 | 休閒娛樂 |
| 前往方式 | 注意事項 | 劇場表演 |

### 旅遊基本資訊
從簽證、班機、貨幣匯率、氣候等，以及當地的機場交通、市區交通、營業時間、物價、小費、緊急電話等資訊一應俱全。

### 地鐵快易通
了解紐約的地鐵系統及如何買票和搭乘，Step by Step圖文對照，輕鬆成為地鐵通，自由穿梭紐約。

### 住宿情報
針對紐約各地，介紹不同等級的住宿好所在，滿足不同的住宿需求。

### 紐約印象
美國紐約的5大特色印象，還沒出發就先感受城市氛圍！

### 四季特色慶典
哪個季節最適合去紐約？四季特色慶典告訴你，紐約四季都各有特色、精采可期！

### 專題報導
中央公園寬闊，百老匯劇碼豐富，該從何處著手，才能短時間內走訪精華之地？看專題報導準沒錯。

紐約達人 *New York*
### 3大推薦地

👍 作者最愛
**古根漢美術館**
建築本身就是偉大藝術的知名美術館，當館特殊與珍貴館藏妙不可錯過。(見P.73)

👍 焦點必訪
**中央公園**
世界馳名的都會公園，一年四季均呈現出不同的迷人風貌。(見P.65)

👍 紐約客推薦
**Alice's Tea Cup**
女孩們的夢幻下午茶饗宴，您悠閒的氣氛和豐盛的甜點為店內特色。(見P.79)

# 4 5 6

上東城 Upper East Side

體驗紐約名流的生活品味

# 86街站
86th St

**活動範圍：59～106街、中央公園以東**

←Downtown & Brooklyn　　Uptown & The Bronx→

---

## 地鐵路線簡圖
不僅有前一站、下一站的相對位置，還包含路線代號編碼、前往地區方向及轉乘路線資訊，輕鬆掌握你的地鐵動線。解讀地鐵圖請參考P.23內容說明。

## 紐約達人3大推薦
從作者最愛、焦點必訪、紐約客推薦3個角度，推選出必遊必玩之處。

## 邊欄索引
顯示各單元主題、地鐵路線的顏色、站名，讓你一目了然。

## 地鐵站與周邊街道圖
將該站景點、購物、美食的地點位置全都標示在地圖上。

## 主題景點與購物美食
以遊賞去處、購物血拼、特色美食、休閒娛樂、劇場表演，5大主題引領你進入紐約這個城市。

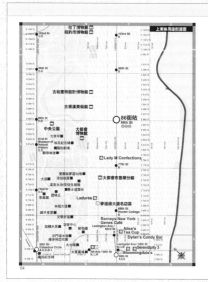

遊賞去處

購物血拼

特色美食

休閒娛樂

劇場表演

## DATA
提供詳盡的地址、電話、營業時間和價錢等商店資訊。

紐約
旅遊黃頁簿
About New York City

BIG
APPLE

## 前往與抵達

### 簽證

美國於2012年10月2日宣布台灣加入免簽證計畫(簡稱VWP)，只要符合資格的台灣護照持有人，即可無需簽證，赴美觀光或從事商務達90天，但每次停留天數不得延長，旅客在美期間亦不得改變其身分，例如變更為學生或工作等簽證身分。旅客若欲以VWP入境美國，須先透過旅行授權電子系統(ESTA)取得授權許可，並於旅行前符合所有相關資格條件，若ESTA旅行許可獲得核准，美國政府將收取$14美金的手續費，詳情請參考ESTA官方網站。

http www.estataiwan.com

### 航空公司

台灣與紐約之間的航線，每日均有多家國內外航空公司航班起降，旅客可依照時間和預算自由選擇。台灣的長榮與華航為直飛班機，因為不需轉機，票價通常比較高，其他航空的班機，大多數須經由其他亞

於東京轉機的全日空航班 ( 圖片提供：全日空)

洲航站轉機，如東京、香港和首爾等。

全日空(ANA)的航班於東京轉機，除了以往的「桃園－成田機場」航線外，近期並新開設「台北松山－東京羽田」轉機的航班，除了票價常比直飛優惠外，旅客還能在轉機時出境遊覽東京，一次玩遍兩大城市(停留日數與規定請洽詢航空公司)。

# 機場與交通

紐約周邊的機場，包括「甘迺迪國際機場」(JFK International Airport)、「紐華克國際機場」(Newark Liberty International Airport)與「拉瓜迪亞機場」(LaGuardia Airport)，一般國際旅客大多利用甘迺迪與紐華克國際機場，而國內線旅客則以拉瓜迪亞機場為主。

## 甘迺迪國際機場

甘迺迪國際機場(MAP P.13)位於皇后區，是進入紐約地區最主要的機場，每天從早到晚旅客絡繹不絕，一共分為9個航站，由機場前往曼哈頓市區的交通，包括機場電車、民營機場巴士和計程車3種。

### ■機場電車(Air Train)

甘迺迪機場的每個航站均有機場電車停靠，電車單程票價為$5，可抵達A線的Howard Beach站與E、J、Z線的Sutphin Blvd-Archer Ave站，再轉乘地鐵前往曼哈頓市區，車程約50～60分鐘。機場電車為最便宜的交通方式，但須上下車站與轉車，建議行李不多並想節省旅費的朋友選擇。

與地鐵站相連接的機場電車候車月台

### ■民營機場巴士

甘迺迪機場有許多民營機場接送專車可選擇，其中較安全可靠的有NYC Airporter、NY Airport Service與Super Shuttle等，這些業者的專車大多停靠曼哈頓大型飯店、賓州車站(34th St Penn Station)、巴士總站(42nd St Port Authority)與中央車站(42nd St Grand Central)等大型轉運站，車資依距離遠近與各公司服務不同略有差異，每人約$13～23，車程約60～70分鐘，除了可在航站服務台現場叫車外，也可先至各網站預約並享折扣優惠。

**NYC Airporter**
🔗 www.nycairporter.com
**Super Shuttle**
🔗 www.supershuttle.com
**NY Airport Service**
🔗 www.nyairportservice.com

### ■計程車

為保障觀光客的權益，紐約交通局規定，計程車由甘迺迪機場往曼哈頓的統一費用為$52(過路費、稅與小費另計，約50～60分鐘)，而前往皇后區與布魯克林因為路程比曼哈頓短，故採一般跳表方式。若3～4人同行時，搭計程車反而為最便利且划算的交通方式，機場周邊常常有許多無牌照的私家車招攬觀光客，建議大家還是搭乘黃色或綠色計程車較為安全。

甘迺迪機場航站

Super Shuttle

黃色計程車

## 紐華克國際機場

紐華克國際機場(MAP P.13)位於新澤西，是進入紐約地區的第二大國際機場，共有3個航站，雖然距離市區較遠，但航班未如甘迺迪機場密集，出關或等候行李的時間都較短，由機場前往曼哈頓市區的交通，同樣包括機場電車、民營機場巴士與計程車3種。

### ■機場電車(Air Train)

紐華克機場電車的單程票價為$5.5，可抵達紐澤西地鐵PATH的Newark Penn Station站，PATH地鐵可以直達下曼哈頓World Trade Center、下城Christopher St、9th St、14th St、23rd St以及中城34th St等站，車程時間約60～70分鐘。

### ■民營機場巴士

紐華克機場的民營機場接送專車，以Super Shuttle、NY Airport Service與Olympia Trails Newark Airport Express等為主，停靠曼哈頓大型飯店與大型轉運車站，車資每人約$16～25，車程大約70～80分鐘。

Olympia Trails Newark Airport Express
http www.coachusa.com/olympia
Super Shuttle
http www.supershuttle.com
NY Airport Service
http www.nyairportservice.com

### ■計程車

紐華克機場往曼哈頓的計程車採跳表費率，約$50～60，過路費、稅與小費另計，車程約60～70分鐘。

## 拉瓜迪亞機場

拉瓜迪亞機場(MAP P.13)也位於皇后區內，是紐約地區主要的國內線機場，經由美國其他城市轉機的班機，或搭乘國內線前往紐約的朋友，有可能在此降落，由機場前往曼哈頓市區的交通，包括公車、民營機場巴士與計程車3種。

### ■公車

拉瓜迪亞機場未設有機場電車，可於機場航廈外搭乘M60公車至Astoria Blvd站轉乘N、Q線地鐵，或搭乘Q70公車至Jackson Heights-Roosevelt Ave站轉乘E、F、M、R、7線前往曼哈頓，M60與Q70均為正常MTA公車票價，單程票$3，也可以使用儲值卡，車程大約50～60分鐘。

### ■民營機場巴士

拉瓜迪亞機場的民營機場接送專車，以NYC Airporter、Super Shuttle與NY Airport Service等為主，這些專車亦停靠曼哈頓大型飯店與大型轉運車站，車資每人約$13～23，車程60～70分鐘，業者網站同P.11甘迺迪機場。

### ■計程車

拉瓜迪亞機場往曼哈頓的計程車採跳表費率，約$40～50，過路費、稅與小費另計，車程約50～60分鐘。

整修後的拉瓜迪亞機場航站新穎摩登

紐華克機場電車

Newark Airport Express 機場巴士

拉瓜迪亞機場公車轉乘標示

# 日常生活資訊

## 名稱由來與地理位置

「紐約」(New York)原名「新阿姆斯特丹」(New Amster-dam)，位於紐約州東南部，曾是美國的臨時首都，目前擁有超過8百萬人口，是美國經濟、金融、文化與交通的中心，亦是全球知名的娛樂、藝術和時尚產業重鎮。

紐約市由5個行政區組成，分別為曼哈頓(Manhattan)、布魯克林(Brooklyn)、皇后區(Queens)、布朗士(The Bronx)和史泰登島(Staten Island)。紐約又被暱稱為「大蘋果」，這個名稱的由來眾說紛紜，其中一說是，因為紐約的各項發展機會多而吸引各方移民湧入，彷彿人人都想咬一口的「大蘋果」；另一說則是來自紐約早期最知名的爵士樂俱樂部「大蘋果」(Big Apple)，這個俱樂部的樂手至美國其他地區演出時，都會被冠上來自「紐約大蘋果」的稱號，而紐約就這麼與大蘋果畫上了等號。

## 語言

官方語言為英文，但由於移民人口眾多，根據統計，一半的紐約居民在家並不說英文，在生活中也時常能聽到各種口音的英文與其他語言，因此觀光客們可不要不好意思開口說英文，簡單的詞彙就可以互相溝通了。隨著華人消費者在全球市場的崛起，紐約各大精品店家與百貨公司，現今幾乎都有用中文服務的店員，中文也因大量移民人口而成為紐約第二大的非官方語言，在地鐵、公車、大型商場與機場等公共區域，都會有中文標誌幫助華人新移民與遊客。

## 氣候與服裝

紐約四季分明，春天與秋天氣候涼爽但日夜溫差大，可攜帶薄外套與圍巾以備不時之需。夏天時高溫直逼30度以上，攜帶與台灣夏季類似的服裝即可；冬天則常出現零下低溫和雨雪的天氣，但因室內皆備有暖氣，建議採洋蔥式層層穿著，以厚薄適中的上衣，搭配保暖的大衣、羽絨外套、手套與圍巾等。

## 時差

台灣時間較紐約快，夏令時差12小時，冬令時差13小時，例如夏天紐約7/1上午10:00是台灣7/1夜間10:00，而冬天紐約1/1上午10:00，則是台灣1/1夜間11:00；夏令時間開始於每年3月的第二個星期日，結束於11月的第一個星期日。

### 紐約分區圖

布朗士
The Bronx

曼哈頓
Manhattan

拉瓜迪亞機場

紐華克
國際機場

皇后區
Queens

布魯克林
Brooklyn

甘迺迪
國際機場

史泰登島
Staten Island

遠望曼哈頓的天際線

紐約的春天繁花盛開

被冰雪覆蓋的中央公園

## 電壓

美國電壓為120V，台灣一般電器都是寬頻100～240V，插座樣式台、美相同，所以不需攜帶轉接插頭。

## 貨幣與信用卡

台幣與美金的匯率大約是30:1，消費時以現金和信用卡為主，較少人使用旅行支票。信用卡在紐約是相當普遍的支付方式，即便是幾塊錢也可理所當然的刷卡，由於美國當地除了信用卡(Credit Card)，還有另一種消費時直接從銀行帳戶扣款的「Debit Card」，

### 美國的紙鈔和銅板

1元(Dollar)= 100分(Cent)

**紙鈔**：$=Dollar元，有$100、$50、$20、$10、$5和$1等面額。

**銅板**：¢=Cent分，有25¢(又稱Quarter)、10¢(又稱Dime)、5¢(又稱Nickel)、1¢(又稱Penny)等面額。另有50¢與$1銅板，但比較少見。

紐約曼哈頓的燦爛夜景

兩者收銀系統不同，消費時請告知店員使用信用卡，刷卡時有些店家會要求出示證件(護照)，請隨身攜帶。

## 紐約的物價

星巴克普通熱咖啡(小杯)
$1.75

麥當勞大麥克套餐
$6.99～7.99

便利商店鋁罐裝可樂(473ml)
$1.69

便利商店瓶裝可樂(590ml)
$2.19

便利商店礦泉水(500ml)
$1.69

便利商店美國品牌啤酒(半打)
$11.99

## 紐約商店營業時間

■百貨公司：約10:00～21:00
■便利商店、複合式藥妝店：約07:00～23:00，部分24小時營業。紐約如7-11等便利商店不多，反而是藥妝與超商複合式經營的商店遍布大街小巷，如Duane Reade、Walgreens、Rite Aid等幾大連鎖品牌。
■一般商店：約11:00～20:00
■銀行：約08:00～18:00(部分週六上午營業)
■郵局：約09:00～17:30(部分週六上午營業)

## 消費稅與小費

紐約的消費稅為8.875%，包括購物、餐飲與其他服務業均須另加消費稅；藥房、超市

各式各樣的紐約紀念品

精緻美觀的紐約伴手禮

黑色星期五的超值折扣

與雜貨店的部分食品與藥品免稅，低於$110的衣物與鞋襪類商品免稅，首飾、包包與部分配件類除外，可於購物前和店員確認。此外，美國沒有購物退稅制度，所以不需詢問是否能退稅或免稅。

在餐館、飯店與其他服務業消費時均須另付小費，通常為消費額的15〜20%，最方便的計算方式，是直接把帳單上的消費稅乘以2(即約16%)，飯店行李員、清潔員與餐廳的掛大衣服務等，通常會另給$1〜2的小費；小費制度在美國是必要的禮貌，也可說是對他人勞動的尊重，請不要在小費上過於吝嗇。

### 退貨與換貨

在美國購物，大部分都享有30天內退貨(Return / Refund)或換貨(Exchange)的服務，只要攜帶消費收據(Receipt)，和未使用、包裝與吊牌都完整的商品至店家即可，部分店家的商品退換貨期限可能縮短為10〜14天，也可能無法退款，只能換為「店內消費金」(Store Credit)，各店收銀台與收據上

紐約設計師 Rebecca Minkoff 樣品特賣會

都會註明退換貨規則，請詳細閱讀。

消費收據遺失時，大多仍可以退為店內消費金，但只能以商品當時的售價為主，若商品已下折扣則只能換為折扣後的金額；商品上標示「Final Sale」，或結帳時店員口頭告知「All sales are final」，則代表此商品為「最後出清」，不可退貨或換貨。

### 折扣促銷

美國的換季折扣分為冬季與夏季兩次，冬季折扣從11月底感恩節過後開始，而最後出清則是12月底聖誕節過後，夏季折扣則普遍由7月4日國慶日起跑。此外，紐約客還流行前往「樣品特賣」(Sample Sale)尋寶撿便宜，由於紐約是許多品牌的總部所在，不定

包包品牌 Botkier 樣品特賣會

期會在品牌辦公室、陳列室(Showroom)或另外的活動場地，舉辦樣品與庫存商品的超低折扣出清，許多高人氣的配件品牌，如Botkier、Rebecca Minkoff和Gryson等，幾乎每半年就會舉辦一次樣品特賣，在特賣會中甚至能以市價的3〜5折購買到當季的新款商品。樣品特賣的資訊網站：

**Sample Sally**
http samplesally.com

**Racked NY**
http ny.racked.com

**The Stylish City**
http thestylishcity.com

知名品牌的樣品特賣會總吸引大批人潮

## 電話與網路

紐約的手機網路，支援大部分雙頻與智慧型手機，可先與台灣電信服務商確認手機的國際漫遊服務，或是到了當地後前往AT&T或T-Mobile等電信公司門市，購買預付卡作為聯絡之用。

紐約部分區域仍有公共電話，可使用5分、10分、25分的硬幣，撥號前請先按1，再撥打電話號碼。若要撥打電話回台灣，則需先撥美國國際碼011，再撥台灣國碼886。網路方面，大型飯店、百貨公司與連鎖商家如星巴克、麥當勞等均提供免費的Wi-Fi服務，大部分的地鐵站月台也於近年完成免費Wi-Fi信號的鋪設。

2016年起，紐約街頭出現了全新的Link NYC機器，提供免費的Wi-Fi、USB充電與電話服務，只要插上自己的耳機，

紐約最新設立的 Link NYC 機器

就能免費撥打全美電話，這項非常便民的設備將於幾年內遍及全紐約。

### 打電話範例

若要從美國打電話回台灣的太雅出版社(02)2882-0755，電話的撥號順序為：

**011-886-2-2882-0755**

## 市區交通

觀光客較常會利用到的交通工具為地鐵、公車與計程車。地鐵和公車的單程票為$3，使用儲值卡搭乘可享優惠(詳見「紐約地鐵快易通」單元P.18)；紐約計程車外觀為黃色，起跳價$2.5，週一～五的尖峰時段16:00～20:00加收$1，夜間20:00～翌日06:00加收$0.5，車費外須另收$0.5稅金和15～20%小費，可使用現金或信用卡付款。除常見的黃色計程車外，2013年起新增可於曼哈頓東96街、西110街以北與曼哈頓以外4個行政區載客的蘋果綠計程車「Boro Taxi」。

2013年開始紐約還多了另一項全新的交通工具「Citi Bike」，這個由花旗銀行贊助的市區腳踏車，陸續在曼哈頓各處設立300多個據點，以信用卡購買1日($12，另外加稅)

許多連鎖百貨與咖啡廳均提供免費 Wi-Fi 服務

紐約經典的黃色計程車隨處可見

T-Mobile 與 AT&T 為美國兩大電信業者

最新上路的蘋果綠計程車 Boro Taxi

Citi Bike 為紐約最新的時髦代步工具

紐約公車與站牌

或3日($24，另外加稅)的通行證後將得到一組密碼，可憑密碼於任意的據點取車與還車。購買通行證不可使用現金，若未還車將自動從信用卡扣除$101保證金。請留意：每次租借時間僅有30分鐘，時間結束可先歸還再續借，若是超時將另收取費用，詳細資訊請參考網站：citibikenyc.com。

## 治安狀況

紐約黑幫曾是美國電影中的經典元素，也使觀眾們對紐約的治安產生疑慮，然而現實生活中，經過兩任市長的鐵腕治理，紐約治安狀況比起30年前有了相當大幅度的改善，不過在人潮擁擠的觀光區還是須小心自身財物，也盡量避免邊走路邊把玩新款手機與平板電腦等昂貴3C商品，以免成為不法人士的目標。

若遭路邊不明人士強行推銷商品或騷擾時，可直接尋求警察協助，路邊各大服裝店也多設有警衛門房，緊急情況發生時亦可請求幫助。

紐約春季櫻花盛開的美景

### 緊急聯繫單位

在紐約當地若發生護照遺失、危害生命安全等重大事故，需人員協助時可立即連絡以下單位：

**駐紐約台北經濟文化辦事處(通中文)**

地址：1E 42nd St New York , NY10017.

電話：一般詢問事項：(212)317-7300(週一～五09:00～16:30)

緊急狀況協助：(917)743-4546(24小時全年無休)

**旅外國人急難救助全球免付費專線(通中文)**

電話：011-800-0885-0885(24小時全年無休)

**紐約當地報案、救護車、消防等事項**

電話：911

紐約
地鐵快易通
Metropolitan Transportation

SUBWAY
GUIDE

圖片提供／鈞音車

紐約與倫敦、巴黎、東京等國際城市，皆以發達的地下鐵系統聞名，然而紐約的地鐵和其他國家相比，往往負面的評價多於正面，舉凡老舊甚至髒亂的候車月台、時常故障或誤點的列車、令人提心吊膽的乘車安全，以及總是聽不太懂的站名播報等等，不過屏除這些缺點，紐約的地鐵其實是相當便利的旅遊交通工具，它的線路並不交錯複雜，也不像有些國家分為不同公司營運，其24小時全年無休的載客服務，更是全球少見的大眾運輸規畫。

對於初次造訪紐約的朋友們，本書特別開設了「地鐵快易通」的單元，除了破解大家的各項疑慮外，還能讓各位在行前，對紐約地鐵有更進一步的了解，抵達之後就能輕輕鬆鬆地「搭地鐵玩遍紐約」！

## 地鐵發展史

紐約的地鐵系統自1904年開通至今已超過百年的歷史，目前營運中的路線共有22條，其中最早通車的為紅線(1、2、3)、綠線(4、5、6)與紫線(7)，所屬

的跨區域快線IRT系統(Interborough Rapid Transit)，讓曼哈頓、布朗士、布魯克林與皇后區的交通互連；1915年貫穿布魯克林與曼哈頓的BMT系統(Brooklyn Manhatan Transit)完工，其運行範圍即為今日的黃線(N、Q、R線)、灰線(L線)與棕線(J、Z線)。

到了1932年另一大獨立系統IND(Independent Subway)接著通車，其中包括貫穿曼哈頓、並分向通往皇后區與布魯克林的藍線(A、C、E)、橘線(B、D、F、M)，以及連結皇后區與布魯克林的淺綠線(G)。除了這21條主要路線外，還有另一種深灰色的S線(Shuttle)作為部分地鐵站之間的接駁路線。

今日此3大地鐵系統早已整合完成，並由紐約MTA(Metropolitan Transportation Authority)大都會運輸署負責管理，乘客可以自由於各地鐵路線交會點轉乘，大部分的路線均為24小時營運，班距於尖峰時段約3～5分鐘、離峰時段約10～15分鐘，深夜的班次較少，約20～25分鐘一班。

http www.mta.info

# 地鐵購票通

紐約地鐵的車票，分為單程票、計次儲值卡和無限儲值卡等種類，所有票卡均可於售票機購買，除了標準的英文操作說明外，許多觀光區地鐵站的售票機，亦設有「中文」選項，操作十分容易。

## 單程票 Single Ride

紐約地鐵採「計次」收費，無論搭乘距離遠近均為同一價格，單程票每張$3，票卡為附有磁條的紙卡，用完即可丟棄，由於採計次收費，乘客只需於入口處刷卡，出口處無需再次刷卡。

## 計次儲值卡 Regular Metro Card

使用儲值卡的乘客，可享每趟$2.75的優惠價格，儲值5.5以上時還可獲得11%回饋金，例如儲值$10可多獲得$1.1、$20可多獲得$2.2。儲值可使用現金和信用卡，除了售票機螢幕上的$10、$20選項外，各位也可按「其他選項」自行輸入欲加值的金額。

儲值卡為磁條式票卡，過去由於卡片內不包含押金，許多紐約客沒有重複加值使用的習慣，造成了資源浪費，因此自2013年起增列了購買新儲值卡需加付$1卡片費用的規定。

## 無限儲值卡 Unlimited-Ride

紐約地鐵另有7日($31)與30日($116.5)的無限儲值卡(1日與14日的票卡目前已取消)，持票者可於效期內無限搭乘紐約地鐵與公車，對旅客而言相當便利與划算，使用期間結束後，還可用加值的方式延續新的7日或30日使用效期，也可當作「計次儲值卡使用」，大家可依照自己的行程加入適當的時間或金額。

為了避免多人共用同一張儲值卡，系統設有同一車站於8分鐘內不可重複進出的規定；此外無限儲值卡設有「丟失保險機制」，凡憑「信用卡」購買無限儲值卡的乘客，若不慎遺失時可撥打511或(718)330-1234，在告知遺失的時間與信用卡卡號後，MTA將自動把未使用天數的金額退還至信用卡內，使用現金購買則無法享受此保險機制，計次儲值卡亦無提供此一服務。

無限儲值卡和計次儲值卡的外觀相同

# 購買地鐵票

## 售票機解析

### ■大台的售票機

可購買單程票、儲值卡，並可使用現金與信用卡。

### ■小台的售票機

不販售單程票，且僅收取信用卡。

🅐 觸控式操作螢幕
🅑 硬幣投入口
🅒 紙鈔插入口
🅓 儲值卡取票口，加值時將票卡插入
🅔 單程票卡取票口

🅕 信用卡插入處
🅖 以信用卡購票輸入郵遞區號(Zip Code)
🅗 找零與收據出口

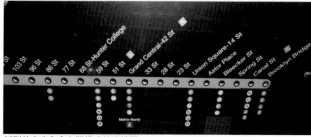

地鐵月台入口的刷票機位置　　新型的車廂內會有閃燈式的路線圖

## 購買單程票

### STEP 1 按右上角「Start」

### STEP 2 選擇語言

部分地鐵站提供中文選項，此處以英文版(English)說明。

### STEP 3 選擇「Single Ride」

### STEP 4 選擇付款方式

通常為現金「Cash」或信用卡「Credit Card」。

## STEP 5 使用信用卡方式

請插入信用卡，並於「Please Remove Your Credit Card」畫面出現時將卡片取出。

### STEP 6 輸入郵遞區號驗證

以美國本地「信用卡」付款時須輸入「Zip Code」(郵遞區號)驗證，國際信用卡輸入「99999」即可。

### STEP 7 取出票卡、收據

取出票卡並選擇是否列印收據。

## 購買儲值卡

### STEP 1 按右上角「Start」

### STEP 2 選擇語言

部分地鐵站提供中文選項，此處以英文版(English)說明。

### STEP 3 選擇「Metro Card」

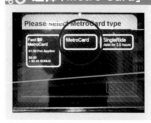

### STEP 4 選擇購買新卡

若第一次購買儲值卡，請選擇購買新卡「Get New Card」。

## STEP 5 選擇購買票種

購買計次儲值卡選擇「Regular Metro Card」、無限儲值卡選擇「Unlimited Ride」。

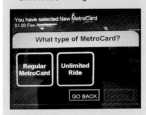

## STEP 6 選擇購買金額或天數

購買計次儲值卡請選擇購買金額。

購買無限儲值卡請選擇購買天數。

## STEP 7 選擇付款方式

通常為現金「Cash」或信用卡「Credit Card」。

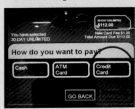

## STEP 8 使用信用卡方式

請插入信用卡，並於「Please Remove Your Credit Card」畫面出現時將卡片取出。

## STEP 9 輸入郵遞區號驗證

以美國本地「信用卡」付款時須輸入「Zip Code」(郵遞區號)驗證，國際信用卡輸入「99999」即可。

## STEP 10 取出票卡、收據

取出票卡並選擇是否列印收據。

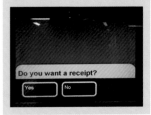

## 儲值卡加值

### STEP 1 按右上角「Start」

### STEP 2 選擇語言

部分地鐵站提供中文選項，此處以英文版(English)說明。

### STEP 3 選擇「Metro Card」

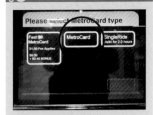

### STEP 4 選擇加值

選擇加值「Refill Your Card」。

### STEP 5 插入儲值卡

插入儲值卡並讀取餘額。

### STEP 6 選擇加值種類

欲加值計次使用請選擇「Add Value」；欲加值新的無限使用天數請選擇「Add Time」。

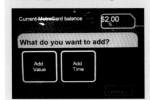

### STEP 7 選擇加值金額或天數

儲值卡請選擇加值金額。

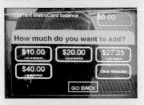

無限儲值卡請選擇加值天數。

### STEP 8 選擇付款方式

通常為現金「Cash」或信用卡「Credit Card」。

### STEP 9 使用信用卡方式

請插入信用卡，並於「Please Remove Your Credit Card」畫面出現時將卡片取出。

### STEP 10 輸入郵遞區號驗證

以美國本地「信用卡」付款時須輸入「Zip Code」(郵遞區號)驗證，國際信用卡輸入「99999」即可。

### STEP 11 取出票卡、收據

取出票卡並選擇是否列印收據。

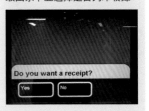

### 如何解讀地鐵圖？

紐約地鐵比起其他大城市錯綜複雜的路線來說，簡單易懂許多，只要了解地鐵圖上的幾個重要圖示意義即可輕鬆搭乘：

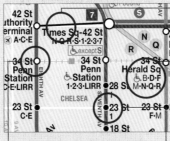

兩車站圓點圖示，若有黑線相連，則代表這兩站可由地下通道步行相通。

地鐵站名旁的英文與數字，代表於該站停靠的列車路線，粗體字為24小時營運、細體字非24小時營運(約00:00～06:00無列車通行)。

地鐵站名旁，若為白色空心圓點，表示該站為「慢車」與「快車」(Express Train)共同停靠站。

地鐵站名旁，若為黑色實心圓點，表示該站為「慢車」(Local Train)的停靠站。

# 搭乘地鐵小撇步

## 地鐵車站停看聽

### ■列車行駛方向

紐約地鐵的選擇行進方向，可以用「上城」(Uptown)與「下城」(Downtown)區分，大家須先分清楚自己的目的地，是往上城(往北)或下城(往南)的方向，再依照指標前往月台即可。部分小型車站路面的地鐵入口即有上下城之分，若從上城入口進入，則只能到達上城方向的月台，請各位留意地鐵入口標示。

上城與下城的指標

### ■地鐵站出入口

另外，每個地鐵站出入口均設有圓球燈柱，綠燈亮時代表營運正常，紅燈亮則代表地鐵入口目前關閉，也有可能為該入口關閉、其他地鐵入口仍可通行，亦有可能為全線暫停營運，請留意告示或站務人員宣導內容。紐約地鐵常利用假日或離峰時段維修，請注意地鐵售票處與月台上張貼的告示，

站務人員也會以廣播告知停駛路段與轉乘資訊。

至於車站出口方面，紐約地鐵不像其他城市清楚標明幾號出口，僅以大略的街名方向指引，但曼哈頓的街道多為棋盤格式分布，大家可以於出站後再依路牌辨別自己所在的位置即可。

綠燈亮表示正常營運

紅燈亮表示車站暫時關閉

地鐵刷票口閘門

出口指標

## ■月台注意事項

站內路線月台方向指標

來車時間顯示螢幕

地鐵路線與時間變動的告示牌

地鐵路線與時間變動的告示牌

### ■為什麼列車過站不停？

某些地鐵路線於尖峰時段分為「快車」與「慢車」兩種，「快車」不停靠慢車的車站，所以在搭乘前請留意欲前往的車站有何種車輛停靠；部分列車以不同顏色的燈號區別快車與

慢車，例如7號線車廂外觀，以菱形紅色燈號代表快車、綠色圓形燈號代表慢車，而其他如E、F等路線，於深夜時段的慢車，則會在車廂外的螢幕上顯示，列車進站時車長也會有快慢車資訊的廣播。

7號線車廂外觀，以綠色圓形燈號代表慢車，以菱形紅色燈號代表快車

車廂外觀上以螢幕顯示快慢車，LCL代表慢車，EXP代表快車

快、慢車來車的月台方向指標

## 乘車安全多留意

許多朋友們對於紐約地鐵的乘車安全有所疑慮，因為不少電影情節，總將紐約搶案、竊案的發生地點設定於地鐵列車裡，而在真實生活中，大部分的地鐵通勤均為安全無虞的，不過在搭車時仍要注意隨身物品不離手，並盡量避免拿出新款手機或平板電腦等昂貴商品把玩，列車上有乞討者或街頭藝人表演索取小費時，也切勿拿出整個錢包取錢，以免成為不法人士的目標。

夜間時段候車，建議大家挑選中段的車廂乘坐，因為中段車廂為列車長所在之處，若有緊急情況發生時較方便請求協助，另外由於列車軌道和月台間未設有安全門，候車時請與軌道保持適當距離，以免失足滑落。

候車時請勿跨越黃線、以策安全

地鐵車廂內的多種語文安全提醒

## 免費轉乘公車

購買「無限儲值卡」的乘客，可無限次搭乘MTA地鐵和公車，而使用「計次儲值卡」的朋友，則可於搭乘地鐵後2小時內免費轉乘公車一次。紐約的公車系統與地鐵一樣為24小時營運，曼哈頓地區大部分的公車路線為棋盤格式規畫，以非橫向即縱向的方式行進，非常容易搭乘，部分距離地鐵站較遠的地區，建議大家可搭配乘坐公車節省腳力。例如欲前往極西邊的「肉品包裝區」時，可搭乘地鐵至14th St與8th Ave後，再轉搭直行14th St的M14公車至10th Ave；除了地鐵轉乘公車的優惠外，公車轉搭地鐵，或公車轉搭另一線公車，亦可享有2小時內免費的優惠，不過若是購買單程票的乘客就無法享受此福利。

紐約公車較地鐵來得整潔

公車為上車時收費，刷卡機可使用地鐵卡或投入25分硬幣 (Quarter)

## 善用旅客詢問處

車站的詢問處為回答乘客疑難雜症的地方，若遇到列車停駛或改道等情形，不知如何轉乘列車時，建議大家可直接向詢問處洽詢。

另外，紐約地鐵系統已使用多時，若發生地鐵卡無法感應，或已刷卡卻無法進入的情形時，可直接向詢問處說明，千萬別自認倒楣再次刷卡扣款。若是搭錯方向，一定要出站到對面月台向站務員說明，通常他們都會另外打開閘門讓你進入搭乘，而有大件行李無法從一般入口進入時，也請告知站務員再推開一旁的大型逃生門，若是自行推門很有可能會遭到罰款！

最後，別忘了向詢問處索取一份免費的地鐵公車地圖，有了最新的乘車資訊後，就可以正式展開你的「搭地鐵玩遍紐約」之旅囉！

每站均設置的旅客詢問處，在此亦可購買地鐵票卡與索取最新地鐵地圖

避免在未告知站務員的情況下開啟緊急逃生門

# 紐約地鐵的特色文化

**在** 搭乘紐約的地鐵時，各位可以發現許多有趣的小巧思，鄰近著名觀光景點的地鐵站，往往會以該地區的特色作為站內裝飾，例如美國自然歷史博物館旁的72街站(P.110)，就以恐龍與動物的瓷磚貼畫裝飾；中國城(P.197)的堅尼街站(Canal St)，以中文藝術文字點綴；而鄰近世貿大樓的世貿中心站(P.224)，則展示了911事件至今的歷史照片。

至於其他車站，也請來許多藝術家，設計彩繪玻璃、壁畫、裝置藝術以及雕塑等，讓往來的旅客們感受紐約活躍的藝術生命力，其中最令人印象深刻的，莫過於E線14th St站，由藝術家Tom Otterness創作的一系列可愛銅像小人「Life Underground」，生動地描繪出地鐵中發生的各種有趣插曲，令遊客們會心一笑。除了藝術品外，紐約的地鐵站與車廂，也是街頭音樂家的演出舞台，不僅有吉他或鍵盤演奏，有時還可能是一整個爵士樂團或搖滾樂隊現場演出呢！

1,2,3.各地鐵站中均可見到不同的彩繪與壁畫藝術／4.地鐵車廂中的藝術家插畫／5.街頭音樂家於地鐵站開起Live演奏會／6.位於14th St站有趣的「Life Underground」雕塑作品

每年接近聖誕節時，MTA還會推出期間限定的復古列車「Nostalgia Train」，在特定的時間將開出1930～1970年代的車廂供民眾搭乘，許多紐約客都會特地穿上復古裝扮，前來感受穿越時空的有趣體驗，列車中從座椅、廣告海報到地鐵圖都是珍貴的歷史真跡，每個車廂更都有不同的特色，別忘了從頭到尾走一遍；而不是12月前來紐約的朋友也別擔心，位於布魯克林的「紐約交通博物館」(New York Transit Museum)中，常年都設有歷史車廂與資料的展示，館內還能見到許多新鮮有趣的地鐵主題紀念品呢！

**7,8,9,10.**期間限定的復古列車是道地紐約客才知道的冬季樂趣／**11,12,13.**紐約交通博物館販售的有趣地鐵主題商品

### 紐約交通博物館(New York Transit Museum)

✉Boerum Pl (at Schermerhorn St), Brooklyn, NY ☎(718)694-1600 ©週二～五10:00～16:00，週六～日11:00～17:00 💲成人$7、2～17歲和62歲以上$5 ➡搭乘地鐵2、3、4、5線至Borough Hall站，或A、C、G至Hoyt-Schermerhorn St站 web.mta.info/mta/museum(亦可查詢復古列車資訊)

搭地鐵玩遍
**紐約**

*New Yo*

各位對於紐約這顆大蘋果有著什麼樣的印象？它的時尚面貌，透過膾炙人口的影集，烙印在許多觀眾的腦海，其自由蓬勃的藝文氣息，也讓這裡成為全球知名的藝術聖殿，猶如世界地球村的人口結構，更讓紐約孕育出多元文化與跨國界美食，而這個瞬息萬變的摩登大城市，還會隨時出現讓你意想不到的驚奇！在紐約之旅展開之前，讓我們先告訴你作者心目中的紐約5大印象。

# 紐約5大印象

# 經典新樂趣

**焦點 3**
電影中的紐約地標
**帝國大廈**

**焦點 2**
紐約經典之
**自由女神像**

**紐**約知名的遊賞景點，如自由女神、時代廣場、中央公園、帝國大廈與大都會博物館等，是各位來到紐約時必訪的「經典」，而充滿創意的紐約客們也不斷地在這些經典去處中展現時髦的「新玩法」，例如冬季的洛克斐勒廣場冰上翱翔，夏天的高架公園體驗城市海灘的愜意，布萊恩公園享受戶外圖書館的樂趣，古根漢美術館中參加摩登時尚的藝術派對等，另外在聖誕節、萬聖節、感恩節、復活節等特殊節慶時，紐約更充滿了不可錯過的大小新鮮事。

除了經典地標外，近年來許多由國際建築大師打造的大樓、美術館與公園等「新點」像雨後春筍般誕生，如此瞬息萬變的紐約，讓遊客們每次造訪時都將有不一樣的新發現。

**焦點 1**
彷彿不夜城的
**時代廣場**

印象 ① 經典新樂趣

焦點 **4**
體驗都市海灘
的日光浴
**高架公園**

焦點 **6**
露天圖書館
**布萊恩公園**

焦點 **5**
色彩繽紛又可愛約
**復活節裝飾**

焦點 **8**
火辣動感的夏日
**美人魚遊行**

焦點 **7**
遊行中的群魔亂舞
**萬聖節**

美術館中的藝術派對
**古根漢美術館**

冬季溜冰樂趣
**洛克斐勒廣場**

焦點 **9**

焦點 **10**

# 時尚風向球

**紐約印象 2**

紐約時裝週現場

**焦點 1**

知名時尚部落客
齊聚紐約時裝週

**焦點 2**

潮流文化的發源地
蘇活區

**焦點 6**

第五大道上的
精品名店

**焦點 7**

　　**許**多朋友常因為電影影集的內容設定，對於紐約時尚有些許刻板印象，例如紐約年輕人應該都喜愛寬鬆的嘻哈風格，而白領上班族則都是非黑即白的成熟都會風，但是當大家真正抵達紐約時卻會發現，這些印象中的風格，都只是紐約時尚的小部分範圍。

　　紐約不僅是亞洲目前當紅的街頭潮流文化發源地，一年兩度的紐約時裝週，更孕育出許多頂尖的新銳服裝設計師，由於紐約的文化多元性，許多世界各地的品牌也紛紛於此設置專門店，豐富的元素加上紐約客獨具的創意靈感，各形各色的時尚風格因而誕生。

　　如果恰逢時裝週造訪紐約的朋友，別忘了趁機體驗這城市最熱鬧與時髦的一刻，另外，新興的時尚區域如「肉品包裝區」與「威廉斯堡」等，則是潮流愛好者不能錯過的朝聖地。

各大品牌的時尚
派對熱鬧登場

焦點
3

街頭隨處可見的
時髦紐約客

焦點
4

紐約不時舉辦結合
時尚與藝術的展覽

焦點
5

肉品包裝區為新銳
設計師的集中地

焦點
8

下東區的
個性特色小店

焦點
9

威廉斯堡的
嬉皮二手風格

焦點
10

# 藝術者天堂

**焦點 1**

現代藝術的殿堂
MoMA 現代美術館

**焦點 2**

布魯克林美術館為
紐約第二大的博物館

**焦點 6**

每年舉辦的紐約藝術週
已成國際藝術盛事

**焦點 7**

遍布紐約大街小巷中
的有趣裝置藝術品

藝術可說是紐約的另一個代名詞，不論美術、劇場、音樂或電影，紐約都是藝術愛好者與工作者夢想中的天堂。世界知名的大都會博物館、布魯克林美術館和MoMA現代美術館等，都是讓各位可以逛上一整天的藝術聖殿；而新穎的藝術設計美術館、古根漢美術館與新美術館，則是當代藝術愛好者不可錯過的去處，另外像是雀兒喜與布魯克林鄧波區等新興的藝術區域，則培養出許許多多獨具風格的新銳藝術家。

音樂劇迷們來到紐約的必訪處，非百老匯莫屬，超過百部的百老匯秀與外百老匯秀，加上世界一流的歌手演員，必定讓你一次看得過癮；至於音樂和電影方面，紐約固定舉行的影展與音樂節，是全世界影迷與樂迷關注的焦點，夏季時的大型露天電影院和戶外演唱會，讓遊客身歷其境地感受紐約蓬勃的藝術氣息。

焦點 **3**

世界知名的大都會博
物館將讓你歎為觀止

焦點 **4**

造型新穎的新美術館
以前衛當代藝術為主

焦點 **5**

雀兒喜的藝廊區
可讓各位逛上一整天

焦點 **8**

蘇活區的街頭藝術家
現場塗鴉

焦點 **9**

各式音樂節活動讓紐約
成為音樂家的殿堂

焦點 **10**

翠貝卡電影節是紐約
影視界的一大盛事

# 文化地球村

焦點 1

小義大利餐廳的露天座位洋溢著南歐風情

焦點 2

中國城的農曆新年活動比亞洲各地還精采

紐約是全世界最具多元文化色彩的一座城市，全市約有40%的人口來自其他國家，包括多明尼加、牙買加、墨西哥、哥倫比亞、俄羅斯、中國與韓國等，加上早年愛爾蘭、義大利與猶太移民的後裔，讓這顆大蘋果充滿各種不同文化特色。

許多移民初到紐約時均會選擇比鄰而居，小義大利、中國城、烏克蘭街、希臘區與韓國城等具有不同地方文化的區域因而誕生，到了今日這些街區演變為充滿異國風味的觀光區域。紐約當局在促進各民族融合的同時，亦致力於保留其傳統文化與習俗，讓各族裔在紐約都能擁有自己的慶典活動，如愛爾蘭人的聖派翠克節(St. Patrick Day)、義大利人的迎神節(Feast of San Gennaro)、華人的農曆新年(Lunar New Year)與猶太人的光明節(Hanukkah)等，多數節慶已成為其他族裔朋友均能共襄盛舉的活動，觀光客們更能藉由這些難得的機會，深刻體驗彷彿文化地球村的紐約風貌。

焦點 6

南美洲移民的街頭市集活動熱情洋溢

焦點 7

亞士多里亞希臘區的地中海風情

焦點
3

愛爾蘭民族的聖派翠克
節為春天揭開序幕

焦點
4

每年於中央公園舉辦的
日本文化體驗日 Japan
Day

焦點
5

推廣台灣觀光的 Pass-
port to Taiwan 於聯合
廣場舉行

焦點
8

位於東村的烏克蘭移民
小社區與教堂

焦點
9

好比小東京的東村
聖馬克坊街

焦點
10

遍布韓國料理與
酒吧夜店的韓國城

YOURE AT LOMBARDI'S

# 美食大匯集

紐約印象 5

焦點 2

紐約票選第一的美味鬆餅
**Clinton Street Baking Company**

《當哈利遇上莎莉》
電影中的燻牛肉三明治
**Katz**

焦點 3

多元民族的組成，造就紐約多樣性的飲食文化，除了美式餐點外，來自世界各地的道地美食與無國籍料理，都是大家不可錯過的紐約精華；價格適中且氣氛佳的日式、韓式和泰式餐廳，可說是學生族群們的最愛，頂級的法式米其林餐廳以及由時尚餐飲集團開設的義式餐廳，則是上流人士們用餐的首選。

而另一些別具風味的特殊料理，如烏克蘭、摩洛哥、南美與希臘的佳肴，也替紐約這顆大蘋果增添更多的異國情調。在大餐之餘，街邊的焙果、猶太麵包圈、熱狗、烤玉米、杯子蛋糕與甜甜圈等小吃，和平價的三明治、漢堡、鬆餅與披薩等，同為紐約客生活中不可或缺的平凡享受，不論是一套$100美金的奢華料理，還是$2美金的甜點，相信都能讓你的味蕾留下深刻的紐約美食印象。

焦點 4

Instagram 人氣第一的
彩虹焙果店
**The Bagel Store**

38

焦點 **5**

因電影《美國情緣》而聲名大噪的巧克力凍飲
Serendipity 3

焦點 **6**

不用大排長龍就能享受的甜甜圈
Krispy Kreme

焦點 **7**

擁有超高人氣的烤玉米古巴餐廳
Café Habana

隱身於頂級飯店內的平價美味漢堡
Burger Joint

焦點 **8**

熱狗堡是紐約必嘗的街邊美味
Gray's Papaya

焦點 **9**

焦點 **10**

紐約首家碳烤披薩位於布魯克林橋下
Grimaldi's Pizzeria

搭地鐵玩遍
**紐約**

New-Yo

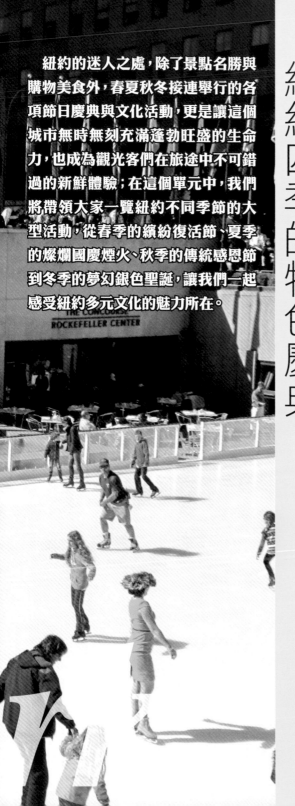

紐約的迷人之處,除了景點名勝與購物美食外,春夏秋冬接連舉行的各項節日慶典與文化活動,更是讓這個城市無時無刻充滿蓬勃旺盛的生命力,也成為觀光客們在旅途中不可錯過的新鮮體驗;在這個單元中,我們將帶領大家一覽紐約不同季節的大型活動,從春季的繽紛復活節、夏季的燦爛國慶煙火、秋季的傳統感恩節到冬季的夢幻銀色聖誕,讓我們一起感受紐約多元文化的魅力所在。

# 紐約四季的特色慶典

# 繽紛春日 SPRING

## 聖派翠克節
## St. Patrick Day

**DATA**

🌐nycstpatricksparade.org 🚇5th Ave(Btw 44th & 86th St) 🕐3/17，慶祝遊行11:00～16:00 🚊地鐵4、5、6號線 Grand Central-42nd St站(P.82)

　　愛爾蘭移民與其後裔是紐約的一大族群，所以紀念愛爾蘭聖人「聖派翠克」的節日，每年總有大規模的慶祝活動舉行，相傳聖派翠克於西元432年被教宗派遣至愛爾蘭傳教，卻一度遭到當地異教徒的襲擊，在危難中聖派翠克摘下一片「三葉幸運草」來說明聖父、聖子與聖靈三位一體的教義，他的演說感動了愛爾蘭人，當地民眾不但接受了基督教，並在其去世後將他的逝世紀念日定為聖派翠克節。

　　紐約的慶典活動，以第五大道上的遊行為主，

1 參加遊行集會的人們都以綠色裝扮全身 2 周邊店家推出印有幸運草圖案的相關商品 3 穿著愛爾蘭傳統服裝的樂儀隊

穿著愛爾蘭傳統服飾的樂儀隊，以及各式宗教團體均列隊共襄盛舉，參觀者也都會穿戴綠色或印有幸運草的服飾配件，聖派翠克教堂也將在這天特別點上綠色的蠟燭，遊行結束後，四周的愛爾蘭酒吧則是另一大狂歡的開始，這一片綠油油的景象也為紐約的春天揭開序幕。

## 復活節
## Easter

**DATA**

🚇5th Ave(Btw 49th & 57th St) 🕐3月底～4月中旬，春分後的第一個週日，慶祝遊行10:00～16:00 🚊地鐵4、5、6號線Grand Central-42nd St站(P.82)

　　春分後的第一個週日為基督教的重要節日「復活節」，為紀念耶穌被釘死於十字架後第三日復活的事蹟，到了今日除了基督教的意義外，復活節還多了小孩們喜愛的復活節兔與彩蛋等可愛的代表物，根據美國的傳統，復活節兔子會在這天早晨給乖孩子們一籃彩蛋與禮物，而這些禮物會藏在院子中讓小孩們自己尋找。每年到了這個時候，紐約的大街小巷均會充滿色彩繽紛的復活節

1 各式各樣的花卉彩帽充滿春日氣息 2 四周店家販售的復活節巧克力商品

商品與相關裝飾，復活節當天，第五大道上也會舉辦遊行集會活動，參與的民眾都將穿上粉嫩色系的服裝，並搭配上各式花俏的「帽子」，象徵著春天萬物復甦之意。

# 國際枕頭大戰日
## International Pillow Fight Day

**DATA**
⊠每年會更換，可上網搜尋「Pillow Fight NYC」◎4月上旬

　　「國際枕頭大戰日」這個另類的慶祝活動起源於紐約，2008年時一群網路上的「快閃族」(Flash Mob)，在社交網站上相約攜帶枕頭在華盛頓廣場集合，於指定的時間展開「枕頭大戰」，活動發起人萬萬沒想到這場大戰，竟然吸引將近5,000人參加，並陸續發酵至全世界其他城市。目前這個網路組織每年都會在紐約各地舉辦枕頭大戰，華盛頓廣場、聯合廣場甚至華爾街都曾是激烈的「戰場」，如此有趣的活動，讓生活壓力大的紐約客們有個好好宣洩的機會，提醒大家在「參戰」或「觀戰」的同時，還是要留意自身安全！

１近年來枕頭大戰回歸華盛頓廣場舉行 ２３瘋狂的枕頭大戰讓一向嚴肅的華爾街陷入瘋狂

# 櫻花季
## Cherry Blossom Season

**DATA**
http www.centralparknyc.org、www.bbg.org ⊠中央公園、布魯克林植物園 ◎4中旬～5月初 ●地鐵4、5、6號線86 St站(P.62)；2、3號線Eastern Parkway/Brooklyn Museum站(P.250)

　　誰說賞櫻只能是日本旅遊的專利，每年4月中旬～5月初，也是紐約櫻花盛開的季節，最佳的兩處賞櫻地點為「中央公園」與「布魯克林植物園」。中央公園的櫻花多為白色品種，紐約客們最喜歡在櫻花盛開時前來花下野餐，在一片白茫茫花海中享受春的氣息；布魯克林植物園則擁有全美最大的櫻花園，每年春天會有數百棵粉色櫻花樹同時盛開，園方還會盛大舉辦結合日本文化、表演與美食的大型「櫻花祭」活動。

１２布魯克林植物園的粉色櫻花花海 ３４在中央公園白色櫻花下野餐別有一番風味

# 紐約藝術週
## Armory Arts Week & Frieze Art Fair

**DATA**

http://www.thearmoryshow.com、frieze.com ✉PIER 94展場、蘭德爾島 ⏰3月、5月上旬

當代藝術是紐約文化中很重要的一環，而藝術界的盛事則是一年一度的軍械庫藝術週(Armory Arts Week)，這個藝術週起源於1913年，當時紐約藝術界的先驅為了讓美國當代藝術能與歐洲並駕齊驅，選擇在舊兵團的軍械庫舉辦了以新銳藝術家為主的大型藝展，這個活動後來成為年度的傳統，規模也日漸擴大，除了移師至哈德遜河周邊的碼頭展場外，更吸引來自各地的藝廊參展。

近年來在The Armory Show舉辦的同時，亦有其他幾場以展示新興藝術家作品的藝術秀於周邊舉行，如Volta Show、Pulse Art Fair、Spring Break Art Show與Scope Art Fair等，讓饒富創意的年輕藝術家們有更多的平台展示自我。到了5月上旬，則有另一場國際級的當代藝術展於曼哈頓右側的蘭德爾島(Randall's Island)登場，大家除了能觀賞來自世界各大藝廊的精選作品外，還能藉此機會拜訪這座以公園綠地為主的神祕小島。

1 3 4 5 6 軍械庫藝術週的各類型藝術展覽；
2 7 於蘭德爾島舉辦的Frieze藝術週

# 翠貝卡電影節
## Tribeca Film Festival

**DATA**

🌐 tribecafilm.com 📍翠貝卡等地參與的電影院 🕐4月下旬 🚇地鐵A、C、E線Canal St站

　　由翠貝卡媒體藝術學院(Tribeca Flashpoint Media Arts Academy)、老牌影星勞勃狄尼諾與製片人珍羅森泰等人，於2002年創辦的「翠貝卡電影節」，已成為紐約電影圈的盛事，是電影愛好者不可錯過的指標，這個於911事件後創設的活動，也重新振興了紐約影視業的發展。影展固定於4月底舉辦，每年有超過百部、來自世界各地的入圍影片，於影展期間在翠貝卡、雀兒喜和東村等地的電影院上映，有興趣的朋友可參考網站公布的詳情與時間表。

**1** 影展開幕當天的迎賓紅毯(圖片提供/Tribeca Film Festival) **2** 電影節的主場戲院 **3** 翠貝卡電影節的露天影展盛況(圖片提供/Tribeca Film Festival)

# 亞太文化月
## Asian Pacific American Heritage Month

**DATA**

🌐 www.asianinny.com 📍各位置請見相關網站 🕐5月

　　由不同族裔人口組成的紐約，除了致力於民族融合與平等外，也提倡保留各民族原有的文化與傳統，其中來自亞洲與太平洋群島的移民，占紐約人口很重要的一部分，政府文化部門遂將每年5月訂為「亞太文化月」。在這個月分中，紐約的各大亞裔團體均會舉辦不同慶典活動，讓其他族裔的人士和遊客，能有機會進一步了解亞太文化，其中著名的活動，包括聯合廣場的台灣文化博覽會「Passport to Taiwan」，以及中央公園舉辦的日本文化體驗日「Japan Day」等，相關活動內容可參考紐約亞裔社群網站Asian in NY。

**1** **4** 向紐約客展現台灣傳統文化與觀光特色的Passport to Taiwan活動 **2** **3** 每年固定於中央公園舉行的Japan Day

# 燦爛SUMMER夏日

## 美人魚遊行
### Mermaid Parade

**DATA**

🌐www.coneyisland.com/programs/mermaid-parade ✉布魯克林康尼島周邊 🕐6月下旬的週六 🚇地鐵D、F、N、Q線Coney Island-Stillwell站 (P.255)

　　布魯克林的康尼島海灘與遊樂園於夏天時開放，而每年固定於6月下旬舉辦的「美人魚遊行」則是為紐約燦爛夏日揭幕的重頭戲，這個火辣辣的遊行活動可說是一場創意比基尼泳裝大賽，參與遊行的辣妹們無不用心把自己打扮成海底世界的美人魚，此外當然也少不了許多造型誇張的「反串人魚」，這些參與者在隊伍內隨著音樂搔首弄姿，好比一場大型的海濱嘉年華會。

❶❷造型古怪的另類人魚讓活動充滿樂趣 ❸造型養眼的辣妹人魚讓遊客眼睛大吃冰淇淋

## 同志大遊行
### Pride Parade

**DATA**

🌐www.nycpride.org ✉5th Ave(Btw 36th & 8th St)與Christopher St 🕐6月下旬的週六 🚇地鐵1、2、3號線Christopher St-Sheridan Sq站 (P.154)

　　紐約為全球知名的同志平權城市之一，每年6月分會在同志運動的起源地「西村」周邊，舉行一年一度的同志大遊行，活動當天第五大道和Christopher街之間的遊行區域，都將飄舞著彩虹旗幟，而遊行隊伍則包括同志與非同志的朋友，大家都換上色彩繽紛的裝扮於花車上搖旗吶喊，而街道兩旁也會聚集很多圍觀的遊客，為同志朋友們加油打氣。

❶同志朋友們不吝惜在遊行中展現好身材 ❷周邊店家也應景地以彩虹色系裝飾櫥窗 ❸彩虹旗飛舞的同志遊行

# 河岸嘉年華
## River to River Festival

**DATA**

http www.rivertorivernyc.com ✉曼哈頓下城沿岸 ◷6月
中旬～7月中旬 ➡地鐵1、2、3號線23 St站(P.140)

「河岸嘉年華」為每年6～7月於曼哈頓下城河
岸舉辦的活動，最初的目的，是為了協助911事件
後下城的經濟發展與重建，活動連年舉辦至今，
已經成為紐約客夏日假期的好去處。在活動期間
內，許多大大小小的音樂、舞蹈、電影、戲劇和
藝術活動，輪番在下城西側的哈德遜河(Hudson
River)、東側的東河(East River)與南側的南街海
港(South Street Seaport)沿岸舉辦，大部分活動
均開放遊客免費參加。

**1 2** 南街海港河岸嘉年華中的各項有趣活動 **3** 哈德遜河公園
中舉行的露天國標舞教室

# 博物館嘉年華
## Museum Mile Festival

**DATA**

http museummilefestival.org ✉上東城各美術館與博物館
周邊 ◷6月上旬的週二，18:00～21:00 ➡地鐵4、5、6號
線86 St站(P.62)

上東城的第五大道密集分布多個紐約重要的博
物館，因而有著「博物館大道」(Museum Mile)的
美稱，每年6月上旬的週二傍晚，這個區域內的博
物館和美術館將聯合舉辦大型的嘉年華活動，除
了全部免費開放參觀外，街頭上還有藝術家現場
作畫、樂團DJ演出以及多項互動性的活動，大家
不妨利用這個機會在各藝術展場中遊走瀏覽，藉
此感受紐約獨具魅力的藝術特質。

**1 3 4** 美術館大道當天各處均可見到有趣的藝術活動 **2** 小朋
友們在大馬路上發揮創意作畫

# 紐約音樂節
## Make Music New York

**DATA**

🔗makemusicny.org ✉全紐約各地 🕐6/21

　　「紐約音樂節」活動每年固定於6月21日「夏至」當天舉辦,這天是夏季的第一天,也是全年白晝最長的一天,曼哈頓、皇后區與布魯克林等紐約各處1,000多個表演場地,將同時以不同類型的音樂演出,和紐約客們共同迎接夏日的到來,參與活動的場地,有些是大型的戶外廣場,邀請搖滾樂團或爵士樂隊來到現場演出,另外一些則為小型的公園或街邊表演,不論規模大小,紐約的音樂家們無不在這天使出全力,為市民帶來音樂的饗宴。

12在各大街小巷同步舉行的街頭音樂會(圖片提供 / Make Music New York Org) 3知名商場戶外舉行的大型演唱會

# 美國國慶
## 4th of July Independence Day

**DATA**

🔗social.macys.com/fireworks ✉哈德遜河或東河沿岸 🕐7/4,煙火施放約21:00

　　1776年的7月4日,美國發表獨立宣言,宣布正式脫離英國的統治,這天也成為美國的國慶日,或稱為「獨立紀念日」,在這個重要的日子,美國各大城市都有慶祝活動,民眾也喜歡與親朋好友一起,在自家院子烤肉、飲酒來慶祝國家的生日,而紐約的國慶重頭戲則是由Macy's百貨贊助的國慶煙火,煙火秀輪流於東河或哈德遜河畔上演。於哈德遜河施放時,只要前往24~57街之間、靠河岸的大道,均可觀賞煙火秀,也可搭乘PATH地鐵前往紐澤西的New Port一帶觀賞;而於東河施放時,則可前往下曼哈頓河邊或布魯克林的鄧波區,好一點的位置大約傍晚5、6點即有人前往卡位,建議大家提早行動!

1絢麗的火樹銀花從哈德遜河上的小船升空綻放 2結合布魯克林大橋的東河煙火秀 34日落前即有人潮開始聚集等待國慶煙火

# 紐約夏季餐廳週
## Summer Restaurant Week

**DATA**

http www.nycgo.com/restaurantweek ✉紐約各地參與的餐廳 ◷7月中旬～8月中旬

紐約餐廳週可說是美食愛好者的一大福音，活動創始可追溯至1992年，當時紐約餐廳業者為了推廣生意，於中餐時段推出期間限定的優惠套餐；近年來在相關當局的計畫推動下，參與餐廳週的商家不斷增加，其中更不乏獲得米其林星等評鑑的高級餐廳，而活動時間也大多延長為2～3週。餐廳週的餐點均以套餐形式供應，中餐時段為$29、晚餐時段為$42(每年可能略調)，除了7月中～8月的夏季餐廳週外，1～2月還有另一回合的冬季餐廳週，大家可要把握機會。

1 2 每年的餐廳週都有不同的形象海報設計 3 各餐廳均會推出主廚的精選套餐

# 夏季街道
## Summer Streets

**DATA**

http www.nyc.gov/html/dot/summerstreets ✉Park Ave (Btw 72nd & 14th St)與下城Lafayette St ◷8月初的連續3個週六，每天07:00～13:00 🚇地鐵4、5、6號線Grand Central 42 St站(P.82)

為了提倡健康的夏日休閒活動，紐約政府每年於8月在Park大道舉行「夏季街道」活動，整條Park大道從72街一直到下城，都將被淨空為無車道路，除了可自行攜帶腳踏車與滑板等交通工具前來外，現場也提供免費的腳踏車租借服務，讓大家能感受在曼哈頓大馬路騎車遨遊或散步的暢快之感，其中不可錯過的是中央車站前的高架路段，平常車流不息的這個區域，可是很難得可以站在上頭拍照留念呢！

另外沿途還有不同的抽獎攤位、運動遊戲區與健康食品試吃區，讓大家在這無車、少污染的環境中享受夏日的陽光。

1 中央車站前的高架路段僅在夏日街道時對行人開放 2 3 街道兩側有有趣的遊戲與休憩攤位 4 紐約客們騎著腳踏車盡情享受無車的夏日街道

# 魅力秋日 AUTUMN

## 建築設計月
### Architecture & Design Month

**DATA**
🌐 www.archtober.org ✉ 紐約各參與地點 🕐 10月

「Archtober」為Architecture與October結合的創意字，顧名思義10月分就是紐約的建築設計月，這個為期一個月的活動，由紐約建築師協會(AIA New York Chapter)負責籌畫，透過一系列的講座、展覽、影片與實地導覽的方式，讓對建築有興趣的朋友們能更了解紐約特色建築之美，活動大多為免費參加，部分講座須先上網預約，詳情請參考網站公布的資訊。

🄵🄶🄷🄸 建築設計月中有各式的免費導覽活動，讓你認識紐約的摩登建築

## 紐約時裝週
### New York Fashion Week

**DATA**
🌐 www.nyfw.com ✉ 中城與下城 🕐 9月初 🚇 地鐵1、2、3號線72 St站(P.110)

並陸續於布萊恩公園與林肯中心舉辦。然而從2015年開始，紐約時裝週結束與賓士的合作，轉移陣地至中城與下城的活動場地Skylight登場，並將男裝週與女裝週各自獨立，讓男裝能在以女裝為主的時尚界中更受曬目。

除了發跡自紐約的品牌，例如：BCBG、Diane Von Furstenberg、Alexander Wang、Ralph Lauren、Rebecca Minkoff等外，許多來自歐洲與亞洲的品牌，如Lacoste、Tadashi Shoji、General Idea與Custo Barcelona等，也因為相中紐約獨特的街頭時尚特質，而固定於紐約時裝週發表時裝新品。

時裝週的活動需憑邀請函入場，而活動場地周邊則總是聚集了許多看熱鬧的民眾、攝影師與部落客，除了能見到穿梭於秀場間的時髦人士外，還有機會巧遇名模明星呢！

🄵《慾望城市》女主角莎拉潔西卡派克(Sarah Jessica Parker) 🄶 IG當紅時尚型男Mariano di Vaio 🄷🄸 時尚界人士齊聚紐約時裝週現場 🄹 時尚大叔Nick Wooster已成紐約時裝週的代表人物 🄺～🄻🄻 精采的時尚秀與展示會台前幕後

# 萬聖節
## Halloween

**DATA**

http www.halloween-nyc.com ✉ 6th Ave (Btw Spring & 16th St) ⏰ 10/31；遊行活動19:00～22:30 ➡ 可乘地鐵E線至Canal St站再排隊進入隊伍

10月31日為西洋的鬼節「萬聖節」，在西方傳說中，這天是鬼怪最接近人間的一天，為了嚇唬邪惡的鬼魂，人們當天夜晚外出時均會帶上恐怖的面具。不論另一個世界的鬼怪是否存在，現今的萬聖節已成為大家藉機「裝神弄鬼」的歡樂慶典，在節日前夕，紐約各商店與餐廳都會擺放出應景的布置，恐怖的骷髏頭、大蜘蛛與面露邪惡的南瓜燈等都是萬聖節的代表，當天晚上小朋友們總喜歡成群結隊地前往鄰居家「不給糖就搗蛋」(Trick or Treat)，而大人們的慶祝活動，則是於第六大道舉行的「萬聖節遊行」，只要穿著道具服，都可以從Spring街的起點加入遊行，一路讓圍觀的眾人欣賞你的奇裝異服，遊行結束後還

1 2 3 4 萬聖節遊行當天可以肆無忌憚地裝神弄鬼

可前往各大夜店的萬聖派對，當晚可說是紐約一年中最群魔亂舞的一夜。

# 音樂馬拉松
## CMJ Music Marathon

**DATA**

http www.cmj.com ✉ NYU Kimmel Center與其他演唱會場地 ⏰ 10月下旬 ➡ 地鐵N、Q、R號線8th St-NYU站

由線上音樂媒體公司CMJ(College Media Journal)舉辦的音樂馬拉松活動，可說是紐約樂團界的盛事；在為期5天的活動中，有超過1,000場的音樂表演於紐約馬拉松式的進行，而表演的樂團則來自世界各地，台灣每年也都會派出當紅藝人與團體前來參與演出，除了演唱會外，在主場地NYU Kimmel Center還舉行不同的音樂講座與影片放映，部分活動免費參加，部分則需購票，CMJ網站亦有發售5日的連續套票供樂迷們購買。

1 2 各式音樂演唱會於音樂馬拉松期間輪番登場(圖片提供/CMJ)
3 台灣知名樂團組合大嘴巴受邀出席CMJ活動

# 夢幻冬日 WINTER

## 感恩節
### Thanksgiving

**DATA**

http social.macys.com/parade ✉ 由77th St中央公園西側～6th Ave (Btw 59th & 34th St) ⏰ 11月的第四個星期四，氣球遊行09:00～12:00 🚇 地鐵N、Q、R線34th St-Herald Sq站(P.168)

　　11月的第四個星期四為美國的感恩節，這個節日源自於1620年搭乘五月花號船前來美國的清教徒，他們初登陸美國土地時，因受到印地安人的幫助才學會如何種植蔬菜與打獵為生，為了感謝這些印地安人，新移民們準備了烤火雞等豐盛的佳肴來招待這群朋友，也成為日後感恩節火雞大餐的由來。今日，感恩節成為美國闔家團圓的節日，在這天的早上，紐約市更會舉辦精采的遊行，這個從1924年開始、由Macy's百貨贊助的活動，以超大型的卡通氣球遊行隊伍吸引民眾爭

1 2 3 4 各式人氣卡通造型氣球飛舞在第六大道的上空

睹，大人小孩都喜愛的皮卡丘、米奇、凱蒂貓與藍色小精靈等經典人物，紛紛飛舞在第六大道的高樓大廈中，讓感恩節充滿闔家歡樂的氣氛。

## 黑色星期五
### Black Friday

**DATA**

http www.theblackfriday.com ✉ 紐約各商家 ⏰ 11月的第四個星期五00:00開始

1 2 黑色星期五的廣告和半夜的血拼盛況

　　紐約的商家大多在感恩節當日休息，而感恩節的隔天就是大家準備摩拳擦掌大肆血拼的「黑色星期五」，在這個週五各商店都會祭出不同的超值折扣，許多店家更於半夜00:00或清晨即開始營業，為了炒熱這一年一度的半夜大血拼，服飾品牌大多會推出「早鳥」(Early Bird)的限時折扣，例如從開門營業到上午10:00全店4折、折扣商品額外5折或購物即贈好禮等多重優惠，而3C用品專賣店則會推出數量限定的折扣商品，許多瘋狂的民眾從前兩天即會在店門口排隊。近年來隨著網購的發達，除了黑色星期五外，購物網站則統一在接著的週一推出各種線上優惠(Cyber Monday)，讓在黑色星期五沒搶到貨的朋友繼續在線上血拼。

# 聖誕節
## Christmas

**DATA**

🌐 www.rockefellercenter.com ✉ 洛克斐勒中心與紐約各地 🕐 12月初～1月初 ➡ 地鐵4、5、6號線Grand Central 42nd St站(P.82)

紐約是全世界最具聖誕節氣氛的城市之一,每年從12月初開始,夢幻的聖誕燈飾與悅耳的聖誕佳音即開始出現在紐約的街頭巷尾,其中最著名的景點莫過於洛克斐勒中心的大型聖誕樹;每年主辦單位都會派專人像選美一樣地到各地物色該年度的聖誕樹,這棵樹既要高大挺拔、枝葉茂盛,還要長得十分勻稱,樹上將掛滿3萬盞彩燈,樹頂還要安裝一個光芒四射的施華洛世奇水晶星星;每年12月初的點燈儀式,可說是場小型狂歡節,數萬遊客聚集在洛克斐勒中心的廣場,在偶像歌手和冰上運動選手的精采演出中倒數計時,火樹銀花點亮的瞬間也代表著紐約的聖誕佳節正式開始。

洛克斐勒中心兩側的第五及第六大道,是全紐約最炫目的聖誕櫥窗與街道裝飾所在,第五大道LV旗艦店旁的閃亮雪花、Saks Fifth Ave百貨公司外牆的聖誕投影,以及第六大道上的聖誕裝置藝術,都是不可錯過的幾處特色景點。

1 聖誕街景 2 LV與Tiffany旗艦店路口的大型水晶星星掛飾,成為第五大道的聖誕地標 3 4 第五大道各名店的別緻聖誕櫥窗 5 第五大道聖派翠克與聖湯瑪士教堂的午夜彌撒,亦開放一般民眾入場體驗莊嚴的聖誕氣氛 6 洛克斐勒聖誕樹是紐約聖誕的必訪經典

# 元旦跨年
## New Year's Eve

**DATA**

🌐 www.timessquarenyc.org ✉ 時代廣場 ⏰ 12/31，從18:00～翌日00:30 🚇 地鐵1、2、3號線Times Sq-42nd St站(P.124)

　　時代廣場的跨年晚會是備受全球觀眾注目的一場跨年活動，每年均吸引超過百萬名遊客前來爭睹水晶球的倒數降落(Ball Drop)，這個最早由紐約時報創辦的活動始於1907年，除了1942與1943年因戰爭之故暫停外，均連年舉辦，並成為紐約客跨年的一大傳統，倒數降落的水晶球也從過去的木鐵材質演變為今日的高科技LED燈球。跨年活動於12月31日晚間6點左右正式開始，知名歌手們將輪流上台演唱，最後再由紐約政要名人們共同登台與民眾迎接新年到來，時代廣場周邊41～59街路段從下午1點半左右即陸續封閉，並於下午5點全面交通管制，建議下午3點左右即須入場

❶ 璀璨的水晶球於倒數後緩緩降落 ❷ 政要名人登台與現場民眾一同倒數 ❸ 等待倒數的遊客們戴著贊助廠商發放的藍色高帽 ❹ 等待倒數的群眾

等候，進入管制區後則很難再外出用餐或使用洗手間，想體驗時代廣場跨年的朋友可要有在寒冬中長期抗戰的心理準備！

# 農曆新年
## Lunar New Year

**DATA**

🌐 www.fcbainc.org ✉ 曼哈頓中國城(P.197)、皇后區法拉盛(P.266) ⏰ 春節的第1、2個週末，慶祝遊行11:00～13:00 🚇 地鐵N、Q、R號線Canal St站、7號線Flushing-Main St站(P.266)

　　在元旦過後即為農曆新年的到來，由於紐約地區華人與韓國移民人數眾多，這兩大族群重視的農曆新年自然也有許多慶祝活動，每年春節當週的週末，曼哈頓的中國城將首先舉辦花車遊行，除了喜氣洋洋的各華人團體車隊外，傳統的舞龍舞獅和雜耍特技團也一次出籠，這些在台灣大城市已不多見的傳統技藝竟然能在紐約見到，也算是相當特別的體驗；而隔週週末華人與韓國人聚集的法拉盛地區則有另一場大型遊行，除了充滿

❶❷ 曼哈頓中國城舉行的農曆新年遊行，總吸引大批觀光客圍觀 ❸❹ 皇后區法拉盛的新年遊行更具規模，各式各樣的花車引人注目

喜慶年味的花車外，以藍白色系為主的韓式花車搭配上傳統韓服，也吸引了圍觀民眾的目光。

New Yo

在「紐約地鐵快易通」單元的詳細說明後，相信大家對於紐約的地鐵系統已有初步概念，接下來就請各位跟著我們的腳步，正式踏上「搭地鐵玩遍紐約」之旅。在這趟旅程中，我們將帶領大家依照5大區塊路線，分別探訪12個各具特色的停靠站，大家可依照自己的喜好、時間與預算，隨時上下列車，也可以和我們一起從頭到尾遊遍全程，無論是走馬看花還是深度旅遊，相信各位一定都能有趟難忘的紐約之旅！

# 紐約地鐵分站導覽

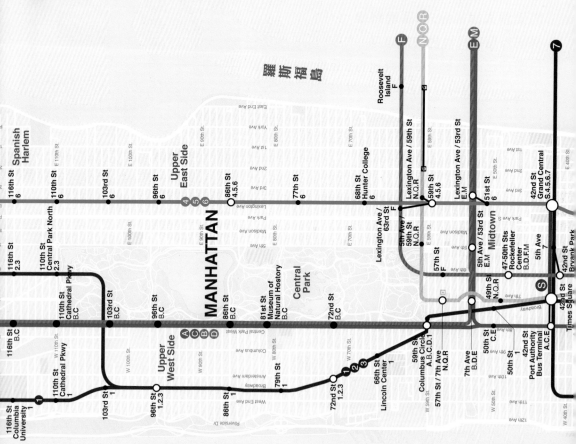

紐約市中心地鐵路線圖

地圖繪製／許志忠

皇后區

羅斯福島

哈德遜河

新澤西州

布魯克林

布魯克林

東　河

哈　德　遜　河

新澤西州

L

M　J Z

F

B D

N Q

A C

R

4 5

2 3

1

East Village

Avenue D

Avenue C

Avenue B

Avenue A

Lower East Side

East Broadway

Gramercy

E 30th St

E 20th St

E 10th St

1st Ave
L

2nd Ave
F

Delancey St
Essex St
F.J.M.Z

Grand St
J.Z

Grand St
B.D

Little Italy

Bowery
J.Z

Nolita
Spring St
F.M

Bleecker St
6

Astor Pl
6

4th Ave

Irving Pl

3rd Ave

Park Ave S

5th Ave

Broadway

W 10th St

Union Sq
14th St
Union Square
L.N.Q.R
4.5.6

Canal St
6.J.N.Q.R.Z

Chinatown

Catherine St

Brooklyn Bridge / City Hall
4.5.6

Chambers St
J.Z

Park Place
2.3

Brooklyn Bridge

Fulton St
2.3.4.5.A.C.J.Z

Wall St Financial
2.3  District

Wall St

Whitehall St
South Ferry
R

South Ferry
1

Broad St
J.Z

Bowling Green
4.5

Rector St
R

Rector St
1

Cortlandt St
(關閉中)
R

World Trade Center
E

Cortlandt St
R

Wall St
4.5

City Hall
R

Chambers St
1.2.3

Chambers St
A.C

Franklin St
1

Tribeca

Canal St
1

Canal St
A.C.E

Canal St

West St

Hudson St

Greenwich St

Spring St
C.E

Prince St
N.R

Soho

Broadway-
Lafayette St
B.D.F.M

8th St / NYU
N.R

Greenwich
Village

Washington Sq.
A.B.C.D.E.F.M

W 4th St
Sheridan Square
Christopher St
1

West Village

14th St
1.2.3

14th St
8th Ave
A.C.E
L

18th St
1

23rd St
F.M

14th St
F.M

6th Ave
L

2nd Ave

1st Ave

3rd Ave

Chelsea

34th St
C.E

23rd St
C.E

28th St
N.R

23rd St
N.R

9th Ave

8th Ave

7th Ave

28th St
1

23rd St
1

34th St
A.C.E

34th St
Penn Station
A.C.E.LIRR

34th St
Penn Station
1.2.3.LIRR

34th St
Hudson Yards
7

34th St
7

34th St-
Herald Sq
B.D.F.M.N
Q.R

33rd St
6

28th St
6

23rd St
6

W 30th St

W 20th St

11th Ave

10th Ave

A  C  E

B  D  F  M

N  Q  R

**圖例**

普通車 Normal Service

快車 Express Service

列車終點站 Terminal

車站名 Station Name
4.5.6
粗體數字表示全時段停靠(Full-time Service),細體數字表示只有部分時段停靠(Part-time Service)

普通車停靠站 Local Service Only
(快車Express不停靠)

全部列車停靠站 All trains stop

可轉乘其他路線車站(站內轉乘)
Free subway transfer

可轉乘其他路線車站(需出站轉乘)
Free out-of-system subway transfer
(excluding single-ride ticket 單程票票除外)

**4 5 6** 號線：曼哈頓東側重點區域 ……

# 4 5 6

## 上東城 Upper East Side

### 體驗紐約名流的生活品味

# 86街站
## 86th St

**活動範圍：59～106街、中央公園以東**

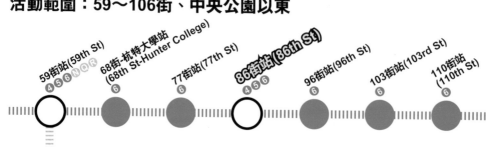

59街站(59th St)
4 5 6 N Q R

68街-杭特大學站
(68th St-Hunter College)
6

77街站(77th St)
6

86街站(86th St)
4 5 6

96街站(96th St)
6

103街站(103rd St)
6

110街站
(110th St)
6

←Downtown & Brooklyn

Uptown & The Bronx→

# 紐約達人 *New York*
# 3大推薦地

紐約客推薦

## Alice's Tea Cup

女孩們的夢幻下午茶園地，悠閒的氣氛和豐盛的甜點為店內特色。(見P.79)

作者最愛

## 古根漢美術館

建築本身就是偉大藝術的知名美術館，當期特展與珍貴館藏均不可錯過。(見P.73)

焦點必訪

## 中央公園

世界馳名的都會公園，一年四季均呈現出不同的迷人風貌。(見P.65)

Tamara

綠線：④⑤⑥號線

86街站（上東城）↓中央車站／42街站（中城東）↓亞斯特廣場站（東村）

**風**靡全球的影集《慾望城市》與《花邊教主》等，讓觀眾們對於紐約的上流社會生活充滿鮮明印象，這些故事中的主角往往都有著來自「上東城」的身世背景，為這個區域增添了高貴奢華的色彩。「上東城」除了是曼哈頓名流的豪宅所在地外，也是紐約最具有藝術氣息的區域，一連串的美術館及博物館沿著第五大道排開，為此處贏得了「博物館大道」的美名；而紐約地標之一的「中央公園」更有許多精華處位於上東城周邊，彷彿是氣派豪宅的超級庭院。為了迎合名流貴婦們的喜好，上東城的第五大道以及麥迪遜大道，也是精品百貨及設計師名店的聚集處，大家不妨跟著我們的腳步，在本站中充分體驗紐約的質感品味生活！

高樓叢林中的森林綠地

# 中央公園
## Central Park

http www.centralparknyc.org (212)310-6600 除部分區域於入夜後關閉外，全天候開放 公園免費，馬車30分鐘約$50～70元(2～3人共乘) 出站後朝第五大道方向走即可到達中央公園東側，步行約5分鐘

位於曼哈頓中心地區的「中央公園」，彷彿是紐約的世外桃源，這裡占地超過840英畝，是全美國第一座經過規畫設置的都市公園。由於寸土寸金的曼哈頓原本缺乏大面積的自然綠地，紐約上流社會人士在1850年間向政府提出了興建大規模公園的建議，除了讓曼哈頓擺脫水泥叢林的刻板印象外，也希望以此回應當時歐洲人對於美國人不懂得欣賞自然美景的嘲諷。這個名為「草坪計畫」的設計案在1857年啟動，歷時近20年完工，從此之後忙碌的紐約客們，也能有機會享受歐洲風情的古堡建築、繽紛庭園、閒適草原與優雅湖畔，還能像貴族般乘坐浪漫馬車，享受都會中的片刻寧靜。

中央公園的範圍從59～110街並橫跨4個大道，東西南北四面均有不同出入口；由於整體的面積實在太大，想要一次訪遍公園各處似乎不太可能，首次前來的觀光客們不妨先挑選其中幾處特色景點，其中位於上東城周邊的「愛莉絲夢遊仙境」、「畢士達噴泉」與「林蔭大道」等景點，為公園中最具有代表性的必訪之地，建議大家可

由76～79街的入口處進入，再一路向西邊與南邊前進，有閒情逸致的朋友也可選擇搭乘馬車，既浪漫又可輕鬆地遊遍中央公園。

**1**春季繁花盛開 **2**秋季的一片楓紅景象 **3**冬季時被白雪與厚冰覆蓋的白色世界 **4 5**夏季的草坪日光浴奇景與大型露天演唱會

65

# 中央公園 TOP 20

TOP 01　MAP P.64 / B4

## 愛麗絲夢遊仙境
## Alice in Wonderland

中央公園裡最受小朋友歡迎的夢遊仙境銅像，由藝術家Jose de Creeft於1959年打造，五十多年來，天天都有眾多遊客爬上這11英呎高的雕塑上，和愛麗絲、白兔先生、瘋帽人與大蘑菇合影留念，讓這座充滿童趣的銅像不但沒有毀損，反而打磨得更平滑光亮呢！

TOP 02　MAP P.64 / B4

## 溫室水池
## Conservatory Water
## 安徒生銅像
## Hans Christian Anderson

愛麗絲銅像前方的區域，原本規畫建造熱帶植物溫室，後來計畫因故停擺，這裡也被改建為大面積的休憩水塘，並且提供遙控船的出租服務，讓遊客們能模擬乘風破浪的樂趣；別忘了在水池邊，還有著名童話故事作家安徒生和其故事主人翁「醜小鴨」的銅像可供合影留念。

TOP 03　MAP P.64 / B4

## 畢士達露台
## Bethesda Terrace

這裡是中央公園裡面最經典的場景，其中心氣勢磅礡的畢士達噴泉建造於1873年，和四周的湖面、石階與拱廊連成一片古典風貌的景致，成為眾多電影、影集以及結婚照的絕美取景地。噴泉中的天使雕塑來自聖經中的故事，是由紐約第一位獲得公共藝術贊助經費的女

藝術家Emma Stebbins打造，手中拿著茉莉花的天使，代表著純淨，也象徵著對中央公園的守護。

## TOP 05　MAP P.64 / B5

# 文學步道
## Literary Walk

文學步道與林蔭大道相連接，除了類似的綠蔭外，還能見到文學、音樂與歷史名人的雕像，如貝多芬、莎士比亞與哥倫布等等。

## TOP 06　MAP P.64 / B5

# 沃門溜冰場
## Wollman Rink

# 維多利亞花園
## Victoria Garden

冰上翱翔是許多紐約客冬季的一大樂趣，在沃門溜冰場中，除了暢快滑冰外，還能享受中央公園的山光水色。這裡從1950年起，每年10月下旬～3月中旬開放，其他季節前來的朋友們，也可以前往一旁的維多利亞花園，乘坐各項有趣的遊樂設施。

## TOP 04　MAP P.64 / B4

# 林蔭大道
## The Mall

中央公園裡的「The Mall」可不是購物中心，而是一整條綠蔭叢生的大道，兩旁布滿著濃密的榆樹，左右兩邊的枝幹延伸到中央，彷彿成為教堂尖頂般的天然遮蔽，讓來往的遊客們能在陰涼的大道上散步、休憩與享受大自然的芬多精，假日也常有各類街頭藝人、音樂家與素描畫家在此即興發揮，成為另一種不同的熱鬧景象。

## TOP 07 MAP P.64 / B5

# 大水塘
**The Pond**

　　位於中央公園東南處的大水塘，是最能讓人忘卻城市喧囂擾攘的一角，四周常能見到三五成群的人們前來野餐、賞景或做日光浴。

## TOP 09 MAP P.64 / A5

# 旋轉木馬
**Carousel**

　　公園內的旋轉木馬已超過百年歷史，木造小屋內隨著音樂轉圈的木馬，在1870年代還真的是以馬車拉動的呢！現在木馬雖然早已電氣化，但仍保留著不同於一般遊樂園的復古風味($3／次)！

## TOP 08 MAP P.64 / B5

# 遊客中心
**Dairy Visitor Center & Gift Shop**

　　這裡原本為農產與乳製品的販售處，所以取名為「Dairy」，1979年起轉作為販售各項紀念品的遊客中心，裡面包括擺飾、磁鐵、T-shirt與玩偶等應有盡有。

## TOP 10 MAP P.64 / A4

# 綿羊草原
**Sheep Meadow**

　　中央公園裡最著名的草原綠地，春季時四周粉白色的櫻花齊開，總吸引大批遊客前來花下浪漫野餐，夏天時則可見到許多身穿比基尼與泳褲的辣妹型男們，把這裡當沙灘般地做起日光浴呢！

## TOP 11 　MAP P.64／B5

# 動物園
## Zoo

　　這裡可以說是老少咸宜的去處，動物園分為熱帶、溫帶與寒帶等3個園區，還有小朋友專屬的兒童動物園區，這個區域中的小動物除了觀賞外，還可讓小朋友觸摸與餵食，相當可愛。

## TOP 13 　MAP P.64／A3

# 大草坪
## Great Lawn

　　靠近中央公園中段、占地13英畝的大草坪，是另一處可供野餐與日光浴的好去處，每年夏天紐約愛樂交響樂團均會於此舉辦戶外音樂會，總吸引上萬人次前來聆聽。

## TOP 12 　MAP P.64／B5

# 大軍廣場
## Grand Army Plaza

　　位於東南角入口處的大軍廣場包括兩個部分，以巴黎著名的「協和廣場」為參考打造，靠近中央公園的半邊，以勝利女神帶領著將軍馬車的南北戰爭紀念雕像為地標；而位於廣場飯店(Plaza Hotel)對面的半邊，則以義大利文藝復興風格的普立茲噴泉(Pulitzer Fountain)最為著名。

1大軍廣場上的勝利女神雕像
2文藝復興風格的普立茲噴泉
3廣場周邊的遊街馬車
4趣味的街頭藝術作品

## TOP 14  MAP P.64 / B3

# 埃及紀念碑
## Obelisk

位於大都會博物館後方的埃及紀念碑，是埃及贈與紐約的禮物，這個來自於1450年的古物，原本是高71英呎的成對石碑，分別在1878年與1880年陸續被送至倫敦與紐約收藏。

## TOP 15  MAP P.64 / A3

# 扇形劇場
## Delacorte Theater

仿古希臘劇場打造的露天劇場，是每年夏天「莎士比亞公園劇場」(Shakespeare in the park)的舉辦地，這項免費的大型歌舞劇從1962年開始，每年均上演不同的劇碼，雖然名為莎士比亞，但戲劇內容多為新銳舞台劇導演的新作，演出當天的早上10:00開放索取當日門票，也可以參加網路樂透抽獎，劇碼內容與抽獎方式可見官網。

http www.shakespeareinthepark.org

## TOP 16  MAP P.64 / A3

# 觀景城堡
## Belvedere Castle

位於山丘上的觀景城堡，以維多利亞式風格打造，原本的建造目的是要讓遊客能一次覽盡扇形劇場、大草原與池塘等美麗風光，到了1919年時則增加了氣象觀測的功能至今。

## TOP 17  MAP P.64 / A4、B4

# 大湖 / 洛伯船屋
## The Lake / Loeb Boathouse

「大湖」位於公園中西側，總面積超過18英畝，除了四周的山光水色與涼亭造景外，在湖中划船漫遊，更是許多人來到中央公園一定要嘗試的活動！大湖旁的船屋餐廳提供遊客另一處可以

一邊享用美食、一邊觀景的去處，也提供租船服務，《慾望城市》中的凱莉與Mr. Big也曾是這裡的座上客呢！

## TOP 19　MAP P.64／A4

# 櫻桃丘
## Cherry Hill

　　中央公園是紐約知名的賞櫻景點，而櫻桃丘四周則為公園中櫻花聚集的主要區域，春天時白色與粉色的櫻花齊放，和四周的小湖與著名的歐式噴泉連成一片絕美的景色。

## TOP 18　MAP P.64／A4

# 草莓園
## Strawberry Fields

　　以披頭四(The Beatles)歌曲《Strawberry Fields》為名的草莓園，正是為了紀念披頭四的約翰藍儂(John Lennon)所修建，由於藍儂當年被槍殺的公寓位於附近，其遺孀小野洋子便選擇在此捐贈建造這個園地，供歌迷悼念這位歌壇的神話。歌迷們除了帶來鮮花與禮物外，還不時有街頭藝人在此演唱披頭四的經典歌曲。

## TOP 20　MAP P.64／A5

# 緬因紀念碑
## Maine Monument

　　緬因紀念碑位於公園的西南角，上頭的雕塑紀念著1989年於古巴海域被西班牙擊沉的船艦緬因(Maine)號，成為和大軍廣場相對應的地標物。

71

遊賞去處

世界知名的藝術殿堂

## 大都會博物館
### Metropolitan Museum of Art

出地鐵站
步行約5分鐘

**DATA**

http www.metmuseum.org ✉1000 5th Ave(Btw 80th & 84th St)
☎ (212)879-5500 🕐週日～四10:00～17:30、週五～六10:00～
21:00 休感恩節、12/25、1/1 $成人$25、學生$12(建議票價制)
➡出站後沿86th St至5th Ave左轉，約5分鐘路程

　　大都會博物館由一群熱愛藝術的慈善家於1870年起捐助成立，歷時約10年完工，成為西半球最大的藝術聖殿，同時名列世界四大博物館之一。館內的收藏共達三百多萬件，分為二十多個不同的大小展區，如果要一樣樣仔細觀賞可能得花上3～5天的時間！建議大家可先在1樓服務台索取樓層導覽，逐一參訪館內的必訪區域以及個人感興趣的主題。

　　館內不能錯過的區域包括「埃及藝術館」，這

裡除了西元前3000年～前8世紀的古埃及雕塑、珠寶、文物與木乃伊外，還有一座由埃及政府贈送的丹德神殿(Temple of Dendur)與人工打造的仿尼羅河池水；「歐洲雕塑及裝飾藝術區」包括從文藝復興時期到19、20世紀的雕像、壁雕與歐式的傳統建築；「希臘羅馬藝術區」以各式神話中的擬真塑像聞名；「非洲、大洋洲與美洲藝術區」能欣賞來自原始非洲部落的工藝品，以及馬雅與印加等古文明的遺產；「中國藝術區」中打造了美輪美奐的大型蘇州庭園；最後別忘了來到位於戶外的「屋頂花園」，這裡以當代藝術家的大型雕塑為主，還提供飲料點心讓你在陽光下一邊欣賞作品一邊悠閒小憩。

　　除了固定展區外，大都會博物館還有不定期特展，過去幾年舉辦的「Prada時尚展」與「Punk服裝藝術展」等均吸引大批人潮排隊參觀。

**1**大都會博物館外觀 **2**埃及藝術館 **3**中國藝術區 **4**屋頂花園 **5**希臘羅馬藝術區 **6**非洲、大洋洲與美洲藝術區 **7**南美洲藝術區 **8**歐洲藝術區

## 建議票價制
## Recommended Admission

「建議票價制」也就是說館方雖有公告票價，但實際上參觀者可以依照自己的意願樂捐，只要在售票處告知本次樂捐的金額即可，大家可量力而為；另外有些美術館或博物館，則是每週某天的傍晚時段採「建議票價制」，建議有預算考量的朋友們不妨多多利用。

**遊賞去處 DATA**

現代、前衛派的藝術大本營

# 古根漢美術館
## Guggenheim Museum

MAP P.64／B2

出地鐵站步行約5分鐘

🌐 www.guggenheim.org ✉ 1071 5th Ave (Btw 88th & 89th St) 📞 (212)423-3500 🕐 週日～三、五10:00～17:45、週六10:00～19:45 🚫 週四 💲 成人$25、學生與65歲以上$18；每週六17:45～19:45採樂捐制 ➡ 出站後沿86th St直走至5th Ave右轉，約5分鐘路程

古根漢美術館為建築名師Frank Lloyd Wright的最後傑作，如白色螺旋貝殼般的外觀，即便是1959年的作品，至今看來仍非常前衛，其建築本身就是一座永恆的藝術品；館內的設計則以一圈圈旋繞的參觀路徑，讓遊客能從下至上不重複地欣賞當期的特展。

除了特展外，館內的小廳(Samll Rotunda)、高塔藝廊(Thannhauser Gallery)與雕塑天台(Sculpture Terrace)中，則展示了藝廊主人佩姬‧古根漢(Peggy Guggenheim)的珍藏作品，包括畢卡索、米羅、塞尚與康丁斯基等名師的真跡。

1古根漢美術館的特殊外觀 2旋繞式的內部動線設計 3可透入自然光線的圓形屋頂

## 20與21世紀當代藝術

遊賞去處

# 大都會布魯爾分館
## The Met Breuer

MAP P.64 / B4
出地鐵站
步行約10分鐘

**DATA**

http www.metmuseum.org 📧945 Madison Ave (Btw 74th & 75th St) ☎(212)731-1675 🕐週日～四10:00～17:30、週六～日10:00～21:00 ⊗感恩節、聖誕節、元旦 💲成人\$25，學生\$12(建議票價制) ➡出站後沿86th St至Madison Ave左轉，約10分鐘路程(或搭6號線至77th St)

　　麥迪遜大道上有棟相當搶眼的黑色建築，彷彿反置階梯的方形設計是建築師布魯爾(Marcel Breuer)的代表作之一，這裡原本為惠特尼美術館的所在地，近期隨著惠特尼的搬遷，改由大都會美術館接手，以建築師布魯爾為名，成立了大都會分館「The Met Breuer」，這裡以展示20與21世紀的藝術作品為主，方型的建築設計讓內部空間更能靈活運用。除了此新館外，大都會另將位於曼哈頓西側190街上方的古老修道院與Fort Tryon公園改造為分館「The Met Cloisters」，展示中世紀歐洲建築與藝術，有興趣的朋友可持本館門票於同一日前往兩處參訪。

■由建築師Marcel Breuer打造的外觀 ■館內定期更新的特展

## 體驗互動式設計展

遊賞去處

# 古柏惠特設計博物館
## Cooper Hweitt Smithsonian Design Museum

MAP P.64 / B2
出地鐵站
步行約5分鐘

**DATA**

http www.cooperhewitt.org 📧2 E 91st St(Btw 5 th & Madison Ave) ☎(212)849-8351 🕐週日～五10:00～18:00、週六10:00～21:00 💲成人\$18、學生\$9、62歲以上\$12、18歲以下免費；週六18:00～21:00採樂捐制 ➡出站後沿86th St至5th Ave右轉，約5分鐘路程

　　古柏惠特博物館為藝術設計愛好者的必訪之處，這棟由知名工業家彼得庫柏(Peter Cooper)後代創立的設計博物館，改建自美國鋼鐵大王卡內基(Andrew Carnegie)的豪宅，從1986年開館至今，展出超過25萬件與繪畫、印刷、紡織、時尚及數位藝術設計相關的作品。

　　隨著時代進步，館方斥資9千萬美金，將館內的軟硬體設備全面升級，並於2014年底全新揭幕，在氣派的古典建築中，新增了多處互動式的高科技展廳，參觀者還可於入場時領取數位導覽筆，只要在喜歡的作品前輕觸感應器，就能將作品收藏在個人專屬的數位藝廊中，之後再憑票根上的序號登入，就能閱覽作品的詳細介紹。在逛完室內展廳後，別忘了前往於春夏季開放的戶外庭園區，這裡也曾是緋聞女孩影集裡，上流社會的婚禮場景呢！

■由卡內基豪宅改建的博物館外觀 ■不可錯過的戶外庭園展示區

遊賞去處

**DATA**

了解大蘋果的過去到現在

# 紐約市博物館
## The Museum of the City of New York

MAP P.64 / B1

出地鐵站
步行約15分鐘

http www.mcny.org ✉ 1220 5th Ave (Btw 103rd & 104th St) ☎ (212)534-1672
🕐 週一～日10:00～18:00 ❌感恩節、12/25、1/1 💲成人$10、學生與65歲以上
$6(建議票價制) ➡ 出站後沿86th St至5th Ave右轉,約15分鐘路程(或搭6號
線至103rd St)

　　建立於1930年的紐約市博物館,
以喬治亞式的氣派建築為外觀,館內
展示紐約從新移民登陸到今日的發展
歷史,參觀者能從許多珍貴的史料照
片與模型中,更進一步地了解大蘋果
的變遷與演進。館內在近年重新裝修
後,特別打造了炫目的大廳水晶燈幕
與雅致的咖啡座,也時常與品牌合作
展出時尚專題,讓參觀者能一次看到
紐約的風華歷史與摩登現代。

**1**紐約市博物館外觀 **2**炫目的大廳水晶燈幕
**3**館內經常舉辦時尚特展 **4**館中珍藏的紐約
歷史發展圖片

---

遊賞去處

**DATA**

中南美風格的藝術作品

# 拉丁博物館
## El Museo del Barrio

MAP P.64 / B1

出地鐵站
步行約15分鐘

http elmuseo.org ✉ 1230 5th Ave(Btw 104th & 105th St)
☎ (212)831-7272 🕐 週三～六11:00～18:00 ❌週日～二 💲
成人$9、學生與65歲以上$5(建議票價制) ➡ 出站後沿86th
St至5th Ave右轉,約15分鐘路程(或搭6號線至103rd St)

　　紐約有很大部分的移民是來自中南美洲的拉丁民
族,他們熱情奔放的個性也展現在其用色大膽的藝術
文化中,拉丁博物館直接以西班牙文為名,定期展出
拉丁藝術家的各項作品,包括繪畫、雕塑和裝置藝術
等,還設有大型的影片放映室;除了藝術展區外,館
內還開設了一間極具現代藝術風味的速食餐廳,可讓
參觀者用餐小憩,並不定時舉辦音樂派對。

**1**館內的速食餐廳頗具拉丁藝術風味 **2 3**充滿熱情南美風格的藝
術品 **4**館內不定時舉辦熱鬧派對

MAP P.64 / C5 出地鐵站 步行約30分鐘

必BUY熱門精品和紐約紀念品

購物血拼

# Bloomingdale's

**DATA**

http www.bloomingdales.com ✉1000 3rd Ave (Btw 59th & 60th St) ☎(212)705-2000 ◷週一～六10:00～20:30、週日11:00～19:00 ㊡無休 ➡出站後沿86th St至3rd Ave右轉,約30分鐘路程(或搭6號線至59th St)

Bloomingdale's是上東城另一間以精品為主的百貨公司,不同於專攻新銳設計師的Barneys,這裡引進的品牌多為熱門的精品,如:Louis Vuitton、Chanel、Prada與Marc Jacobs等等,由於觀光客眾多,館內還特別開設了專賣紐約紀念品的樓層,其中Bloomingdale's知名的「綜色大紙袋」(Big Brown Bag)也有專屬的紀念品呢!

1Bloomingdale's百貨為59街周邊的地標建築 2有專屬紀念品的百貨公司紙袋 34店內販售的設計師精品

MAP P.64 / B5 出地鐵站 步行約35分鐘

新銳設計師品牌與創意櫥窗

購物血拼

# Barneys New York

**DATA**

http www.barneys.com ✉660 Madison Ave (Btw 60th & 61st St) ☎(212)826-8900 ◷週一～五10:00～20:00、週六10:00～19:00、週日11:00～18:00 ㊡無休 ➡出站後沿86th St至Madison Ave左轉,約35分鐘路程(或搭6號線至59th St)

以引進新銳設計師服裝為主的Barneys百貨公司,總店位於上東城的Madison大道,許多時尚界趨之若鶩的IT商品都能在館內找到,如高人氣的品牌Proenza Schouler、Alexander Wang與Manolo Blahnik等,店內依商品屬性分為配件區、鞋類區與禮服區,還有男士專屬的分館,以及休閒街頭系列品牌的「Co-Op」樓層,除了能買到紐約當紅的設計師作品外,Barneys的櫥窗和行銷創意也常為人津津樂道,品牌和國際知名歌手Lady Gaga合作的聖誕禮品商店就曾轟動一時。

123Lady Gaga曾與Barneys合作期間限定的禮品商店
4Barneys頗具創意的櫥窗擺設在紐約獨樹一格

## 暢貨中心省錢撇步

當季新品價格太高無法下手？沒關係！Barneys百貨公司每年2月和8月都會在雀兒喜的暢貨中心舉辦「Warehouse Sale」，如果恰巧這時候來旅行的朋友，就有機會以1～5折的超低價格把時尚商品帶回家囉！

**Barney's Warehouse**
✉225 W 17th St ☎(212)450-8400 ⨁P.142／C3

### 世界知名精品齊聚的時尚街道

購物血拼

# 麥迪遜大道名店區
## Madison Ave Stores

⨁ P.64／B4
出地鐵站步行約5分鐘

**DATA**

✉Madison Ave 59th與75th St之間區域 ➡出站後沿86th St至Madison Ave左轉即可到此區域，步行約5分鐘

上東城是紐約名流貴婦聚集的區域，為了迎合他們的喜好與消費能力，世界知名的精品名店如雨後春筍般地沿著Madison大道開幕，其中包括國際名錶、珠寶專賣店，歐美的一線精品如Hermès、Chanel、Armani、Gucci、Celine，以及美國設計師個人品牌如Alice & Olivia、Tory Burch、Carolina Herrera、Donna Karen、Tom Ford、Herve Leger與Milly等；其中美國經典品牌之一的Ralph Lauren更在72街的街口設立了男裝、女裝與童裝3間大店，其中男女裝所在的品牌總部建築更好比豪宅般壯觀，就算只是觀賞櫥窗Window Shopping，也能十足體會影集《花邊教主》中的奢華時尚Lifestyle！

1CHANEL 2Tory Burch
3Hermès 4Donna Karen
5Tom Ford 6Bottega Veneta
7Ralph Lauren氣派的獨棟專賣店

  優雅女生必嘗的精緻甜點　MAP P.64／B3

# Lady M Confections

出地鐵站
步行約5分鐘

**DATA**

http www.ladym.com ✉ 41 E 78th St (Btw Park Ave & Madison Ave) ☎ (212)452-2222 🕐 週一～五10:00～19:00、週六11:00～19:00、週日11:00～18:00 休 無休 💲 蛋糕單片$8～10、6吋$40～45 ➡ 出站後沿Lexington Ave至78th St右轉，約5分鐘路程

　　美式的甜點常與大分量和甜膩感畫上等號，Lady M的美日混血店主Ken Romaniszyn為了打破這刻板印象，決定融合法式西點的傳統和亞洲蛋糕的精緻化，創造一家提供優雅仕女們細細品味甜點的蛋糕專賣店。這裡的人氣商品是以超過20層薄如紙片的可麗餅皮堆疊出的千層蛋糕(Mille Crêpes)，除了經典的鮮奶油口味外，還有期間限定的抹茶、巧克力、椰子、栗子與柳橙等口味，另外像是蒙布朗、水果塔與焦糖慕斯等也都各有愛好者。

1 口感濃郁的栗子蒙布朗 2 Lady M的人氣商品千層蛋糕 3 4 裝潢簡單明亮的Lady M

店內的裝潢簡單明亮、內用座位不多，設計靈感來自於奧黛莉赫本主演的電影《第凡內早餐》，店主希望Lady M能帶給顧客如Tiffany般的精緻品味，在總店人氣直升後，Lady M陸續新開了位於布萊恩公園(Bryant Park)和Plaza Hotel的分店，成為紐約客們的高級甜點新寵。

  話題度第一的繽紛馬卡龍　MAP P.64／B4

# Ladurée

出地鐵站
步行約10分鐘

**DATA**

http www.laduree.com ✉ 864 Madison Ave (Btw 70th & 71st St) ☎ (646)558-3157 🕐 週一～六09:00～19:00、週日10:00～18:00 休 無休 💲 均消約$10～15 ➡ 出站後沿86th St至Madison Ave左轉，約10分鐘路程(或搭6號線至68th St)

　　法國的馬卡龍專賣店Ladurée，漂洋過海來到紐約後，立即成為上東城話題度第一的名店，店內販售的五彩繽紛馬卡龍也躍為派對新寵以及甜點伴手禮的名牌！人氣口味包括香草、玫瑰、焦糖、紅莓與檸檬，除了甜點外，還販售香氛蠟燭與果醬等周邊商品。此外，位於蘇活區的新分店除了設置可內用的甜點沙龍外，還有十分浪漫的戶外庭園提供簡餐、點心與假日早午餐(地址：398 Broadway)。

1 店內展示的馬卡龍蛋糕 2 總是大排長龍等候的顧客 3 浪漫的蘇活分店庭園 4 各式色彩繽紛的馬卡龍 5 蘇活店提供的內用餐點

**特色美食**

與愛麗絲在愜意午後一同品嘗英式午茶

# Alice's Tea Cup

MAP **P.64 / C5**

出地鐵站
步行約30分鐘

**DATA**

alicesteacup.com ✉ 156 E 64th St (Btw Lexington Ave & 3rd Ave) ☎ (212)
486-9200 ⏰ 週一~日08:00~20:00 ✖ 無休 💲 均消約$25~30 ➡ 出站後沿
Lexington Ave至64th St左轉,約30分鐘路程(或搭6號線至68th St)

　　英式下午茶在偏愛早午餐(Brunch)的紐約並不多見,Alice's Tea
Cup的店主人為了將自己喜愛的午茶文化帶給紐約客們,於是以「愛
麗絲夢遊仙境」為主題,打造了這家氣氛溫馨的下午茶專賣店。除了
懷舊的壁爐與沙發,店內還以愛麗絲壁畫與天使翅膀等可愛的元素裝
飾,來到店裡的小女孩,還會被灑上彷彿變身魔法的亮粉呢!

　　這裡最受歡迎的餐點為三層下午茶The Mad Hatter,每份午茶可從
菜單任選兩款三明治、兩款英式司康(Scone)與當日甜點,其中手工
現做的司康,不論是培根起司、藍莓、奶油或椰子等甜口味皆各具風
味,最後別忘了從數十種的英國茶中,挑選自己喜愛的茶品來搭配點
心,下午茶每份$37,附一壺茶,另加$8可再選一壺茶與一個司康。

**1** 可愛夢幻的櫥窗設計 **2** 茶具也充滿可愛的巧思 **3** 每日更換的特製點心 **4** 店內以愛莉絲夢遊仙境為主題設計 **5** 經典的三層英式下午茶分量充足 **6** 氣氛優雅的店內環境

綠線:④⑤⑥號線

86街站(上東城)　中央車站/42街站(中城東)　亞斯特廣場站(東村)

**特色美食** 因電影而聞名的傳奇美式餐廳

# Serendipity 3

MAP P.64／C5

出地鐵站
步行約30分鐘

**DATA**

🌐www.serendipity3.com ✉225 E 60th St (Btw 2nd Ave & 3rd Ave) ☎(212) 838-3531 🕐週日～四11:30～24:00、週五～六11:30～翌日01:00 休無休 💲均消約$10～15 ➡出站後至3rd Ave右轉，走至60th St左轉，約30分鐘路程(或搭6號線至59th St)

Serendipity 3是紐約充滿傳奇的餐廳之一，這間自1954年開業的小餐廳，因同名電影《美國情緣》(Serendipity)而聲名大噪，電影由約翰庫薩克和凱特貝琴薩飾演的男女主角在Bloomingdale's (P.76)百貨，因為購買同一雙黑手套而邂逅並前來Serendipity 3共進晚餐，他們兩人在電影中所喝的冰巧克力凍飲(Frozen Hot Chocolate)就是店內的招牌飲品，濃郁的巧克力冰沙配上大量的鮮奶油，不能少的樂趣在於插上一支支的吸管和三五好友共享。

另外，店內的美式漢堡、鮮蝦義大利麵與檸檬烤雞則是主餐類的好選擇，除了招牌凍飲外，菜單上還有各式的美式甜點可選擇，由於這裡生意實在太好，常需候位2～3小時，大家不妨先來登記再去Bloomingdale's逛逛，說不定也會有「意外的好運」(Serendipity)降臨喔！

1店內懸掛的《美國情緣》電影海報 2不大的門口總是擠滿候位人潮 3因電影《美國情緣》而聲名大噪的冰巧克力凍飲 4店內其他巧克力甜點 567以復古燈飾與大鐘營造出奇幻的用餐場景

**特色美食**

知名連鎖的夢幻糖果咖啡屋
# Dylan's Candy Bar

MAP P.64 / C5
出地鐵站
步行約30分鐘

**DATA**

www.dylanscandybar.com ✉1101 3rd Ave (Btw 60th & 61st St)
☎(646)735-0078 ⏰週一～四10:00～21:00、週五～六10:00～23:00、
週日11:00～21:00 休無休 均消約$10～15 出站後至3rd Ave，右轉
走至60th St，約30分鐘路程(或搭6號線至59th St)

　　全美均有分店的糖果專賣店Dylan's Candy Bar，在上東城的
旗艦店特別打造了夢幻的糖果咖啡屋，色彩繽紛的杯子蛋糕包
廂、紅白薄荷糖造型的吧檯座椅，和用彩色泡泡糖裝飾的透明
餐桌等，讓人彷彿置身「糖果屋」的童話世界中！除了深受小
朋友歡迎外，不少大人們也喜歡在這舉辦獨特的主題派對。店
裡除了各式冰淇淋、蛋糕與聖代外，還有店家獨創的Dessert
Pizza與甜口味三明治(Nutty Jammy Fluffy)，其中以新鮮蘋果、
棉花糖、奶油與多款巧克力醬組合成的「紐約客」三明治(New
Yorker Fluffy $7)，和由香蕉、焦糖與比利時巧克力搭配的「猴
子會社」披薩(Monkey Business $10)都是店內的人氣甜品！

**1**店內的人氣聖代 **2**1樓的糖果專賣店 **3 4**令人眼花撩亂的糖果專區 **5**充滿
童趣的甜點主題內用區

**特色美食**

互動式現代科技咖啡廳
# Genes Café

MAP P.64 / B5
出地鐵站
步行約35分鐘

**DATA**

www.barneys.com ✉660 Madison Ave 8F (Btw 60th & 61st St)
☎(212)826-8900 ⏰週一～五10:00～20:00、週六10:00～19:00、週日
11:00～18:00 休無休 均消約$5～10 出站後沿86th St至Madison
Ave左轉，約35分鐘路程(或搭6號線至59th St)

　　Barneys百貨(P.76)與紐約知名的2X4創意工作室，於2011
年在百貨公司8樓，共同打造了這間科技感十足的互動式咖啡
廳Genes Café，設計簡約的空間以「數位河流」(Digital River)
的概念，將長30英呎的長桌貫穿全店，在餐桌上設置了28個觸
控式電腦，消費者可自行在螢幕上點選飲品點
心，還能在小憩的同時瀏覽Barneys最新商品
並現場下單，大家除了在百貨公司逛街，也別
忘了來體驗這新穎又有趣的時尚咖啡！

**1**明亮時尚的空間設計 **2**使用觸控式的電腦點餐與瀏覽
網頁 **3**與商場相鄰的咖啡廳

# 4 5 6

中城東 Midtown East

百年地標與購物名店聚集

## 中央車站-42街站
### Grand Central - 42nd St

**活動範圍：42～59街、第七大道以東**

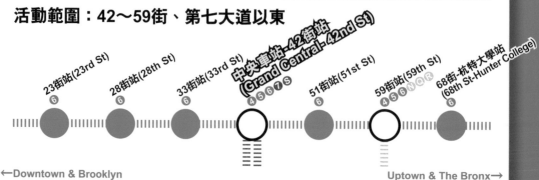

23街站(23rd St) ⑥
28街站(28th St) ⑥
33街站(33rd St) ⑥
中央車站-42街站 (Grand Central-42nd St) ④⑤⑥⑦Ⓢ
51街站(51st St) ⑥
59街站(59th St) ④⑤⑥ⓃⓆⓇ
68街-杭特大學站 (68th St-Hunter College) ⑥

←Downtown & Brooklyn

Uptown & The Bronx→

# 紐約達人 New York
## 3大推薦地

**作者最愛**

### The Plaza Food Hall

　　高級飯店附設的歐洲風味餐飲廣場，各式美食與甜品任君挑選。(見P.97)

**焦點必訪**

### 洛克斐勒中心

　　中城的中心地標，結合辦公、購物以及餐飲的複合街區，每年紐約最大聖誕樹的所在。(見P.88)

**紐約客推薦**

### 現代美術館(MoMA)

　　現代藝術愛好者的必訪聖地，每次來到這裡，都將獲得不同的靈感與啟發。(見P.89)

Elizabeth

中城(Midtown)位於曼哈頓島的中心地帶，這裡是整個紐約最精華之處，除了是全世界摩天大樓密度最高的地區外，紐約知名的地標景點，如中央車站、洛克斐勒中心、市立圖書館與聯合國等，也都位於此區中，而名店聚集的「第五大道」中城區段，也成為紐約的另一個代名詞。廣義的「中城」，泛指整個曼哈頓的中間地帶，其中又可細分為特爾透灣區(Turtle Bay)、馬瑞丘區(Murray Hill)、開普斯灣區(Kips Bay)、成衣區(Garment District)、劇院區(Theater District)、地獄廚房區(Hell's Kitchen)與柯林頓區(Clinton)等，而這些區域又因不同的定義而有部分重疊，為了便利大家按圖索驥，本書裡將中城劃分為「中城東」、「中城西」(P.124)與「中城南」(P.168)3個部分，首先就讓我們一起探訪地鐵綠線經過的「中城東」。

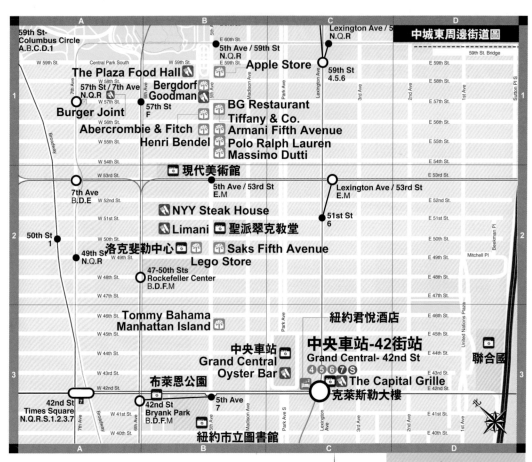

中城東周邊街道圖

- 59th St-Columbus Circle A.B.C.D.1
- 5th Ave / 59th St N.Q.R
- Lexington Ave / 5 N.Q.R
- Apple Store
- 59th St 4.5.6
- The Plaza Food Hall
- 57th St / 7th Ave N.Q.R
- Bergdorf Goodman
- Burger Joint
- 57th St F
- BG Restaurant
- Tiffany & Co.
- Abercrombie & Fitch
- Armani Fifth Avenue
- Henri Bendel
- Polo Ralph Lauren
- Massimo Dutti
- 現代美術館
- 7th Ave B.D.E
- 5th Ave / 53rd St E.M
- Lexington Ave / 53rd St E.M
- NYY Steak House
- 50th St 1
- Limani 聖派翠克教堂
- 51st St 6
- 49th St N.Q.R
- 洛克斐勒中心
- Saks Fifth Avenue
- Lego Store
- 47-50th Sts Rockefeller Center B.D.F.M
- Tommy Bahama Manhattan Island
- 紐約君悅酒店
- 中央車站 Grand Central Oyster Bar
- 中央車站-42街站 Grand Central- 42nd St 4 5 6 7 S
- 聯合國
- The Capital Grille
- 克萊斯勒大樓
- 42nd St Times Square N.Q.R.S.1.2.3.7
- 42nd St Bryank Park B.D.F.M
- 5th Ave 7
- 布萊恩公園
- 紐約市立圖書館

紐約的最佳建築之一

# 克萊斯勒大樓
## Chrysler Building

MAP P.84 / C3 出地鐵站 步行約1分鐘

**DATA**

www.tishmanspeyer.com/properties/chrysler-center ✉405 Lexington Ave(Btw 42nd & 43rd St) ☎(212)763-3100 ❶內部不對遊客開放 ➡出站後沿42nd St至Lesington Ave 左轉，約1分鐘路程

克萊斯勒大樓是全美國第一個以鋼鐵為主體的摩天大樓，在帝國大廈(P.171)興建完成之前，它曾經是紐約的第一高樓，裝飾藝術風格(Art Deco)的特殊尖塔造型，也讓它獲選為紐約的最佳建築之一，頂樓曾設置展望台與高級俱樂部，但目前均暫停營業，大家只能從遠處觀望克萊斯勒大樓高聳入天的風姿。

1 2 克萊斯勒大樓醒目的鋼鐵尖頂建築

**遊賞去處**

世界上最大的火車站
# 中央車站
## Grand Central Terminal

**DATA**

MAP **P.84／C3**
地鐵站上方
出站即到

ⓗ www.grandcentralterminal.com ✉ 89 E 42nd St(Btw Madison Ave & Lexington Ave) ☎ (212)697-1245 ⓒ 週一～日05:00～翌日02:00 ⓗ 無休 ⓢ 免費 ➡ 出站即達

　　1913年落成的紐約地標之一，至今正歡慶營運的100週年，這裡除了是全世界最大的車站外，每天更有將近43萬人次的通勤族，於此往來紐約市與紐約上州。在許多美國影集裡，中央車站是非常經典的場景，除了氣勢磅礴的整體空間，其美輪美奐的細節設計，亦是不能錯過的重點，包括車站外時鐘上的信義之神(Mercury)、力量之神(Hercules)與智慧女神(Minerva)雕像，大廳內的4面時鐘，巴黎歌劇院風格的大理石階與天花板，以及由藝術家Paul Helleu繪製的黃道12宮星座圖等。

　　除了交通機能，中央車站裡還設有購物商店、超市與餐廳，其中以生蠔吧與籃球明星麥可喬登經營的牛排館最受歡迎，Apple Store(P.95)於日前開設的新店，也一度引起話題。

１中央車站外觀 ２信義之神、力量之神與智慧女神雕像 ３車站屋頂的黃道12宮星座圖 ４國旗與大鐘為電影中的經典場景 ５車站內的麥可喬登牛排館 ６Apple Store為車站內的新人氣景點 ７車站地下樓的美食廣場 ８中央車站大廳

豐富百變的市區綠地

# 布萊恩公園
## Bryant Park

MAP P.84 / B3
出地鐵站
步行約1分鐘

**DATA**

http www.bryantpark.org (212)719-3499 週日～四07:00～22:00、週五～六07:00～24:00；某些月分提早閉園 免費 出站後沿42nd St走至5th Ave即達，約1分鐘路程

自1847年開放至今的布萊恩公園，可以說是紐約最有趣、最多變的公園，這裡是中城上班族午休小歇的戶外綠地，夏天還會設置免費的露天圖書館和兵乓球運動區，並不定時舉辦夜間戶外電影院；冬天則搖身一變，成為大型溜冰場，不但免入場費（須租用溜冰鞋或自備），還能在四周熱鬧的聖誕市集中，感受寒冬中的溫馨氣氛。除了四季呈現不同風貌外，公園裡還有常設的咖啡座和高級餐廳，以及小朋友們喜愛的旋轉木馬，讓這裡成為紐約客們最愛的市區休閒去處。

■1夏日的布萊恩公園，是中城上班族的小憩園地 ■2大型古典噴泉為公園內標地物 ■3夏日舉辦的露天圖書館，鼓勵全民閱讀的風氣 ■4■5冬季的布萊恩公園，變身為大型溜冰場與聖誕市集

全美最大的天主教堂

# 聖派翠克教堂
## St. Patrick Cathedral

MAP P.84 / B2
出地鐵站
步行約15分鐘

**DATA**

http www.saintpatrickscathedral.org 14 E 51st St(Btw 5th & Masidon Ave) (212)697-1245 週一～日06:30～20:45 無休 免費 出站後沿 42nd St至5th Ave右轉，約15分鐘路程

聖派翠克教堂是全美國規模最大、最莊嚴華麗的天主教堂，由19世紀的愛爾蘭移民，歷經21年於1879年建造完工。這裡供奉愛爾蘭民族的守護神聖派翠克(St. Patrick)，教堂內純白的哥德式尖頂、大型管風琴、雕花玻璃窗、大理石講道台與聖母像等裝飾，讓整體空間充滿聖潔莊嚴之感。每年3月，愛爾蘭人重要的聖派翠克節(P.42)時，教堂內還會特別以綠色的蠟燭與燈光來裝飾，而12月24日的耶誕午夜彌撒，則是教徒們齊聚一堂的重要時刻。

■1教堂的哥德式尖頂建築 ■2聖派翠克節時，教堂裡全部點上綠色蠟燭 ■3聖潔莊嚴的教堂內部

遊賞去處

**全美國最具特色的閱覽空間**

# 紐約市立圖書館
## The New York Public Library

`MAP` **P.84/B3**

出地鐵站
步行約1分鐘

**DATA**

http www.nypl.org ✉476 5th Ave(Btw 41st & 42nd St) ☎(917)275-6975
🕐週一、四～六10:00～18:00，週二、三10:00～20:00，週日13:00
～17:00 🈳無休 💲免費 ➡出站後沿 42nd St至5th Ave，約1分鐘路程

　　位於布萊恩公園後方的紐約市立圖書館，落成於1902年，外觀氣勢磅礴的大理石柱、石獅子與古典雕塑噴泉等，很難和一般印象中的傳統圖書館畫上等號，所以這裡成為全美國最具特色的圖書館。館內的挑高大廳、華麗吊燈與精緻彩繪等布置，更是讓人驚豔，若有閒情逸致，在此靜靜地閱讀刊物，真可說是一大享受。這座圖書館至今仍保留了借書、閱覽與查詢資料的功能，並且也因應數位時代，設置免費的網路使用專區；提醒大家到此參觀時，可別大聲喧嘩和使用閃光燈，以免打擾其他的使用者。

**1**氣派典雅的閱覽環境 **2**圖書館門口的石雕噴泉與石獅子 **3**內容豐富的藏書櫃 **4**典雅的油畫與燈飾 **5**館內的大理石建築流露出古典風情 **6**圖書館外觀

遊賞去處

**DATA**

必看豐富景點和12月聖誕點燈

# 洛克斐勒中心
## Rockefeller Center

MAP P.84 / B2

出地鐵站
步行約15分鐘

www.rockefellercenter.com，www.topoftherocknyc.com 45 Rockefeller Plaza(Btw 48th & 51st St) (212)632-3975 「Top of the Rock」觀景台08:00～24:00 無休 觀景台成人$32，6～12歲$26，65歲以上$30 出站後沿42nd St至5th Ave右轉，約15分鐘路程

　　洛克斐勒中心是曼哈頓中城最重要的區塊，其範圍由第五大道橫跨至第七大道，包含19棟主要建築。其中不可錯過的景點，有位於正中央的奇異大樓(GE Building)，著名的音樂表演廳「無線電音樂城」(Radio City)，「下層廣場」(Lower Plaza)中的希臘先知之神普羅米修斯(Prometheus)的金色塑像，位於英國大廈(British Empire Building)和法國大廈(La Maison Francaise)之間的「運河花園」(Channel Garden)，以及撐起世界的亞特拉斯神(Atlas)塑像等，而奇異大樓的頂樓觀景台「Top of the Rock」，則以360度的透明天台著名，讓你能從高處一次看盡曼哈頓四處的風光。

　　此外，這裡每年的另一大重頭戲，就是萬眾矚目的聖誕點燈了，這棵全紐約最大的聖誕樹，每年12月初都在奇異大樓前的廣場中點亮，以施華洛世奇水晶星星裝飾的聖誕樹，在夜空中格外閃耀，每天都吸引成千上萬的遊客到此爭睹，而在冬季的聖誕時節，下城廣場還會搖身一變成為溜冰場，讓各位能享受在聖誕樹前滑冰的浪漫氣氛。

**1**由運河花園一路延伸至奇異大樓前的聖誕裝飾和巨型聖誕樹 **2**亞特拉斯神塑像 **3**霓虹燈閃耀的無線電音樂城 **45**由觀景台俯瞰曼哈頓的日夜美景 **6**位於該區域中的NBC電視台、展示中心與紀念品店 **7**奇異大樓內部裝飾 **8**普羅米修斯金色塑像前的「下層廣場」，冬季成為溜冰勝地

遊賞去處

匯集名家大師的當代藝術作品

# 現代美術館(MoMA)
## The Museum of Modern Art

MAP **P.84／B2**

出地鐵站
步行約15分鐘

**DATA**

http www.moma.org ✉11 53rd St(Btw 5th & 6th Ave) ☏(212)708-9400 🕐每日10:30～17:30，週五至20:00 🚫無休 💲成人$25、學生$14、65歲以上$18；每週五16:00～20:00免費參觀 ➡出站後沿42nd St至5th Ave右轉，再至53rd St 左轉，約15分鐘路程

　　這裡是紐約近年來最受歡迎的美術館，也是全世界收藏最多當代藝術作品的藝術中心，自1929年成立以來，已收集近20萬件作品，包括繪畫、雕塑、影片和照片等各類作品。目前的美術館大樓，是日本知名建築師谷口吉生於2004年完成的作品，谷口吉生將亞洲東方藝術和西方的建築元素結合，運用大片玻璃圍幕讓自然光線透入館內，還在1樓設置了戶外的雕像花園，陳列各具特色的雕塑與裝置藝術，而其他樓層規畫有當代繪畫與影像館(2F)、攝影與建築設計館(3F)、繪畫與雕塑館(4～5F)，以及每期不同內容的特展區(6F)等等。許多藝術名家，如安迪沃荷、畢卡索、馬蒂斯、達利、梵谷與奈良美智等的真跡作品，都可在這裡欣賞到，每週五的免費參觀時段，更是吸引大批人潮排隊入場呢！

**1**挑高的中庭讓自然光線透入館內 **2** **3**館內收藏的藝術家經典作品 **4**位於戶外的雕像花園 **5** **6** **7**館內定期舉辦的各項藝術特展

## 屬於各會員國的國際領土

# 聯合國
### The United Nations

MAP P.84 / D3
出地鐵站
步行約15分鐘

**DATA**

🌐visit.un.org ✉777 44th St(Btw 1st Ave & FDR Drive) ☎(212)963-8687 ⏰週一～五09:00～16:30(請依購票時段前往)，週六、日10:00～16:30(1、2月除外，僅遊客中心開放) 🚫無休 💲週一～五成人$22、學生與60歲以上$15(僅接受網路預定/僅限會員國國民)，週六、日可免費參觀遊客中心 ➡出站後沿42nd St至5th Ave右轉，約15分鐘路程

聯合國總部位於中城的東河(East River)旁，當踏上42街和第一大道的這個區域，各位其實已經離開「美國」的領土囉！因為聯合國大樓的所在範圍，於國際公約上已被認定為所有會員國共同擁有的「國際領土」。聯合國總部分為總會、事務局、圖書館與會議大樓等處，還有販售紀念品與舉辦定期特展的遊客中心(Visitor's Center)，內部週一～五開放購票參觀，但僅限網路預定，遊客中心亦須憑票入場，而週六、日僅遊客中心開放，但為免費參觀，近期參觀政策更改，僅開放會員國國民參觀，持台灣護照旅客目前無法入內(學生或工作簽證者可持美國State ID或駕照進入)，聯合國政策或有變更，請以網站公告為主。

**1**聯合國大樓與廣場 **2**遊客中心展示的珍貴圖片 **3**紀念品販賣處 **4**別忘了拍下到此一遊的紀念照

## 匯集歐美精品的貴婦百貨

# Bergdorf Goodman

MAP P.84 / B1
出地鐵站
步行約20分鐘

**DATA**

🌐www.bergdorfgoodman.com ✉754 5th Ave(Btw 57th & 58th St) ☎(212)753-7300 ⏰週一～五10:00～20:00、週六10:00～19:00、週日11:00～18:00 🚫無休 ➡出站後沿42nd St至5th Ave右轉，約20分鐘路程

Bergdorf Goodman是曼哈頓最知名的貴婦百貨公司，蒐羅了歐美的一線精品名牌，以及設計師服裝、配件、鞋類與珠寶，另外還有完整的兒童與居家用品樓層，由於已是歷史悠久的商場，店內保留了典雅高尚的購物氣氛與傳統風格，除了女裝本館外，對街另設有專為紐約紳士們打造的男仕館。

**1****2****3**充滿時尚風格的櫥窗與店內設計

精緻風格的歐美和自營商品

**購物血拼**

# Henri Bendel

MAP P.84 / B1
出地鐵站
步行約20分鐘

**DATA**

http www.henribendel.com ✉712 5th Ave(Btw 55th & 56th St) ☎(212) 247-1100 ⏰週一～六10:00～20:00、週日12:00～19:00 休無休 ➡出站後沿42nd St至5th Ave右轉，約20分鐘路程

Henri Bendel是第五大道上另一個走精緻路線的百貨公司，除了引進歐美頂級服裝與珠寶品牌外，還推出了自營品牌的包包、首飾與紀念品，其中來自品牌經典標誌的黑白條紋，也被大量運用在其品牌商品上，成為Henri Bendel迷們每季注目的必買商品。

134以首飾與配件為主的1樓區域
2Henri Bendel自家出品的經典條紋配件

更為親民的消費價位

**購物血拼**

# Saks Fifth Avenue

MAP P.84 / B2
出地鐵站
步行約15分鐘

**DATA**

http www.saksfifthavenue.com ✉611 5th Ave(Btw 49th & 50th St) ☎(212)753-4000 ⏰週一～六10:00～20:00、週日11:00～19:00 休無休 ➡出站後沿42nd St至5th Ave右轉，約15分鐘路程

成立於1900年代，已是第五大道上的老牌商場，除了和Bergdorf Goodman與Henri Bendel百貨同樣引進一線精品外，也加入中價位的休閒服飾品牌，其1樓的大型化妝品專區則是每天人潮洶湧，也讓商場的氣氛沒有那麼高不可攀的感覺。每年聖誕節時，商場內外不但有精心設計的櫥窗擺飾，還會在每個整點上演外牆聲光秀，和對街的洛克斐勒中心聖誕樹共同照亮第五大道。

145各樓層銷售的精品品牌 2店內舉辦活動時的真人櫥窗秀 3Saks知名的聖誕燈光秀 6具有歷史感的外觀建築

女生的粉藍色憧憬

# Tiffany & Co.

MAP P.84／B1
出地鐵站
步行約20分鐘

**DATA**

http www.tiffany.com ✉727 5th Ave(Btw 56th & 57th St) ☎(212)755-8000 ◷週一～六10:00～19:00、週日12:00～18:00 休 無休 ➡出站後沿42nd St至5th Ave右轉，約20分鐘路程

起源於紐約的Tiffany & Co.，可以說是紐約時尚珠寶最具代表性的品牌，於1940年成立後，因奧黛麗赫本主演的60年代知名電影《第凡內早餐》而聲名大噪，許多女孩們對於Tiffany粉藍色的小盒子有著夢幻的憧憬。品牌位於中城的全球最大旗鑑店，是第五大道的地標之一，這棟大樓好比Tiffany的百貨公司般，每個樓層分別設置銀飾、頂級珠寶、水晶瓷器與包包配件等專櫃，大家不妨依照個人的預算與喜好前往。

1彷彿百貨公司的Tiffany大樓 2345分門別類規畫的各主題樓層

突破傳統的內外觀設計

# Armani Fifth Avenue

MAP P.84／B1
出地鐵站
步行約20分鐘

**DATA**

http www.armani.com/us ✉717 5th Ave(Btw 55th & 56th St) ☎(212)339-5950 ◷週一～六10:00～20:00、週日12:00～18:00 休 無休 ➡出站後沿著42nd St至5th Ave右轉，約20分鐘路程

Armani的第五大道旗艦店於2009年落成，其獨特的外觀與內裝，一度成為紐約時尚界最津津樂道的話題，由義大利知名建築事務所Doriana and Massimiliano Fuksas設計，以摩登的玻璃帷幕和LED燈幕打造的外觀，讓這裡與其他第五大道的傳統建物顯得格外不同。而內部則以猶如大型裝置藝術的白色樓梯旋繞，除了襯托出Armani簡約時尚的風格之外，也能讓客人順著這個動線，一路經由服裝、配件和家飾，來到設於頂樓的高級餐廳Armani Ristorante。

1燈幕打造的外觀在第五大道格外耀眼 2猶如大型裝置藝術的白色旋繞狀樓梯 34Armani Ristorante的義式甜點與飲品

必Buy的紐約在地休閒服飾

# Abercrombie & Fitch (A&F)

MAP P.84 / B1

出地鐵站 步行約20分鐘

**DATA**

🌐 www.abercrombie.com ✉720 5th Ave(Btw 56th & 57th St) ☎ (212)306-0936 🕐 週一～六10:00～20:00、週日12:00～18:00 ❌無休 ➡出站後沿著42nd St至5th Ave右轉，約20分鐘路程

來自紐約的休閒品牌Abercrombie & Fitch，是許多朋友來美國的必Buy品牌之一，而A&F因為亞洲分店少、購買不易，在紐約又僅有兩家分店，所以店外常能見到大批觀光客在等待入場，為了慰勞大家排隊的辛苦，店門口幾乎每天都有不同的辣妹與帥哥模特兒，免費和各位拍照留念呢！

1234彷彿時尚夜店的店內設計

---

時尚品牌POLO迷必訪

# Polo Ralph Lauren

MAP P.84 / B1

出地鐵站 步行約20分鐘

**DATA**

🌐 global.ralphlauren.com ✉711 5th Ave(Btw 55th& 56th St) ☎ (646)774-3900 🕐10:00～21:00 ❌無休 ➡出站後沿42nd St至5th Ave右轉，約20分鐘路程

Ralph Lauren為美式時尚的代表，除了正式晚裝西服外，以休閒運動風為設計精神的Polo Ralph Lauren也在各地廣受歡迎，Polo系列的大型旗艦店於2014年底落腳於第五大道，除了全系列男女裝外，還在2樓開設了全球首間咖啡館Ralph's Coffee，以充滿懷舊美式風格的白色磁磚與木質家具，讓消費者體驗優雅的午後時光，也成為第五大道時尚男女的熱門歇腳處，這裡的咖啡均採用USDA認證之有機咖啡豆，品牌粉絲們還可以將咖啡廳限定的馬克杯與T-Shirt帶回家收藏！

1舒適的購物空間 2全氣勢磅礴的外觀
3全球首間Ralph's Coffee

購物血拼

中等價位的都會成熟風格

# Massimo Dutti

MAP P.84 / B1
出地鐵站
步行約15分鐘

**DATA**

http www.massimodutti.com ✉689 5th Ave(Btw 54th & 55th St) ☎(212) 371-2555 ⏰週一〜六10:00〜21:00、週日11:00〜20:00 休無休 ➡出站後沿42nd St至5th Ave右轉,約15分鐘路程

西班牙品牌ZARA廣受全球消費者歡迎,之後不斷堆出橫跨頂級與休閒的其他系列品牌,其中第五大道上的Massimo Dutti,以成熟都會風格,黑、白、咖啡色系等為主要的設計元素,一進駐紐約即獲得紐約客的青睞,商品質感佳,並保留ZARA品牌的適中價位,讓大家不用花大錢也能打造優雅品味。

123店內充滿優雅的歐洲風情

購物血拼

不分年齡層的萬人迷

# Lego Store

MAP P.84 / B2
出地鐵站
步行約15分鐘

**DATA**

http stores.lego.com ✉620 5th Ave(Btw 49th & 50th St) ☎(212) 245-5973 ⏰週一〜六10:00〜20:00、週日11:00〜19:00 休無休 ➡出站後沿42nd St至5th Ave右轉,約15分鐘路程

位於洛克斐勒中心的樂高專賣店,可說是不分大人小孩都喜愛的遊戲天堂,除了有讓各位試拼、試玩的多種樂高商品,店內幾乎所有能看到的大小擺飾,都是用樂高積木堆疊出的傑作,其中有好幾樣以紐約街景為藍圖的作品,讓人不禁讚歎,原來樂高也能創作出如此生動的畫面!

1色彩繽紛的樂高專賣店 2345各式以樂高積木拼成的大型作品

**購物血拼**

休閒系列元素的舒適風情

# Tommy Bahama Manhattan Island

<MAP> **P.84／B3**

出地鐵站
步行約5分鐘

**DATA**

http www.tommybahama.com ✉515 5th Ave(Btw 45th & 46th St) ☎(212)537-0956 ⏰週一～六10:00～21:00、週日11:00～18:00 休無休 ➡出站後沿42nd St至5th Ave右轉，約5分鐘路程

來自西雅圖的品牌Tommy Bahama，以度假風情的休閒服裝著名，2012年開幕的第五大道旗艦店，以熱帶小島為設計藍圖，把棕櫚樹、沙灘椅、遮陽傘和沖浪板等布置於店內，除了服裝類商品，還分別於1、2樓打造了餐廳與酒吧、販售多款拉丁風味的餐點與調酒，包括祕魯式涼拌海鮮與墨西哥塔可餅等，特製的甜點還以鳳梨殼盛裝，讓人彷彿身在度假勝地般！

1 2 3 讓人猶如置身熱帶度假小島的品牌旗艦店 4 5 6 位於2樓的餐廳一樣頗具海島風情

**購物血拼**

全日無休、蘋果迷的3C樂園

# Apple Store

<MAP> **P.84／B1**

出地鐵站
步行約20分鐘

**DATA**

http www.apple.com ✉767 5th Ave(Btw 58th & 59th St) ☎(212)336-1440 ⏰24小時營業 休無休 ➡出站後沿著42nd St至5th Ave右轉，約20分鐘路程

紐約的第五大道上，除了精品與服飾外，也有3C商品愛好者們不可錯過地方，那就是「蘋果」的大型旗艦店，位於中央公園斜對角的Apple Store，以懸吊著大蘋果的透明方型入口，帶領蘋果迷們進入位於地下室的蘋果世界，除了商品價格比其他國家更優惠外，這裡竟然還是24小時營業，且越晚越熱鬧呢！

1 2 透明入口處懸掛著大大的蘋果標誌，相當引人注目 3 夜晚的店內仍相當熱鬧

CP值超高的貴婦級下午茶

# BG Restaurant

MAP **P.84/B1**

出地鐵站
步行約20分鐘

**DATA**

http www.bergdorfgoodman.com ✉754 5th Ave, 7F(Btw 57th & 58th St)
📞(212)753-7300 🕐週一～五11:30～20:00、週六11:30～19:00、週日12:00
～17:00 🈲無休 💲下午茶每人$35,均消約$40～45 ➡出站後沿42nd St至5th
Ave右轉,約20分鐘路程

　　貴婦百貨Bergdorf Goodman(P.90)為了讓消費者們在逛街購物之
餘,也能有個雅致的用餐環境,特別在7樓開設了提供輕食餐點與飲
料的BG Restaurant,每到下午的3～5點時,總有許多穿著休閒,
卻不失品味的名媛貴婦們,相約前來享用3層的英式午茶。餐點上桌
時,服務生會詳細介紹餐點內容,下層的7～8種三明治,中層的手
工司康和馬卡龍,還有上層的每日限定甜點,用餐中間還會不時前
來回沖熱茶,讓各位享受貴婦級的服務。這裡的下午茶每人$35,以
紐約的物價和如此的服務水準來說,相當物超所值,另外建議兩人
同行的朋友,別忘了在訂位時,指定特殊的古典圓形座椅喔!

**1 3**主廚特製的多款精緻三明治、司康與甜點 **2 7**典雅精緻的用餐環境 **4**需要特
別預定的復古圓形座椅 **5**牆上的名人合照與復古海報 **6**店內精選茶品

特色美食

各式綜合美食滿足你的胃

# The Plaza Food Hall

MAP **P.84/B1**

出地鐵站
步行約20分鐘

**DATA**

http www.theplazany.com/dining/foodhall ✉768 5th Ave(Btw 58th & 59th St) ☎(212)759-3000 ⏰週一～六08:00～21:30、週日11:00～18:00 休無休 $均消約$25～30 ➡出站後沿42nd St至5th Ave右轉，約20分鐘路程

位於中央公園旁、歷史悠久的頂級飯店Plaza Hotel，飯店內除了有多家高級餐廳與酒吧，在地下樓層還隱藏了一處美食專區，在這個主打附近上班族的區域中，將紐約少見的歐式美食街完整呈現，以精緻典雅的陳設環境，販售價位合理的各種料理，包括義式披薩、美式三明治、日式壽司與法式甜點等，就連高人氣的Lady M(P.78)，也在此開設了蛋糕專櫃。

想要享受用餐氣氛的朋友，不妨前往裡面的店中店「The Todd English Food Hall」，這裡由名建築師Jeffery Beers打造出結合傳統市場與摩登風格的用餐環境，並且由主廚Todd English規畫出9個不同主題的美食站，包括壽司吧、燒烤區、生蠔吧、起司吧與紅酒吧等等，常能見到下班後的紐約客們，在放鬆的氣氛中，大口品嚐美酒與佳肴。

**1 5**各式輕食甜點名店聚集的The Plaza Food Hall **2 3 4**店內的輕鬆用餐氣氛

特色美食

在地老饕愛吃的五星級平價漢堡

# Burger Joint

MAP **P.84/A1**

出地鐵站
步行約20分鐘

**DATA**

http www.burgerjointny.com ✉119 W 56th St(Btw 6th & 7th Ave) ☎(212)708-1400 ⏰週日～四11:00～23:30、週五～六11:00～24:00 休無休 $主餐漢堡$7.81～8.27，均消約$10～15 ➡出站後沿42nd St至6th Ave右轉，再前行至56th St左轉，約20分鐘路程

Burger Joint是家只有道地紐約老饕才知道的神祕漢堡店，藏身在五星級旅館Le Parker Meridien之中，沒有醒目的招牌，客人們得熟門熟路地撥開飯店櫃檯旁的紅布簾，才能發現其入口。店內裝潢和明亮時尚的飯店大廳全然不同，呈現出昏黃復古的氣氛，主餐就只有漢堡和起士漢堡兩種，不但可以指定漢堡肉的熟度(5分、7分或全熟等)和添加的配料，而且重點是價格一點也不貴($7.81～8.27)，那鮮嫩多汁的漢堡肉，是堪稱五星級的平價美食！

**1 3**經過布簾後即可到達別有洞天的漢堡小店 **2**現點現做的漢堡，口感鮮嫩多汁

**特色美食** 高級美式碳烤排餐

# The Capital Grille

MAP P.84/C3 出地鐵站 步行約1分鐘

**DATA**

🌐 www.thecapitalgrille.com ✉ 155 E 42nd St(Btw Lexington & 3rd Ave) ☎ (212) 953-2000 🕐 週一11:30～22:00、週二～五11:30～23:00、週六17:00～23:00、週日 17:00～22:00 ❌ 無休 💲 均消約$45～50 ➡ 出站後沿42nd St前行，約1分鐘路程

克萊斯勒大樓(P.84)除了高聳的尖頂建築外，其東面的底層還有另一處特殊設計的三角玻璃塔(Trylon Tower)，這個由名建築師Philip Johnson打造的空間，就是The Capital Grille的所在。這間以美式碳烤牛、羊排等餐點著名的餐廳，在全美的各大城市均有分店，其古典氣派的空間設計，與具有品質保證的餐點，成為中城高階白領上班族們商務聚餐的最佳選擇，店內更有超過5,000支頂級藏酒可供選擇；除了招牌的乾式熟成碳烤牛排外，搭配點用的龍蝦起司通心麵(Lobster Mac 'N' Cheese)與義式生韃靼牛排(Steak Tartare)等，也是店內的人氣佳餚。

■1三角玻璃塔讓餐廳內呈現出特殊的空間格局 ■2氣派的裝潢搭配上古典風格的雕塑 ■3碳烤小羊排鮮嫩多汁 ■4以碎生牛肉、洋蔥末與酸豆製作的韃靼牛排

**特色美食** 經營百年的新鮮生蠔滋味

# Grand Central Oyster Bar

MAP P.84/C3 地鐵站上方 出站即到

**DATA**

🌐 www.oysterbarny.com ✉ 89 E 42nd St(中央車站地下樓) ☎ (212)490-6650 🕐 週一～六11:30～21:30 ❌ 週日 💲 均消約$20～25 ➡ 出站即達

1913年和中央車站一同開幕的生蠔吧，可說是紐約歷久不衰的著名餐廳之一，即是到了百年後的今日，店內仍每天高朋滿座，不論是老饕還是慕名而來的觀光客，總是將店內吧檯座位區擠得水洩不通，大家或坐或站地大口喝著啤酒，一邊享用新鮮味美的生蠔。這裡的生蠔依照不同產地與品種，共分為近250個選項，第一次前來的朋友，不妨請資深的服務員為你推薦，若不敢生食，則可點用酥炸或焗烤方式的料理，除了較高的吧檯，另設有座位區，可在充滿歷史風味的空間中享受海鮮大餐。

■1各款新鮮生蠔 ■2焗烤方式料理的生蠔 ■3店內裝潢保留開店之初的復古樣貌

**特色美食** 紐約洋基主題牛排館
# NYY Steak House

MAP P.84 / B2
出地鐵站
步行約15分鐘

**DATA**

🌐 www.nyysteak.com ✉ 7 West 51st St(Btw 5th & 6th Ave) 📞 (646)307-7910 🕐 週一～四11:30～22:00、週五11:30～23:00、週六12:00～23:00、週日12:00～21:00 🚫無休 💲均消約$50～60 ➡ 出站後沿42nd St至5th Ave右轉、前行至51st St左轉，約15分鐘路程

　從洋基球場起家，曾被媒體評鑑為全美球場最佳牛排館的NYY Steak House，在中城也能就近品嘗！這間以紐約洋基為主題的餐廳，結合了運動酒吧的活力與傳統牛排館的優雅，讓洋基粉絲們能品嘗道地的美式佳肴。餐廳內除了可見到棒球名將的海報、賽事照片與簽名球棒外，就連餐具上也印製了不同的球號與洋基隊的代表圖紋。第一次前來的朋友不妨選擇經典的肋眼牛排NYY Signature Ribeye(1～2人份)，足足27盎斯風乾熟成的牛排，鮮嫩中帶著焦香，主廚還會在牛骨上幫你雕刻專屬的紀念文字呢！

1 4牆上展示的洋基球員海報與直播賽事 2牛骨上雕刻專屬文字 3搭配牛排的起司通心粉

**特色美食** 湛藍的地中海氛圍
# Limani

MAP P.84 / B2
出地鐵站
步行約15分鐘

**DATA**

🌐 www.limani.com ✉ 45 Rockfeller Plaza(Btw 50th & 51st St) 📞 (212)858-9200 🕐 週一～四11:30～23:00，週五11:20～24:00，週六12:00～24:00，週日12:00～20:00 🚫無休 💲均消約$30～40 ➡ 出站後沿42nd St至5th Ave右轉，前行至51st St左轉，約15分鐘路程

　位於洛克菲勒大樓區域的Limani為地中海風格的餐廳，Limani為希臘文的海港，所以來到這裡一定要品嘗各式的海鮮料理，餐廳內以全白挑高設計搭配上藍色的光影，一進到店內就彷彿置身浪漫的希臘島嶼中，廚房外還設計了開放式冰台，展示來自北美與地中海沿岸直送的新鮮海產，建議可2～3人合點一份新鮮全魚(鮪魚、鮭魚、大比目魚與雕魚等)，再搭配香烤章魚或口袋餅等前菜，前菜類大多搭配希臘餐著名的優格醬，相當酸甜可口。

1 2彷彿地中海的藍白色系裝潢
3 4 5各式海鮮料理為Limani 的招牌特色

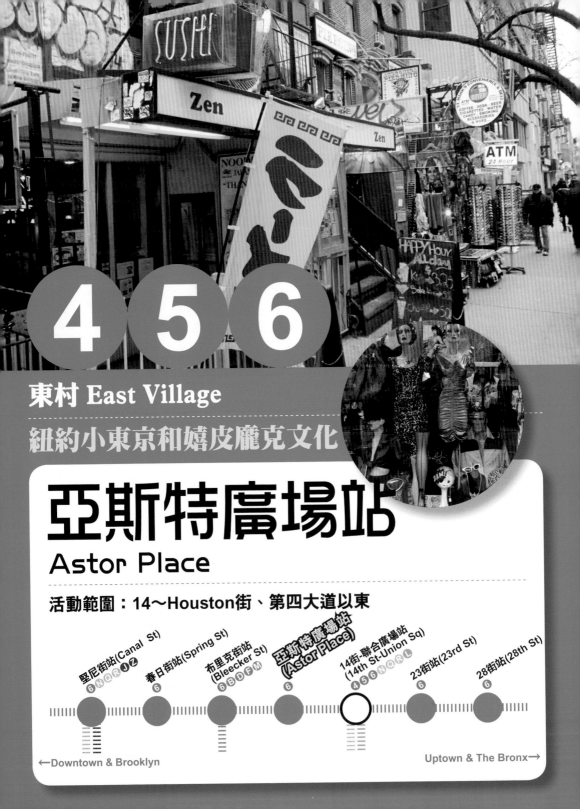

# 4 5 6

## 東村 East Village
### 紐約小東京和嬉皮龐克文化

# 亞斯特廣場站
## Astor Place

**活動範圍：14～Houston街、第四大道以東**

堅尼街站(Canal St)
6 N Q R J Z

春日街站(Spring St)
6

布里克街站
(Bleecker St)
6 B D F M

亞斯特廣場站
(Astor Place)
6

14街-聯合廣場站
(14th St-Union Sq)
4 5 6 N Q R L

23街站(23rd St)
6

28街站(28th St)
6

←Downtown & Brooklyn

Uptown & The Bronx→

# 紐約達人 New York
# 3大推薦地

 **作者最愛**

## Spot Dessert Bar

紐約最新流行的甜點吧，每樣單品都是主廚精心設計的絕妙滋味。(見P.106)

 **焦點必訪**

## Veniero's

擁有百年歷史的甜點名店，傳統復古的店內環境，販售歷久不衰的義式糕點。(見P.107)

 **紐約客推薦**

## 大眾居酒屋 (Kenka)

環境熱鬧的日式居酒屋，呈現出東方特有的飲食文化，還可以見到東村最時髦的年輕人們。(見P.104)

Daniel

綠線：④⑤⑥號線

86街站（上東城）、中央車站／42街站（中城東）

亞斯特廣場站（東村）

**遊**覽完代表紐約奢華文化的上東城與中城東後，地鐵綠色線將繼續帶領大家，前往紐約另一處風格全然不同的「東村」。這裡與相鄰的「格林威治村」(Greenwich Village)、「西村」(West Village)，合稱為「村子」(The Village)；橫跨曼哈頓下城上半部的「村子」，可是紐約藝術文化與庶民精神的最佳縮影。

在1800年以前，這裡都還是荒蕪的沼澤地，隨著城市發展到1960年代，相對低廉的房租，吸引許多音樂與藝術工作者進駐，其中位於第三大道以東的「東村」，更成為嬉皮與龐克文化的聚集地，至今仍然可以在巷弄中見到穿孔刺青店、菸草專賣店、二手服飾店和黑膠唱片行等特色小店。近年來，東村的「聖馬克坊街」(St. Mark's Place)，由於許多平價日本料理店、居酒屋、超市和髮廊等，接連選擇在這落腳，讓東村又出現了「小東京」的暱稱。到了這兩年，台式珍奶、中式涼皮、泰式甜點與韓式小吃等也陸續進駐，讓小東京彷彿進化成了「小亞洲」！

東村周邊街道圖

14th St
L.N.Q.R.4.5.6

E 14th St.

3rd Ave
L

1st Ave
L

Broadway

4th Ave

3rd Ave

2nd Ave

1st Ave

Avenue A

E 13th St.

Hearth NYC

E 12th St.

E 11th St.

Veniero's

E 10th St.

Korilla
Spot Dessert Bar
茶庵 Cha An

一風堂
Ippudo NY

Stuyvesant St.

3rd Ave

E 9th St.

Otafuku

Ukrainian East Village Restaurant

亞斯特廣場

大衆居酒屋 Kenka

St Marks Pl

8th St / NYU
N.R

亞斯特廣場站
Astor Place

Astor Pl

6

4th Ave

E 7th St.

Cooper Square

E 6th St.

Mercer St

E 5th St.

Joe's Pub
at the Public

Lafayette St.

Bowery

2nd Ave

E 5th St.

1st Ave

北

Broadway

E 4th St.

E 4th St.

---

東村的代表地標

MAP P.102／A2
地鐵站上方
出站即到

遊賞去處

# 亞斯特廣場
## Astor Place

**DATA**

◉全天候開放　➡出站即達

　　出地鐵站後，即可見到東村最著名的地標亞斯特廣場。這個由4條街道交錯而成的小三角區域，不時有街頭藝人表演或裝置藝術展示，四周的公共座椅也是學生們三五成群的聚集處，廣場旁的紅磚建築則是世界馳名的建築學院Cooper Union。

1亞斯特廣場的閒適氣氛 2廣場周邊的裝置藝術 3知名建築學院Cooper Union

複合式功能的文化劇院

# Joe's Pub at the Public

MAP P.102／A3
出地鐵站
步行約2分鐘

**DATA**

http www.joespub.com ☑425 Lafayette St(Btw Astor Pl & E 4th St) ☎(212)539-8500 ⏰大廳依照表演而異；餐廳週日～二17:30～23:00、週三17:30～24:00、週四～六17:30～翌日01:00 休無休 ➡出站後沿Lafayette St步行約2分鐘路程

Joe's Pub是紐約最重要的公共劇院，前身是於1849年成立、紐約第一座公共圖書館Astor Library，1967年時在劇場導演Joseph Papp的努力下，市政府將此處改建為公共劇院The Public Theater，許多知名的歌舞劇都曾在此演出，每年在中央公園舉行的免費劇場《Shakespeare in the Park》，也是由該單位負責規畫與演出。

2012年在改裝後重新登場，以時髦的新名稱「Joe's Pub」與大眾見面，除了更新軟硬體設備外，還在館內設置了酒吧餐廳The Library與位於大廳的咖啡吧，希望能以這新穎的面貌，吸引大眾對劇場文化的支持與注目。

1重新改裝後的新穎外觀 2改裝後的大廳 3劇院內的點心咖啡吧 4夏季的戶外音樂會活動

---

新鮮現做的日式小吃

# Otafuku

MAP P.102／B2
出地鐵站
步行約5分鐘

**DATA**

http otafukunyc.com ☑236 E 9th St(Btw Stuyvesant St & 2nd Ave) ☎(212)353-8503 ⏰週一～四13:00～22:00、週五～六12:00～23:00、週日12:00～22:00 休無休 💲均消約$5～10 ➡出站後沿Astor Pl至3rd Ave左轉，再前行至E 9th St右轉，約5分鐘路程

Otafuku原本是家不起眼的外賣小店，卻因為有著超美味的章魚燒而人氣不減，如今不但擴大營業，還賣起廣島風炒麵與鯛魚燒等各式日本風味小吃。美國的一般日式居酒屋中，販售的章魚燒多為冷凍加工食品，但這裡卻是由師傅以新鮮的

1擴店改裝後的全新店面 2在紐約難得能品嘗到的現做章魚燒

大粒章魚腳現場製作。為了品嘗日本道地的新鮮美味，店門口總是擠滿了點單的顧客呢！

**特色美食** 平價日式家常美味
# 大衆居酒屋 (Kenka)

MAP P.102 / B2
出地鐵站
步行約5分鐘

**DATA**

🌐 kenkanyc.com ✉️ 25 St Mark's Pl(Btw 2nd & 3rd Ave)
📞 (212)254-6363 🕐 週日～四18:00～翌日02:00、週五～
六18:00～翌日04:00 🈚 無休 💲 生啤酒$1.5，均消約$15
～20 🚇 出站後沿Astor Pl接至St. Mark's Pl，約5分鐘路程

　「小東京」裡的日式居酒屋，以「大將」和「大
衆」的人氣最高，每到用餐時間，店外總是大排長
龍，而且越到深夜越熱鬧，這兩家居酒屋的餐點
均為日式家常料理，包括味噌鍋、大阪燒、烤肉串
與炸物等，「大衆」的價格比「大將」更為便宜，
生啤酒每杯只要$1.5，店內風格也更具特色。「大
衆」的裝潢，以昭和時代復古風為主題，布置了自
日本蒐羅而來的復古海報、擺設與彈珠台等，並使
用類似街邊小吃攤的木製桌椅，讓大家在此高聲談
笑與飲酒用餐；餐後店家還會準備糖粉，讓客人
自行製作彩色棉花糖，如此平價、美味又有趣的餐
廳，難怪不分東西方的顧客皆樂在其中。

1 4 5 各種道地的日式家常料理 2 3 昭和時代懷舊風味的店
內外設計

**特色美食** 韓墨混血新美味
# Korilla

MAP P.102 / B2
出地鐵站
步行約2分鐘

**DATA**

🌐 korillabbq.com ✉️ 23 3rd Ave (Btw St Mark's Pl & 9th
St) 📞 (646)823-9423 🕐 週一～五11:00～22:00、週六～
日12:00～22:00 🈚 無休 💲 均消約$10～15 🚇 出站後沿
Astor Pl接至St. Mark's Pl路口，約2分鐘路程

　東村除了日本文化外，近年來也加入了多樣
化的亞洲元素，Korilla就是這麼一家結合韓式烤
肉與墨西哥捲餅的混血新美味。皇后區長大的韓
裔店主想讓更多紐約客們品嘗韓式烤肉與泡菜的
美味，於是他將這些元素與廣受年輕族群歡迎的
墨西哥飯捲(Burrito)與塔可餅(Taco)結合，從移
動餐車起家，藉著社群網站的影響力迅速打開知
名度，並於東村開設了正式店。這裡的選項非常

1 Korilla起家的移動餐車 2 韓墨混合的塔可餅 3 外牆的老虎
斑紋十分醒目

簡單，先選擇捲餅、塔可、飯、麵或者沙拉當基
底，再加上喜歡的韓牛、烤豬、雞肉或素食豆
腐，接著就能享用這份充滿創意的美味囉！

道地日式拉麵的新食尚

# 一風堂 (Ippudo NY)

MAP P.102 / A2
出地鐵站
步行約5分鐘

**DATA**

http www.ippudony.com ✉65 4th Ave(Btw 9th & 10th St) ☎(212)254-6363 ◷午餐：週一～六11:00～15:30、週日11:00～17:00；晚餐：週一～四17:00～23:30、週五～六17:00～翌日00:30、週日17:00～22:30 ✕無休 ＄拉麵$15～17，均消約$15～20 ➡出站後沿Lafayette St至9th St，再接4th Ave，約5分鐘路程

來自日本的拉麵專賣店一風堂，在台灣開業時天天高朋滿座，而多年前於紐約開設的分店也不例外，且至今人氣不減。紐約分店除了各式招牌拉麵外，猶如夜店般的環境氣氛更是另一賣點，設置在入口處的酒吧區，還能讓大家在候位時，先和同行的朋友們小酌一番。一風堂以豚骨慢燉超過20小時的濃郁湯底「白丸」，搭配上入口即化的叉燒肉，讓紐約的老饕們讚不絕口，雖然每碗拉麵的價位並不便宜($15～17)，店家卻成功以摩登的用餐氛圍，讓品嘗拉麵也成為一種「食尚」的享受。

**1**特製割包是店內另一招牌 **2****3**裝潢時尚摩登的一風堂紐約店 **4**經典白丸拉麵 **5**老外型男廚師為客人現場製作料理

烏克蘭式風味料理

# Ukrainian East Village Restaurant

MAP P.102 / C2
出地鐵站
步行約8分鐘

**DATA**

http ukrainianeastvillage.com ✉140 2nd Ave(Btw St Mark's Pl & 9th St) ☎(212)614-3283 ◷週一～四12:00～22:00、週五～日12:00～24:00 ✕無休 ＄均消約$20～25 ➡出站後沿Astor Pl穿越St. Mark's Pl，至2nd Ave 左轉，約8分鐘路程

除了「小東京」外，在第二大道的東村另一角，其實還有一處由烏克蘭移民們聚集的小社區。在這個區域中，可以見到烏克蘭的教堂、學校與文化中心等等，以及這家洋溢著溫馨家庭氣氛的烏克蘭家常料理餐廳。烏克蘭的餐點和俄羅斯有些類似，除了有嚼勁的黑麵包外，諸如燉牛肉、蔬菜捲、特製馬鈴薯泥和烏克蘭起司餃子等，都是極具特色的異國風味料理，喜歡嘗鮮的朋友不妨來試試。

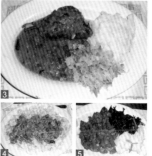

**1**溫馨家庭式風格的店內布置 **2**餐廳位於烏克蘭文化中心內 **3****4****5**別具特色的烏克蘭傳統美食

特色美食

回歸自然單純的美味

# Hearth NYC

MAP P.102 / D1

出地鐵站
步行約12分鐘

**DATA**

🌐restaurantthearth.com ✉403 E 12th St(Btw 1st & A Ave)
📞(646)602-1300 🕐週日～四18:00～22:00、週五～六18:00
～23:00、週六～日早午餐11:00～14:00 💤無休 💲均消約$35
～40 🚇出站後沿Astor Pl穿越St. Mark's Pl，至1St Ave 左轉至12th
St，約12分鐘

　　廣義的「東村」，可由聖馬克坊街一直延伸至第一大
道，以及更過去的A、B、C大道，在這些極東邊的大道
上，雖多為住宅區域，但也有不少當地人才熟知的美食餐
廳藏身於巷弄中，由主廚Marco Canora開設的Hearth就是
其中一家。這裡的餐點，以集合義式與美式元素創作的料
理為主，主張以簡單純樸的烹調方式，保留食材的原味，
以及彷彿家庭爐邊(Hearth)料理的溫馨之感，燻火腿燉飯、
水煮比目魚、香烤羊排香腸和甜菜肋眼牛排等都是店內的
經典料理，主廚還會用當日的新鮮食材，創作出每日不同
的特殊菜色，在在都吸引老饕們深入探訪品嘗。

1️⃣2️⃣3️⃣主廚精心準備的無國籍料理 4️⃣Hearth店內
環境

特色美食

味蕾與視覺兼具的豐富甜點

# Spot Dessert Bar

MAP P.102 / B2

出地鐵站
步行約5分鐘

**DATA**

🌐www.spotdessertbar.com ✉13 St Mark's St(Btw 2nd & 3rd Ave) 📞(212)677-
5670 🕐週日～三12:00～24:00、週四～六12:00～翌日01:00 💤無休 💲均消約$10
～15 🚇出站後沿Astor Pl. 接至St. Mark's，約5分鐘路程

　　餐後甜點在紐約客的飲食習慣中是不可缺少的一部
分，於是近年來許多專賣甜點的Dessert Bar紛紛誕
生。Spot Dessert Bar於2009年開幕至今人氣持續不
減，曾參與泰國料理鐵人(Iron Chef)節目的甜點名廚
Ian Kittichai，以結合美式口味與亞洲元素的精緻甜點
帶給紐約客們不同的甜蜜體驗。這裡的熱門品項包括
抹茶熔岩布朗尼、蜜糖土司、煙燻椰子起司蛋糕與柚
子柳橙蛋糕等等，店內另一位韓裔美籍的合夥人則是
潮流設計界的知名人士，就連韓國天團Big Bang到紐
約開唱時都曾特地造訪呢！

1️⃣Spot小小的店面總是擠滿慕名而來的客人 2️⃣拍照效果一流的
盆栽甜點 3️⃣椰子冰淇淋脆片蛋糕 4️⃣招牌抹茶布朗尼

## 日式甜點專賣店

**特色美食**

# 茶庵 (Cha An)

MAP P.102 / B2

出地鐵站
步行約5分鐘

**DATA**

www.chaanteahouse.com 230 E 9th St(Btw Stuyvesant St & 2nd Ave) (212)228-8030 週一～四14:00～23:00、週五～六12:00～24:00、週日12:00～22:00 休無休 當日甜點精選$17，均消約$15～20 出站後沿Astor Pl至3rd Ave左轉，再前行至E 9th St右轉，約5分鐘路程

在「小東京」中怎能少了日式甜品的專賣店？茶庵以提供超過30種的日式茶品與甜點聞名，不少人喜歡在下午茶時段或是晚餐後，前來品嘗主廚特製的黑芝麻烤布蕾、巧克力紅莓舒芙蕾，以及抹茶蛋糕捲等結合日式風味的甜點，第一次造訪的朋友，不妨合點一份主廚當日甜點精選(每份3款$17)，店內亦提供輕食與日式定食，可以從正餐一路品嘗到甜點，享受完整的日式好味。

**1** 主廚當日甜點精選 **2** 不用前往京都也能體驗精緻的日式茶點與甜品 **3** 抹茶蛋糕捲 **4** 黑芝麻烤布蕾

## 專賣義式蛋糕的百年老店

**特色美食**

# Veniero's

MAP P.102 / C2

出地鐵站
步行約15分鐘

**DATA**

www.venierospastry.com 342 E 11th St(Btw 1st & 2nd Ave) (212)674-7070 週日～四08:00～24:00、週五～六08:00～翌日01:00 休無休 均消約$10～15 出站後沿Astor Pl穿越St. Mark's Pl，再至2nd Ave左轉，走至11th St右轉，約15分鐘路程

位於第一與第二大道之間的Veniero's，是開業超過百年的義式蛋糕專賣店，每天由資深的甜點師傅們，新鮮現製琳瑯滿目的蛋糕、餅乾與傳統小點心，這裡的義式乳酪蛋糕、什錦水果塔、奶油甜餡煎餅捲(Cannoli)與千層奶油起司捲(Sfogliatelle)等，都是長年熱銷的商品；店裡的內用區，特意保留傳統彩繪玻璃天花板與復古木質裝潢，坐在其中品嘗口感扎實的義式甜點，可說是別有一番風味。

**1 2** Veniero's保留傳統義式糕餅店的風貌 **3 4** 以新鮮水果製繪的各款糕點令人垂涎

**1 2 3** 號線：曼哈頓西側重點區域 ····▶

# 1 2 3

## 上西城 Upper West Side
## 充滿人文藝術的時尚重鎮

# 72街站
## 72nd St

### 活動範圍：59～96街、中央公園以西

50街站(50th St)
**1**

59街-哥倫布圓環站
(59th St-Columbus Circle)
**1** **A** **C** **B** **D**

66街-林肯中心站
(66th St-Lincoln Center)
**1**

**72街站(72nd St)**
**1** **2** **3**

79街站(79th St)
**1**

86街站(86th St)
**1**

96街站(96th St)
**1** **2** **3**

←Downtown & Brooklyn

Uptown & The Bronx→

# 紐約達人 *New York*
## 3大推薦地

紅線：① ② ③ 號線

72街站（上西城）↓ 時代廣場／42街站（中城西）↓ 23街站（雀兒喜）↓ 克里斯多福街站（村子）

### 作者最愛
### Calle Ocho

氣氛輕鬆的拉丁風味餐廳，店內提供桑格利亞水果甜酒(Sangria)無限暢飲的早午餐時段，總是一位難求。(見P.119)

### 焦點必訪
### 林肯中心

全美最重要的藝術音樂殿堂，古典裝潢與戶外噴泉廣場均為其特色。(見P.114)

### 紐約客推薦
### 藝術設計美術館

充滿新藝術概念的展場，獲邀參展的藝術家均為當代的一時之選。(見P.115)

Marcus

**位**於中央公園西側的上西城與上東城，同樣都是曼哈頓的高級住宅區域，不同的是，從1970年代起，由於許多藝文界工作者陸續入住上西城，再加上鄰近的林肯中心、美國自然歷史博物館、藝術設計博物館和哥倫比亞大學等，讓上西城更多了分人文素養與藝術氣質；而許多觀光客們對於上西城的印象，則是來自梅格萊恩與湯姆漢克斯主演的電影《電子情書》，其愛情喜劇的故事情節，也為上西城增添了不少浪漫之感。

上西城周邊街道圖

81st St
Museum of
Natural History
B.C

Calle Ocho

Sarabeth's

美國自然歷史博物館

79th St
1

Levain Bakery

威爾第公園

72nd St
B.C

72街站
72nd St
①②③

Gray's Papaya

中央公園

21世紀百貨

66th St
Lincoln Center
1

Lincoln Ristorante

The Smith Restaurant NYC

林肯中心

YMCA

P.J. Clarke's

聖經藝術博物館

Jean Georges

59th St-
Columbus Circle
A.B.C.D.1

紐約文華東方酒店
時代華納中心

哥倫布圓環
藝術設計美術館

Hudson
Hotel

Robert
Restaurant

57th
N.C

## 在地生活化的電影場景

遊賞去處

# 威爾第公園
## Verdi Square park

**MAP P.112 / B2**
在地鐵站出口出站即到

**DATA**

◎全天候開放 ◆出站即達

　　72街站可說是上西城的交通樞紐，好似一棟小屋的地鐵站設計相當具有特色，和本區的藝術人文風格相互輝映，而旁邊還有個供市民小憩的空間，這個為了紀念知名音樂家威爾第設立的小公園，除了是大家常相約見面的地點外，也曾是電影《電子情書》中的場景呢！

1 2 供市民休閒的空間 3 威爾第的紀念雕塑

## 歡迎大家了解基督教文化

遊賞去處

# 聖經藝術博物館
## Museum of Biblical Art (MOBIA)

**MAP P.112 / C5**
出地鐵站步行約10分鐘

**DATA**

http www.mobia.org ✉1865 Broadway(Btw 61st & 62nd St) ☎(212)408-1500 ◎週二～日10:00～18:00 ㊡週一 $免費參觀 ◆出站後沿Broadway前行，約10分鐘路程；或搭地鐵1號線至66th St

　　成立於2005年、位於美國聖經協會大樓的聖經藝術博物館，以推廣基督教文化和展出與聖經相關的藝術作品為主。博物館每年會舉辦3次大型展覽，展出內容包括以聖經故事為發想的繪畫、雕刻或視覺影像作品，許多珍貴的歷史手稿也在展出的項目中，館方希望不論教徒或非教徒的朋友們，都能以欣賞藝術的方式，來了解不同文化。

1 基督教社團領袖Jeremiah Lanphier的塑像 2 3 4 館內展出與聖經故事相關的藝術作品

藝術音樂殿堂的指標
# 林肯中心
## Lincoln Center

MAP P.112／C4

出地鐵站
步行約10分鐘

http lc.lincolncenter.org ✉132 W 65th St(Btw 62nd & 66th St) ☎(212)875-5350 ⏰室內開放時段以演出時間為主，每日10:30～16:30提供付費導覽行程 💲導覽行程成人$20、學生$18，請先打電話預約 ➡出站之後沿著Broadway前行至65th St，再轉Columbus Ave，約10分鐘路程；或搭地鐵1號線至66th St

　　林肯中心成立於1968年，除了是全美最重要的藝術音樂殿堂外，在全世界古典音樂和音樂劇的領域中，更是具有舉足輕重的地位。整個林肯中心由多棟建築與劇院組成，包括正中央，以5座玻璃拱窗與兩幅夏卡爾畫作構成的「大都會歌劇院」(Metropolitan Opera House)，三大男高音等國際級聲樂家均曾在此演出；後方的「林肯中心劇院」(Lincoln Center Theater)有兩個規模不同的劇場，以現代劇與實驗性的劇場表演為主；右側「愛弗利費雪廳」(Avery Fisher Hall)是紐約愛樂與林肯中心爵士樂團的表演主場地；左方「大

■1大都會歌劇院內的華麗裝潢 ②由空中俯瞰林肯中心的建築 ③夜間的大都會歌劇院外觀

衛寇科劇院」(David H. Koch Theater)則為紐約芭蕾舞團的演出地，遠近馳名的《胡桃鉗》是每年冬季的熱門劇碼。

　　此外，周邊的表演藝術圖書館、茱莉亞音樂學院、愛莉絲杜立廳與丹姆羅許公園，也都是廣義林肯中心的一部分，而位於正中央的噴泉廣場，與不久前打造完成的LED階梯，則是觀光客們必拍照留念的景點，中央廣場在夏天會盛大舉行「林肯中心藝術節」與「仲夏音樂會」，往往吸引大批樂迷前往觀賞。

## 建築物本身就是藝術
# 藝術設計美術館
## Museum of Arts & Design (MAD)

遊賞去處

DATA

**MAP P.112 / D5**

出地鐵站步行約20分鐘

http www.madmuseum.org ⊠2 Columbus Circle(Btw 8th Ave & Broadway) ☏ (212)299-7777 ⊙週二～日10:00～18:00，週四、五延長開放至21:00 ⊗週一 ⑤成人$16、學生$12；週四18:00～21:00採樂捐制 ➡出站後沿Broadway前行，約20分鐘路程；或搭地鐵1號線至59th St

　　藝術設計美術館的前身，是位於中城的「當代工藝品博物館」(Museum of Contemporary Crafts)，於2008年時，全新的博物館大樓在哥倫布圓環旁落城，以不規則形狀玻璃打造的外觀，讓美術館大樓成為附近最醒目，也是最富設計感的建築。延續著當代工藝傳統，館內定期舉辦的展覽，多以雕塑和裝置藝術作品為主，包括黏土、金屬、木材與高科技纖維等多種素材的創意設計，除了4層樓的展覽空間，還設置了珠寶飾品設計中心、多媒體教育中心、多功能演講廳和藝術家工作室，並於高樓層打造了景觀餐廳Robert Restaurant(P.123)，廣納各領域的藝術範疇。

**1** **3**館內定期展出的設計藝術作品 **2**摩登創新的美術館外觀相當醒目

## 繁忙馬路中的休閒綠洲
# 哥倫布圓環
## Columbus Circle

遊賞去處

DATA

**MAP P.112 / D5**

出地鐵站步行約20分鐘

⊙全天候開放 ➡出站後沿Broadway前行，約20分鐘路程；或搭地鐵1號線至59th St

　　位於中央公園入口旁的哥倫布圓環，是1892年時，為慶祝哥倫布發現新大陸滿400週年而修

建，除了圓形的廣場，以及由藝術家Gaetano Russo打造的高聳紀念碑外，近年還陸續增建了座椅區和美輪美奐的噴泉，天氣好時總能見到許多遊客們，或坐或躺在座位上，享受這熙熙攘攘馬路中央的一片綠地；另外，在哥倫布圓環對街、川普飯店大樓前的銀色鏤空地球雕塑，也是附近的地標之一。

**1**哥倫布圓環的夜景 **2**美輪美奐的噴泉 **3**銀色鏤空的地球雕塑 **4**中央的哥倫布紀念碑

全世界最大的自然生態中心

# 美國自然歷史博物館
## American Museum of Natural History

MAP P.112 / C1

出地鐵站
步行約15分鐘

🌐www.amnh.org ✉Central Park West at 79th St ☎(212)697-1245 🕐每日10:00
～17:45 ㊩感恩節與聖誕節 💲成人$22、學生$17；建議票價制 ➡出站後沿著72nd
St至Central Park West左轉，約15分鐘路程；或搭地鐵1號線至79th St

成立於1869年的自然歷史博物館，擁有超過3萬件的珍貴收藏，是全世界最大的自然生態博物館，電影《博物館驚魂夜》也曾在此取景拍攝，整個博物館包含4個樓層、占地大約7公頃，要在一天之內詳細覽盡，幾乎不太可能，建議可先大致了解每個樓層的特色，再從自己感興趣的部分逛起。

1樓是以「美洲」與「太空」為主題，有美洲哺乳動物館、北美森林館、印地安館、海洋生態館，以及隕石館、蘿絲太空館、地球館宇宙步道等；2樓以「亞、非與南美」為主軸，有亞洲哺乳動物館、非洲人類館、墨西哥館和南美洲人類館等；3樓設有爬蟲與兩棲動物館、鳥類館、靈長類館，以及放映IMAX太空劇場的「海登天文館」(須另行購票)；而4樓則是最受歡迎的「化石標本」主題樓層，包括蜥蜴恐龍館、原始哺乳動物

館、脊椎動物館等，

最經典的是全世界最高的巴洛龍(Barosaurus)化石與其他超過100件的恐龍化石標本。

1 博物館前，造型獨特的恐龍「聖誕樹」 2 3 4 蘿絲太空館有詳盡的太空、地球科學展示 5 館內大廳的大型恐龍化石標本 6 海洋生態館 7 美洲哺乳動物館 8 北美印地安人館

曼哈頓的大型購物商場代表

# 時代華納中心
## Time Warner Center

**MAP P.112 / C5**

出地鐵站
步行約20分鐘

**DATA**

http www.theshopsatcolumbuscircle.com ✉ 10 Columbus Circle (Btw 58th & 60th St) ☎ (212)823-6300 🕐 週一～六10:00～21:00、週日11:00～19:00 休 無休 ➡ 出站後沿Broadway前行，約20分鐘路程；或搭地鐵1號線至59th St

時代華納公司是美國主要的有線電視與網路供應商之一，其位於哥倫布圓環旁的總部，由兩棟高75層的摩天大樓組成，大樓內除了其企業的總部，還有文華東方酒店、CNN電視台、林肯中心爵士音樂廳，以及1～4樓的商場餐廳。

曼哈頓的大型購物商場並不多見，而這裡底層的購物中心，即為結合各類型品牌的代表，從低價位H&M、中價位Armani Exchange、J Crew、bebe、C. Wonder，到精品品牌Hugo Boss、Cole Haan與Coach等，皆於其中設立專門店；4樓餐廳區打造了多家頂級餐廳，其中Per Se更是號稱全紐約最「高貴」的餐廳，每日更新的套餐，定價每人＄295呢！此外，每年的聖誕燈飾，也是曼哈頓著名的冬季景點，別忘了站在3、4樓靠外的走道，將繽紛的彩燈與閃耀的哥倫布圓環一起入鏡。

1 購物中心大廳有趣的裸男雕塑 2 冬季的聖誕燈飾 3 挑高的商場購物空間

超值折扣的Outlet商品

# 21世紀百貨
## Century 21 Department Store

**MAP P.112 / C4**

出地鐵站
步行約5分鐘

**DATA**

http www.c21stores.com ✉ 1972 Broadway(Btw 66th & 67th St) ☎ (212)518-2121 🕐 週一～六10:00～22:00、週日11:00～20:00 休 無休 ➡ 出站後沿Broadway前行，約5分鐘路程

21世紀百貨是紐約知名的「過季暢貨」(Outlet)百貨公司，其位於下城金融區的總店，更是許多觀光客必訪的購物聖地，但如果不想在總店的大批人潮中廝殺血拼的話，不妨前往位於上西城新開幕的分館逛逛。為了迎合上西城顧客的品味，這裡的分店除了中價位的休閒與運動品牌外，還引進不少新銳設計師和國際名牌的過季商品，諸如Chloé、Rebecca Minkoff、Michael Kors與Proenza Schouler等品牌的人氣包款(IT Bag)，在這裡都有機會以市價4～7折的價位入手，大家不妨前來挖挖寶。

1 2 店內各式折扣商品

特色美食 **紐約早餐女王**
# Sarabeth's

MAP P.112 / B1
出地鐵站
步行約15分鐘

**DATA**

🌐sarabethsrestaurants.com ✉423 Amsterdam Ave(Btw 80th & 81st St) 📞(212)496-6280 🕐08:00～22:00 休無休 🚇出站後沿Amsterdam Ave前行，約15分鐘路程(或搭地鐵1號線至79th St)

名聲響亮的Brunch專賣店Sarabeth's由紐約早餐女王Sarabeth Levine創立，1981年時她按照祖傳配方製作出第一罐橘子杏桃果醬，並進而從果醬工廠、烘焙坊到餐廳，用她獨創的手藝一步步打造出紐約客趨之若鶩的早餐王國，近年還陸續在東京與台北等地設點。其中班尼迪克蛋、現烤酥餅、水果厚片鬆餅和番茄濃湯等餐點均讓人讚不絕口，她的果醬強調不添加任何化學果膠，僅以新鮮水果慢慢熬製，號稱「可以塗抹的水果」，除了內用外，也可外帶經典的果醬組合。

1 上西城店外觀 2 班尼迪克蛋 3 水果鬆餅 4 各式果醬

---

特色美食 **新鮮在地的特製口味**
# The Smith Restaurant NYC

MAP P.112 / C4
出地鐵站
步行約10分鐘

**DATA**

🌐www.thesmithnyc.com ✉1900 Broadway(Btw 63rd & 64th St) 📞(212)496-5700 🕐週一～三07:30～24:00、週四～五07:30～翌日01:30、週六10:00～翌日01:00、週日10:00～24:00 休無休 💲均消約$20～25 🚇出站後沿Broadway前行，約10分鐘路程；或搭地鐵1號線至66th St

紐約下城蘇活區(SOHO)知名餐廳「Jane」的經營者，最新打造的品牌Smith，是以休閒美式和復古小酒館為主題的餐廳，2007年於東村開幕後即大受歡迎，並陸續於中城和林肯中心對面開設了分店。這裡的餐點以美式牛排與改良式的漢堡著名，不但挑選紐約在地的肉類食材與新鮮蔬果，漢堡類也特別選用特製的手工麵包，來取代傳統的餐包，另外像是酥炸花枝和新鮮淡菜盅等也是人氣選項，店家還提供免費的氣泡式礦泉水，讓你搭配美味的料理呢！

1 2 餐廳內呈現出復古小酒館的氣氛 3 4 5 主廚特製的改良美式餐點

 特色美食

多種中南美的風味美食

# Calle Ocho

MAP P.112 / C1

出地鐵站
步行約20分鐘

**DATA**

http www.calleochonyc.com ✉45 W 81st St(Btw Columbus
Ave & Central Park West) ☎(212)873-5025 ⏰週一～四18:00
～22:30，週五18:00～23:30，週六12:00～15:00、17:00～23:30
，週日12:00～15:00、17:00～22:00 休無休 ＄早午餐$14～18，
均消約$25～30 ➡出站後沿 72nd St至Columbus Ave左轉，前行
至81st St右轉，約20分鐘路程；或搭地鐵1號線至79th St

　　位於美國自然歷史博物館不遠處，是由Excelsior Hotel
打造的拉丁風味餐廳。Calle Ocho為西班牙文「第八街」
的意思，是一條位於美國城市邁阿密「小哈瓦那」(Little
Havana)的古巴風情熱鬧小街，餐廳規畫者希望藉由輕鬆
的用餐氣氛與熱情的拉丁音樂，讓大家悠閒品嘗各式中南
美風味的佳肴。

　　這裡的人氣料理，包括西班牙海鮮飯(Paella)、古巴式
烤牛排(Bistec)和哥斯大黎加式塔可餅(Gallito)等，而店裡
最熱門的用餐時段，是每週六、日12:00～15:00的早午餐
(Brunch)時間，只要點用任何一道早午餐，就能無限享用
店家特調的桑格利亞水果甜酒(Sangria)！別以為這只是
一般免費供應的調酒飲料，店家可是用心準備了8種不同
的口味，包括香蕉椰子、熱帶水果、氣泡白蘭地、紅莓藍
莓和蜜桃肉桂等，多種都是大家沒嘗試過的，只要盤子內
還有食物，服務生就會一直為你送上新的調酒飲料，只是
提醒大家，可別一下子就喝醉囉！

1 2 5 洋溢古巴熱情色調的店內裝潢 3 手工麵包籃 4 早午餐時段免
費供應的桑格利亞水果甜酒(Sangria) 6 7 8 各式中南美風味的佳肴

紅線：①②③號線

72街站(上西城) ➡ 時代廣場／42街站(中城西) ➡ 23街站(雀兒喜) ➡ 克里斯多福街站(村子)

特色美食

林肯中心旁的頂級美味

# Lincoln Ristorante

MAP P.112／B4

出地鐵站
步行約10分鐘

**DATA**

www.patinagroup.com/lincoln-ristorante ✉142 W 65th St(Btw Broadway & Amsterdam Ave) ☎(212)359-6500 ⏰週一～二17:00～22:30、週三12:00～14:00～17:00～22:30、週四～五12:00～14:00、17:00～23:00、週六11:30～14:00、17:00～23:00、週日11:30～14:30、17:00～21:30 ⊗無休 $均消約$50～60 ➡出站後沿Broadway前行至65th St右轉前行，約10分鐘路程(或搭地鐵1號線至66th St)

位於林肯中心Paul Milstein Pool旁的Lincoln Ristorante於2010年揭幕，三角形的建築，搭配上立體玻璃帷幕與頂上的草坪，總是吸引著來往遊客的目光，也讓此處一躍成為上西城話題度第一的餐廳，除了斥資2千萬美金打造的時尚裝潢外，這裡的主廚Jonathan Benno可是曾任職於全紐約最昂貴的餐廳Per Se。Benno結合義大利各地美食的特色，加上自己的創意，呈現出有趣的當代義式料理，就連看似簡單的義大利麵，也能讓你品嘗到多層次口感，除了單點之外，也可以點用午晚間均推出的套餐選項(約美金$38～80)。

1 7 時尚明亮的空間設計 2 8 林肯中心池畔的餐廳外觀
3 4 5 6 每季更換的主廚精選菜色

**特色美食** 紐約名廚的同名餐廳

# Jean Georges

MAP P.112 / D5
出地鐵站
步行約15分鐘

**DATA**

http www.jean-georgesrestaurant.com ✉1 Central Park West(Btw 60th & 61st St) ☎(212)299-3900 ⏰午餐：11:45～14:30，晚餐：週一～四17:30～23:00、週五～六17:00～23:00、週日17:30～22:30 休無休 $均消約$50～60 ➡出站後沿Broadway前行至哥倫布圓環左轉，約15分鐘路程(或搭地鐵1號線至59th St)

Jean Georges為紐約最具代表性的主廚，於全紐約擁有超過10間不同主題與定位的餐廳，其中最核心的同名餐廳則位於中央公園旁的川普酒店內，除了餐廳榮獲米其林三星評鑑外，主廚本身更在29歲時即獲得紐約時報四星名廚的肯定。餐廳內分為氣氛正式優雅的主廳Jean Georges，及較為輕鬆休閒的外廳Nougatine & The Terrace，不少人特意選擇外廳靠窗的座位，一邊享用美食，一邊透過落地窗欣賞中央公園的美景，主廚每季更換的法式料理美食，搭配上精緻的擺盤，讓Jean Georges成為許多觀光客們前來紐約必嘗的名店之一。

12風格較為休閒的外廳 4面對中央公園的落地窗座位
3567主廚根據時令食材創作的法式佳肴

紅線：❶❷❸號線

72街站(上西城)→
時代廣場／42街站(中城西)→
23街站(雀兒喜)→
克里斯多福街站(村子)

年輕人的甜點夢想

**美食**

# Levain Bakery

MAP P.112 / B2
出地鐵站
步行約5分鐘

**DATA**

🌐www.levainbakery.com ✉167 W 74th St(Btw Amsterdam & Columbus Ave) ☎(212)874-6080 🕐週一～六08:00～19:00、週日09:00～19:00 🈚無休 💲均消約$5～10 ➡出站後沿Amsterdam Ave前行至74th St右轉，約5分鐘路程

　　兩位年輕女孩，一位是甜點主廚，一位在時尚界工作，因緣際會之下，合開了這間位於小巷弄的甜點麵包店。只有幾坪大的地下室，經過媒體雜誌的報導後，幾乎天天擠滿排隊人潮，這裡的超人氣商品，為每片重6盎司(約180克)的巧克力核桃餅乾，另外像燕麥葡萄乾餅乾、黑巧克力餅乾與各式手工雜糧麵包，也都值得一嘗。

1排隊等候的顧客 2各大媒體的報導內容 3各式手工餅乾

復古風格的用餐環境

**美食**

# P.J. Clarke's

MAP P.112 / C4
出地鐵站
步行約10分鐘

**DATA**

🌐www.pjclarkes.com ✉44 W 63rd St(Btw Broadway & Columbus Ave) ☎(212)957-9700 🕐週一～五11:30～翌日02:00、週六～日11:00～翌日02:00 🈚無休 💲均消約$25～30 ➡出站後沿Broadway前行，約10分鐘路程；或搭地鐵1號線至66th St

　　P.J. Clarke's是一間極具傳統美式風味的餐廳酒館，位於第三大道的創始店，早於1868年即在一棟古老的紅磚屋中開業，到了今日已有多家分店，分別位於紐約、華盛頓、拉斯維加斯與巴西聖保羅等地；林肯中心(P.114)對面的分店，保留了傳統酒館的木質裝潢，搭配上紅白格子的桌巾，以及牆上的黑白歷史照片，彷彿讓人回到19世紀的復古年代。這裡的必嘗餐點，包括經典美式燻培根漢堡(The Cadillac)、焗烤起司通心麵和超大分量的馬里蘭蟹肉餅等等。

1店外的復古外送車別具風味 23傳統美式風味的家常料理
4餐廳位於林肯中心正對面轉角

特色美食

可眺望中央公園的創意料理餐廳

# Robert Restaurant

MAP P.112 / D5
出地鐵站步行約20分鐘

**DATA**

🌐robertnyc.com ✉2 Columbus Circle 9F(Btw 8th Ave & Broadway) ☎(212)496-5700 🕐週一～五11:30～24:00、週六11:00～24:00、週日11:00～22:00 🈺無休 💲均消約$40～45 🚇出站後沿Broadway前行，約20分鐘路程；或搭地鐵1號線至59th St

MAD藝術設計美術館(P.115)與紐約傳奇性的派對策畫專家Robert Isabelle，共同設計了這間隱身於美術館9樓的餐廳，內部以粉色系的壓克力裝置藝術，來裝飾整個天花板，白天陽光經過壓克力的折射，讓餐廳呈現出浪漫的粉色光影，搭配上每區精心設計的橘色、紫色與桃紅色座椅，顯得既摩登又時尚，而靠窗的位置，其落地的玻璃窗設計，可讓顧客們居高臨下地欣賞哥倫布圓環與中央公園的景致。這裡的餐點以新美式創意料理為主，分為午餐、晚餐與假日的早午餐等3種菜單，由於周邊日落時分的景色格外迷人，因此主廚也特別規畫了15:00～17:30的「日落輕食菜單」(Sunset Menu)，建議大家不妨於平日下午人不多的時候前來享受一番！

1 2主廚特製的創意料理 3隱身於美術館9樓的餐廳，視野極佳 4餐廳以粉色系的壓克力裝置藝術來布置

特色美食

知名美式熱狗堡專賣店

# Gray's Papaya

MAP P.112 / B3
出地鐵站步行約1分鐘

**DATA**

🌐grayspapayanyc.com ✉2090 Broadway(Btw 71st & 72nd St) ☎(212)799-0243 🕐24小時營業 🈺無休 💲均消約$5～10 🚇出站後沿Broadway前行，約1分鐘路程

Gray's Papaya可不是木瓜水果店，而是紐約鼎鼎大名的街邊美食。這個24小時營業的熱狗專賣店，從1973年營業至今，近年來更因為《電子情書》、《慾望城市》等電影影集的取景，而成為觀光客必嘗的美食，這裡的兩份熱狗堡，配上一杯飲料，只要$4.95！此外，店裡還真的是有販售招牌的「熱帶木瓜凍飲」呢！

1Gray's Papaya的店外觀 2 3熱狗與水果吊飾為店中招牌

# 1 2 3

## 中城西 Midtown West

## 與紐約大蘋果一起倒數迎新

# 時代廣場-42街站
## Times Square-42nd St

活動範圍：34～59街、第七大道以西

23街站(23rd St)
1

28街站(28th St)
1

34街-賓州車站站
(34th St-Penn Station)
1 2 3

時代廣場-42街站
(Times Square-42nd St)
1 2 3 7 A C E N Q R S

50街站(50th St)
1

59街-哥倫布圓環站
(59th St-Columbus Circle)
1 A C B D

66街-林肯中心站
(66th St-Lincoln Center)
1

←Downtown & Brooklyn

Uptown & The Bronx→

# 3大推薦地

紅線：①②③號線

72街站（上西城）↓ 時代廣場／42街站（中城西）↓ 23街站（雀兒喜）↓ 克里斯多福街站（村子）

### 作者最愛

## Ellen's Stardust Diner

有趣的百老匯主題餐廳，每位服務生都是擁有好歌喉的歌舞劇演員，讓你在用餐時驚喜連連。(見P.136)

### 焦點必訪

## 時代廣場

越夜越美麗的曼哈頓不夜城，有霓虹閃爍的另類夜景，和不可錯過的紐約跨年體驗。(見P.127)

### 紐約客推薦

## 劇院區百老匯秀

百老匯秀是紐約最具特色的文化之一，劇院區中的各類劇碼將帶領你進入不同的故事時空中。(見P.129)

Rahma

中城西是多條地鐵路線的交會樞紐區域，其中又可細分為幾個小區塊，包括「劇院區」(Theater District)、「時裝區」(Garment District)和「地獄廚房」(Hell's Kitchen)。

「劇院區」位於40～54街、Broadway至第八大道之間，因密布著大大小小的百老匯歌舞劇院而得名，其中霓虹招牌閃爍的「時代廣場」，可謂是曼哈頓熱鬧喧囂的不夜城，也是觀光客必來朝聖的紐約地標。

「時裝區」則為34～42街、第七～九大道之間的區域，這裡聚集了許多品牌展示間、時裝批發商與服裝材料專賣店等，好比是紐約時尚界的「中盤商圈」，並不時有各類型的樣品特賣會(Sample Sale)於此舉行。

位於34～59街、第九大道以西的區域，稱為「地獄廚房」或「柯林頓區」(Clinton)，這裡早年是曼哈頓黑幫與貧民聚集的治安死角，警察們把這裡喻為比地獄還要髒亂恐怖的「地獄廚房」，但是經過政府的重整與開發後，這個原本給人負面觀感的地方，早已不再是「地獄」，搖身一變成為餐廳酒吧密集的「美食廚房」。

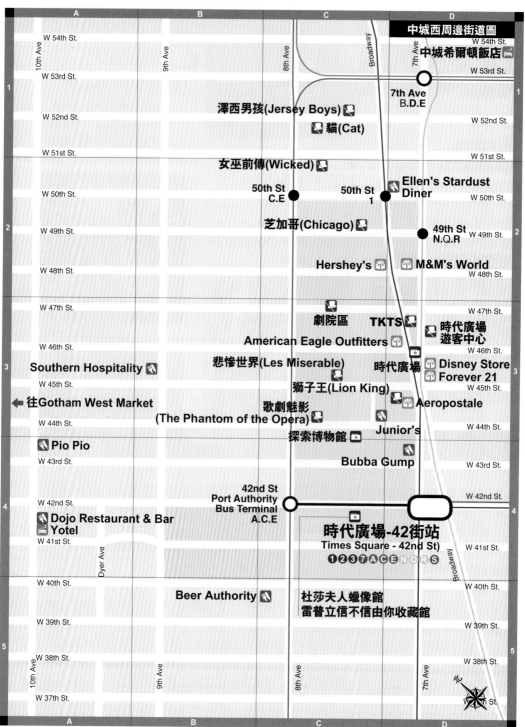

**遊賞去處**

紐約著名的不夜城

# 時代廣場
## Times Square

MAP **P.126／D3**

在地鐵站出口出站即達

**DATA**

◉廣場24小時，其他店家各異　➡出站即達

時代廣場原稱朗埃克廣場(Longacre Square)，後來因為紐約時報(New York Times)的總部於此處落腳，而於1940年改名為「時代廣場」(或譯為「時報廣場」)；1910～1920年間，許多的劇場、歌廳和餐廳酒吧陸續於此處開業，讓這裡成為紐約客們聚會與娛樂的熱鬧據點；1930年後，因為經濟大蕭條的緣故，時代廣場曾一度成為以聲色場所為主的紅燈區，直到90年代才在政府的整建下，變成觀光客喜愛的區域。現今的時代廣場，隨時都聚集了來自各地的遊客，各大連鎖品牌與餐廳也紛紛在廣場周邊，開起一家比一家規模驚人的旗艦店，並且持續營業至深夜，讓時代廣場成為越夜越熱鬧的不夜城。

❶時代廣場周邊越夜越熱鬧 ❷TKTS折扣票亭前的霓虹階梯，為觀賞時代廣場全景的最佳地點 ❸廣場中有許多造型奇異或穿著人偶裝的街頭藝人，別忘了合影留念後得給小費 ❹騎馬巡邏的紐約警察，總吸引路人爭相拍照 ❺廣場上不定時展出的互動裝置藝術 ❻廣場中的百老匯秀看板 ❼時代廣場萬頭鑽動的奇景 ❽越夜越美麗的時代廣場霓虹招牌

### 遊賞去處

**發現奧祕新知的天地**

# 探索博物館
## Discovery Times Square

MAP P.126/C3
出地鐵站
步行約5分鐘

**DATA**

🌐www.discoverytsx.com ✉226 W 44th St(Btw 7th & 8th Ave)
📞(886)987-9692 🕐週日～二10:00～19:00、週三～四10:00
～20:00、週五～六10:00～21:00 ❌無休 💲成人$19.5～25、4
～12歲$10.5～14.5、65歲以上$16.5～22.5，票價依各展覽不同
➡出站後沿7th Ave至44th St左轉，約5分鐘路程

❶博物館中的人體肌肉展 ❷積木藝術展

Discovery頻道一向以饒富新知的內容受到觀眾的喜愛，除了在電視上收看外，在紐約的探索博物館中，各位還能身歷其境地瀏覽各項珍貴史蹟與自然奧妙，包羅萬象的展覽品，從古埃及文物、中國兵馬俑、人體肌肉、鐵達尼號文物到達文西名作等均曾在此展出，有興趣的朋友不妨上網查詢當期展覽內容。

### 遊賞去處

**與各界名人相見歡**

# 杜莎夫人蠟像館
## Madame Tussaud's

MAP P.126/C4
出地鐵站
步行約3分鐘

**DATA**

🌐www.madametussauds.com/NewYork ✉234 W 42nd St(Btw 7th & 8th Ave) 📞(866)841-3505 🕐週日～四10:00～20:00、週五～六10:00
～22:00 ❌無休 💲13歲以上$36、4～12歲$29，上網先訂票可享折扣
➡出站後沿7th Ave至42nd St左轉，約3分鐘路程

❶粉絲開心與賈斯汀的蠟像合影 ❷蠟像館入口

以名人蠟像為主題的杜莎夫人蠟像館，在美國、歐洲與亞洲均設有分館，位於時代廣場的紐約館，收集了好萊塢明星布萊德彼特、李奧納多，政治名人歐巴馬、柯林頓，以及流行歌手瑪丹娜、艾莉西亞凱斯、賈斯汀等人的塑像，見不到本人沒關係，在這裡粉絲們可以與近乎真人的偶像盡情合影留念！

### 遊賞去處

**蒐羅世界上各類奇異珍品**

# 雷普立信不信由你收藏館
## Ripley's Believe it or not

MAP P.126/C4
出地鐵站
步行約3分鐘

**DATA**

🌐www.ripleysnewyork.com ✉234 W 42nd St(Btw 7th & 8th Ave) 📞(212)398-3133 🕐每日
09:00～翌日01:00 ❌無休 💲13歲以上$32.61、4～12歲$24.99，上網先訂票可享折扣 ➡出站
後沿7th Ave至42nd St左轉，約3分鐘路程

冒險家雷普立(Robert Ripley)以收藏全世界各地的稀有物品聞名，並在美洲各地開了許多家不同主題的收藏館，位於時代廣場的信不信由你收藏館中，珍藏了超過500件的奇異收藏品，在2層樓的館內，你能見到雙頭的羊、6條腿的牛和全白長頸鹿的標本，還有以玉石雕刻的船和風乾的人頭！到底有多奇怪、多驚悚呢？這裡每天營業到凌晨1點，別忘了來探險一番！

❶❷各式各樣奇異的收藏品

劇場表演
**DATA**

必看的經典名劇不能錯過

# 劇院區百老匯秀
## Theatre District Broadway Musical

MAP P.126／C3
地鐵站周邊
出站前行即到

◎ 依照各演出日程 ⑤ 各演出約$25～200 ➡ 出站後沿Broadway前行

位於40～54街、Broadway至第八大道之間的區域，密布著將近50家大小戲院，因而被稱為「劇院區」，這些戲院大多集中於Broadway(百老匯大街)的周邊，所以在其中演出的「音樂劇」(Musical)，又被觀眾通稱為「百老匯秀」(Broadway Show)。紐約的大型劇場文化，於20世紀開始發展，並在1940年代進入顛峰，華麗的舞臺、繁複的道具與精緻的服裝，成為百老匯秀的一大特色，每年舉辦的「東尼獎」，也讓劇場界的工作者不斷努力創新，除了讓長壽劇碼不斷推陳出新外，新創作的劇本也是每年上演。

基本上來說，票房是劇碼長壽與否的保證，但有時也可能因為劇團的策略因素，而將受歡迎的劇碼暫時停演，如十分賣座的《歡樂滿人間》(Mary Poppins)與《吉屋出租》(Rent)等，目前均停止演出中。而《貓》(Cats)、《芝加哥》(Chicago)與《悲慘世界》(Les Miserables)等則在停演多年後重新登場，建議大家可在旅遊前，先上各官網確認演出日程。

**1**TKTS票亭 **2 3**百老匯劇院與看板

## 百老匯秀購票建議

一般來說，最簡便的購票方法為網路訂票，如果各位心中已經設定了必看的劇碼，建議大家可提前預購，尤其是前幾名熱門的劇碼，門票常常於幾週前就已銷售完畢。沒有指定劇碼的朋友，不妨前往時代廣場47街與Broadway路口的「TKTS」票亭，這裡分2個時段，出售「當天」下午場和晚場的折扣票，有機會用5～7折的價格，欣賞到當日的演出；而對街「時代廣場遊客中心」的售票處，則可索取各種不同的折價券與演出資訊，中心內還會不定期展出各百老匯秀的戲服與布景等，供遊客免費參觀。另外也可在開幕前，直接到各戲院的售票處碰碰運氣，有時會有剩餘的特價票(Rush Ticket)出售，部分劇院還會推出學生限定的優惠票(Student Rush Ticket)，或以抽獎方式抽出超值票券。

### TKTS票亭
🌐www.tdf.org/tkts ✉Duffy Square(Btw 47th St and Broadway) ☎(212)912-9770 ◎票券出售的時間／**當日晚場**：週一～六15:00～20:00(週二14:00開始)、週日15:00～19:00；**當日下午場**：週三、四、六10:00～14:00、週日11:00～15:00 ➡出站後沿Broadway前行，票亭位於廣場中紅色階梯下方，約3分鐘路程 🅜P.126／D3

### 時代廣場遊客中心
**Times Square Museum & Visitor Center**
🌐www.timessquarenyc.org 📍1560 Broadway(Btw 46th St and 47th St at 7th Ave) ☎(212)452-5283 ◎每日08:00～20:00 ➡出站後沿Broadway前行，約3分鐘路程 🅜P.126／D3

# 百老匯劇碼
# 經典推薦

以下介紹劇碼可能暫停或終止演出，亦可能更換演出地點，正確節目表與訂票資訊，請瀏覽各劇碼網站。

經典推薦 **01** MAP P.126 / D3

## 獅子王
### Lion King

根據1994年迪士尼電影改編的舞臺劇故事，以擬真的布景打造出非洲原野、叢林動物和電影中的遼闊場景，演出以來獲得相當高的評價。

http www.lionking.com

經典推薦 **02** MAP P.126 / C2

## 女巫前傳
### Wicked

蟬連多年百老匯票房榜首的《女巫前傳》，取材於《綠野仙蹤》，以壞女巫的角度來重新詮釋這大家耳熟能詳的童話故事。

http www.wickedthemusical.com

經典推薦 **03** MAP P.126 / C3

## 歌劇魅影
### The Phantom of the Opera

百老匯最長壽的劇碼，從1988年首演至今，描述19世紀法國歌劇院歌女、貴族，與躲藏在歌劇院地底怪人間的愛情故事，白色的面罩為該劇的經典。

http www.thephantomoftheopera.com

## 經典推薦 **04** MAP P.126／C2

# 芝加哥
## Chicago

一位舞團女伴舞，與一位紅牌女歌手，因故雙雙入監服刑，兩人從監獄到舞臺上的競爭，演變為最後共同演出的雙贏局面，精采的復古歌舞，成為本劇的一大賣點。

**http** www.chicagothemusical.com

## 經典推薦 **05** MAP P.126／C1

# 澤西男孩
## Jersey Boys

2005年登上百老匯舞臺的劇碼，講述60年代的知名美國樂團The Four Seasons，團員從創團到分道揚鑣的故事，並運用春、夏、秋、冬四季，講述4個團員的人生故事。

**http** www.jerseyboysinfo.com

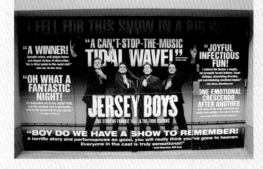

## 經典推薦 **06** MAP P.126／C2

# 悲慘世界
## Les Miserable

改編自法國名作家雨果的作品《孤星淚》，描述在巴黎內亂時，主人公為了生活偷竊食物而遭遇牢獄之災，出獄後期盼改變社會所遇到各種艱辛困難，於全球均曾巡演。

**http** www.lesmis.com

## 經典推薦 **07** MAP P.126／C1

# 貓
## Cat

全球巡演30多國，擁有全球最受歡迎音樂劇美譽，在睽違紐約百老匯16年後，重新於2016年登場，每隻貓在舞臺上都擁有獨特的性格，從貓的子夜舞會開始帶領大家進入奇幻的世界。

**http** www.catsthemusical.com

![購物血拼] 日韓系青春可愛風的平價服飾
# Forever 21

MAP P.126 / D3
出地鐵站
步行約5分鐘

**DATA**

🌐www.forever21.com ✉1540 Broadway(Btw 45th & 46th St)
📞(212)302-0594 🕐每日09:00～翌日01:00 🚫無休 ➡出站後
沿Broadway前行,約5分鐘路程

　　平價時裝品牌Forever 21,由韓裔美人於加州創立,
原本主打的客群以亞洲人為主,所以服裝設計上充滿
日韓系的青春可愛風格,由於款式流行且價格平實,品
牌成立後不久,即跨越族群地紅遍美國各地,並於幾年
前在時代廣場,開設了這棟占地廣大,有5層樓規模、
彷彿百貨公司的大型旗艦店。除了休閒、派對、都會、
家居、大尺碼等全系列女裝外,還販售專為男生設計的
「Heritage 1981」系列,品牌宗旨是:希望每位客人
都能在這裡為自己打造一身永遠「21歲」的青春魅力。

`1` `3` `4` 占地廣大的店內空間 `2` 外牆亮眼的巨型LED螢幕

![購物血拼] 迪士尼專賣店,大人小孩都開心
# Disney Store

MAP P.126 / D3
出地鐵站
步行約5分鐘

**DATA**

🌐www.disneystore.com ✉1540 Broadway(Btw 45th
& 46th St) 📞(212)626-2910 🕐每日10:00～翌日01:00
🚫無休 ➡出站後沿Broadway前行,約5分鐘路程

　　米奇、米妮、唐老鴨和高飛等迪士尼卡通動
物,都是伴隨著美國小朋友們長大的好朋友,
為了彌補紐約沒有迪士尼樂園的遺憾,品牌特
別選在時代廣場,打造了一棟有2層樓的大型
迪士尼旗艦店,店內猶如縮小版的迪士尼世
界,分為紐約限定紀念品專區、城堡中的夢幻
公主服飾區、公仔娃娃專賣區,以及可供小朋
友試玩商品與欣賞動畫片的互動區,不只小孩
們喜歡,踏進店裡的大人們,也好像回到了歡
樂的童年時光呢!

`1` `5` 充滿夢幻與童趣的迪士尼商品和店內氣氛 `2` `3` `4` `6`
各式紐約限定的迪士尼商品

購物血拼 青少年平價服飾

# Aeropostale

**MAP P.126 / D3**
出地鐵站
步行約3分鐘

**DATA**

🌐www.aeropostale.com ✉1515 Broadway(Btw 44th & 45th St) 📞(917)344-3450 🕐週一～四10:00～翌日01:00、週五～六10:00～翌日02:00、週日10:00～24:00 ⊗無休 ➡出站後沿Broadway前行，約3分鐘路程

　　以休閒運動風格為主的Aeropostale，是相當受到美國青少年們歡迎的品牌，除了平實的價格外，還請來如Austin Mahone等青少年偶像代言，紐約旗艦店另販售獨家限定的紐約T恤、帽T與其他小紀念品，位於2樓的落地玻璃窗邊，是從高處捕捉時代廣場熱鬧景象的好地點喔！

1 2由青春偶像代言的系列商品 3店外閃爍的LED燈幕招牌

購物血拼 美國知名的休閒服飾品牌

# American Eagle Outfitters

**MAP P.126 / D3**
出地鐵站
步行約5分鐘

**DATA**

🌐www.ae.com ✉1551 Broadway(Btw 466h & 47th St) 📞(212)205-7260 🕐09:00～翌日01:00 ⊗無休 ➡出站後沿Broadway前行，約5分鐘路程

　　American Eagle是美國最具代表性的休閒品牌之一，經典的格子襯衫、帽T與牛仔褲等，深受學生族群的歡迎，時代廣場的旗艦店中，除了全系列AE男女裝外，還包括了專賣女性貼身衣物的副牌Aerie；此外，店內還不時推出活動，只要消費滿額就能現場拍照，並在外牆的超大LED螢幕上看見自己的身影，讓你過過成為時代廣場廣告明星的乾癮！

1凡在店內購物即有機會登上大螢幕廣告牆 2 3 4美式風格的牛仔休閒服裝

## 風靡全球的巧克力
# M&M's World

MAP P.126 / D2
出地鐵站
步行約8分鐘

**DATA**

http www.mymms.com ✉1600 Broadway(Btw 48th & 49th St) ☎(212) 295-3850 ⏰週日～四10:00～24:00、週五～六09:00～24:00 休無休 ➡出站後沿Broadway前行，約8分鐘路程

「只溶你口，不溶你手」的M&M巧克力，是許多朋友從小到大的良伴，品牌在時代廣場開設了這家好似M&M夢幻世界的專賣店，裡面不但販售以五彩M&M巧克力人為造型的各種紀念品，這些可愛的品牌人物，還化身為自由女神與消防隊員等紐約專屬的角色，讓每樣限定商品都令人愛不釋手。另外，店內最讓人驚歎的，莫過於色彩繽紛的整面巧克力牆，大家可以任意挑選自己喜愛的彩色糖衣，製作出一包包具有個人風格的M&M巧克力。

1非常壯觀的彩色M&M巧克力牆 2可4面旋轉的M&M大型公仔 345各式M&M的周邊商品 6M&M主題人物不時出場與來賓合影互動

## 知名巧克力主題商店
# Hershey's

MAP P.126 / C2
出地鐵站
步行約8分鐘

**DATA**

http www.thehersheycompany.com ✉1593 Broadway(Btw 48th & 49th St) ☎(212)581-9100 ⏰09:00～24:00 休無休 ➡出站後沿Broadway前行，約8分鐘路程

知名巧克力品牌Hershey's的主題商店，店內販售各式各樣品牌經典的巧克力，包括銀色三角巧克力、巧克力吧等，店內還能找到限量的超大版本或印有時代廣場(Times Square)英文字樣的紀念商品，Hershey's迷們別忘了選購巧克力娃娃、杯子與T恤等周邊商品。

123琳瑯滿目的Hershey's巧克力周邊商品

**特色美食**

帶動新食尚潮流的美食廣場

# Gotham West Market

MAP P.126／A3
出地鐵站
步行約20分鐘

**DATA**

🌐gothamwestmarket.com ✉600 11th Ave(Btw 44th & 45th St) ☎(212)582-7940 🕐約11:00～23:00(各店略異) 🈺無休 💲均消約$15～20 🚇出站後沿42nd前行至11th Ave右轉，約20分鐘路程

　　美食廣場的概念對亞洲的朋友而言並不陌生，不過對紐約客來說，以往的餐飲選擇要不是正式的餐廳，就是速食店或只提供外帶的Deli快餐店，直到幾年前開始，大型美食廣場(Food Court)正式在紐約出現，讓紐約客們多了個選擇種類多、供餐速度快又免除小費的新飲食型態，而這些新興美食廣場的設計與內裝更各具特色，氛圍可一點也不輸正式的餐廳。

　　其中，位於「地獄廚房」美食區的Gotham West Market，就是最有特色的一間美食廣場，以Eat、Drink、Play與Ride為4大主題，引進人氣拉麵店Ivan Ramen、咖啡店Blue Bottle、墨西哥料理Choza與生魚片蓋飯Uma等多個熱門餐飲品牌，整個美食廣場內還特意營造出復古懷舊的氣氛，以木質為基調並鑲上復古海報、收音機與郵筒等骨董道具，位於街邊的店家另打造了半露

天的吧檯座位區，在天氣好的夏日傍晚，常能見到時髦的紐約客，或站或坐地享受Eat、Drink & Play的閒適時光，至於「Ride」的部分，原來在美食廣場中設有專賣腳踏車配件的NYC VELO，在品嘗美食之餘，還能體驗兼具節能與健身的時尚單車樂趣呢！

❶❸人氣咖啡名店 Blue Bottle ❷❹❻室內與戶外座位均高朋滿座 ❺可作為伴手禮的小罐零食 ❼❽復古懷舊的裝飾

 美式餐廳裡的小百老匯

# Ellen's Stardust Diner

MAP P.126 / D2

出地鐵站
步行約10分鐘

**特色美食**

**DATA**

🌐 www.ellensstardustdiner.com ✉ 1650 Broadway (Btw 50th & 51st St) 📞 (212)956-5151 🕐 週一～四07:00 ～24:00、週五～六07:00～翌日01:00、週日07:00～ 23:00 🈚 無休 💲 均消約$25～30 ➡ 出站後沿Broadway 前行，約10分鐘路程

這是一家廣受美國各地觀光客歡迎，卻較少為外國遊客知曉的特色餐廳，從80年代即開始營業，不但是最早以50年代復古裝潢設計的主題餐廳，還是沙拉潔西卡派克主演的電影《新年前夜》中場景之一。餐廳外觀以復古的紐約地鐵列車的外殼打造，店主人Ellen Hart曾是風靡一時的紐約地鐵小姐(Miss Subway)，店內呈現出復古歌廳的氣氛，並且陳列著歷代地鐵小姐的美麗珍貴照片。

這裡的另外一大噱頭，服務人員全部都是歌藝精湛、夢想能踏上百老匯舞臺的歌舞劇演員，他們在工作的同時，會輪番拿起麥克風演唱，興致好的時候，還會和客人互動，並把店內的桌椅當做舞臺，直接一躍而上，讓餐廳變身為熱鬧的歌舞劇院。店內供應的餐點，以漢堡、義大利麵

和其他美式食物為主，大家在用餐之餘，也別忘了以給小費的方式，來鼓勵這些懷抱夢想的年輕人，他們將工作時得到的小費，作為演員訓練的基金，並希望各位再度造訪時，他們已經不在餐廳服務，因為那時或許已得到百老匯星探賞識，登上真正的劇院舞臺演出。

1 2 Ellen's Stardust Diner特色餐廳 3 4 輪番高歌、把餐廳當作百老匯舞臺的服務生們 5 店主人收集的復古海報與地鐵小姐文宣 6 7 8 店內各種經典美式餐點

**特色美食**

可以喝到世界各地的啤酒

# Beer Authority

MAP P.126／C5

出地鐵站
步行約5分鐘

**DATA**

🌐www.beerauthoritynyc.com ✉300 W 40th St(Btw 8th & 9th Ave) 📞(212) 510-8415 🕐週一～六08:00～翌日04:00、週日12:00～翌日02:00 🈺無休 💲均消約$20～25 ➡出站後沿7th Ave前行至40th St右轉，約5分鐘路程

紐約與紐澤西之間的巴士總站(Port Authority)，位於42街以及第八大道的交會處，開在附近的啤酒館Beer Authority，特別選這個有趣的類似名稱來打響知名度，同時也代表著來自世界的啤酒均匯集於此。這裡販售的啤酒品牌有近200款，包括瓶裝、罐裝與桶裝的鮮釀啤酒，喜歡嘗鮮的人，不妨從店家推薦的幾款試飲起，如Altenmunster Oktoberfest、Elysian Night Owl Pumpkin Ale與Sixpoint The Crisp等都是不錯的選擇，店內也提供許多下酒的美式餐點可選擇。

１經典的美式啤酒屋裝潢 ２３４適合搭配啤酒的美式餐點

**特色美食**

全美第一的起司蛋糕

# Junior's

MAP P.126／C3

出地鐵站
步行約3分鐘

**DATA**

🌐www.juniorscheesecake.com ✉1515 Broadway(Btw 44th & 45th St) 📞(212)302-2000 🕐週一～四06:30～24:00、週五～六06:30～翌日01:00、週日06:30～23:00 🈺無休 💲均消約$25～30 ➡出站後沿Broadway前行，約3分鐘路程

Junior's是來自布魯克林的「Diner」餐廳，自1950年代開店至今，已有超過60年的歷史，所謂的美式Diner，指的是販賣漢堡、三明治與排餐類為主的家庭式餐廳，而Junior's除了供應各式餐點外，最為人所知的，是號稱「全美第一」的起士蛋糕。位於時代廣場的分店，還設立了專賣蛋糕的「店外店」，這裡的蛋糕口味非常濃郁，可說是道地的美式口味，不論是草莓起司、巧克力大理石起司，或是特別的紅絲絨(Red Velvet)起司蛋糕，都很值得一嘗！

１各式各樣不同口味的起司蛋糕 ２供應餐點的內用區域 ３提供蛋糕甜點外帶的Bakery區域 ４５外帶區的蛋糕可在一旁品嘗或帶回飯店享用

### 特色美食

**電影《阿甘正傳》主題餐廳**

# Bubba Gump

MAP P.126／D4

出地鐵站
步行約2分鐘

**DATA**

http www.bubbagump.com ✉1501 Broadway (Btw 43rd & 44th St) ☎(212)391-7100 ◷週日～四11:00～24:00、週五～六10:00～翌日01:00 ✚無休 ⑤均消約$25～30 ➡出站後沿Broadway前行,約2分鐘路程

時代廣場周邊開了許多大型美式連鎖餐廳,其中相當具有特色的,就是電影《阿甘正傳》的主題餐廳Bubba Gump。店內最大的賣點,是以電影中的經典場景布置,讓大家好像走進阿甘的世界當中;除了一般美式餐廳常見的漢堡、洋蔥圈與薯條外,這裡的特色餐點是各式各樣的「蝦料理」,包括鮮蝦雞尾酒沙拉、鮮蝦義大利麵、越南式蝦湯麵包和蔬菜烤蝦串等,在用餐過程中,服務生還會不時來個電影故事的有獎徵答,讓大家吃得盡興又有趣。

１２３４店內的《阿甘正傳》電影主題布置 ５１樓販賣的紀念商品

---

### 特色美食

**美國南部的鄉村風美食**

# Southern Hospitality

MAP P.126／B3

出地鐵站
步行約10分鐘

**DATA**

http www.southernhospitalitybbq.com ✉645 9th Ave(Btw 45rd & 46th St) ☎(212)265-1000 ◷週一～四12:00～24:00、週五12:00～翌日01:00、週六11:00～翌日01:00、週日11:00～24:00 ✚無休 ⑤均消約$20～25 ➡出站後沿42nd St前行至9th Ave右轉,約10分鐘路程

位於第九大道以西的「地獄廚房」區,現今是紐約的一大美食聚集地,沿途美、義、法、泰、日等各國特色餐廳比鄰,加上晚間營業的酒吧、夜店,讓這裡越晚越熱鬧。Southern Hospitality是一家走美國鄉村風的運動酒吧餐廳,店內以親切服務與粗獷裝潢,顯現出美國南部的熱情文化。當各大運動比賽舉行時,運動迷們總會結伴前來,一邊大口享用美食,一邊從大螢幕感受更具臨場感的體育賽事;這裡的餐點以大分量的南方風味BBQ烤肉、捲餅與漢堡為主,假日時還會有鄉村樂團現場演唱呢!

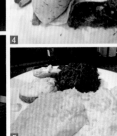

１３店內鄉村風味的粗獷裝潢 ２假日時在店內現場演唱的鄉村樂團 ４５分量十足的美式餐點

## 特色美食　南美洲祕魯的道地風味
# Pio Pio

MAP P.126／A4
出地鐵站
步行約15分鐘

**DATA**

http www.piopio.com ✉604 10th Ave(Btw 43rd & 44th St)
☎(212)459-2929 🕐週日～四11:00～23:00、週五～六11:00～24:00 休無休 $均消約$20～25 ➡出站後沿著42nd St前行至10th Ave右轉，約15分鐘路程

祕魯料理對台灣朋友而言，或許稍微陌生了一些，不過在南美洲移民眾多的紐約，可是頗受歡迎的特色餐點。以祕魯菜著名的Pio Pio餐廳，在紐約已擁有8家分店，經典的祕魯烤雞(Chicken Pio)鮮嫩多汁，搭配上特製的香料沾醬，保證讓你愛不釋口，而以新鮮檸檬醃製的涼拌海鮮(Ceviche Mixto)，除了新鮮的生魚、大蝦和花枝，還有嚼勁十足的白玉米與脆玉米粒，是常客必點的料理之一。

1Pio Pio為地獄廚房區的知名南美洲風格餐廳 2南美洲人氣第一的黃金可樂「印加可樂」，帶著酸甜果香 3祕魯經典料理涼拌海鮮 4店內特製的祕魯烤雞

## 特色美食　充滿東方魅力的無國籍料理
# Dojo Restaurant & Bar (Yotel)

MAP P.126／A4
出地鐵站
步行約15分鐘

**DATA**

http yotelnewyork.com ✉570 10th Ave(Btw 41st & 42nd St)
☎(646)449-7790 🕐週一～三15:00～22:00、週四～五15:00～23:00、週六11:00～23:00、週日11:00～22:00 休無休 $均消約$25～30 ➡出站後沿42nd St前行至10th Ave左轉，約15分鐘路程

位於地獄廚房區周邊的精品旅館Yotel(P.283)，因全球首創的機器人行李運送設備，自2011年開幕以來話題不斷，除了各種設計摩登的客房，飯店內還打造了Lounge酒吧，及包含室內與戶外座位區的Dojo Restaurant & Bar。

這裡除了使用日本相撲道場「Dojo」為名外，室內還以亞洲風味的圖畫裝飾，並設置了改良式的榻榻米座位，充滿讓西方人著迷的東方魅力，戶外區則設計為悠閒舒適的花園，讓客人能在傍晚，一邊享受日落美景，一邊品嘗調酒與美食。餐廳內提供的餐點，以融合美式與亞洲元素的無國籍料理(Fusion)為主，每逢週六、日的11:00～17:00，固定舉行餐飲無限供應的早午餐(Brunch)派對($40/每人)，每週另有駐場DJ現場放送舞曲，活絡整體氣氛。

1悠閒舒適的戶外花園 2充滿時尚亞洲風味的室內座位 3標榜無國籍的創意料理

# 1 2 3

## 雀兒喜 Chelsea

## 文化歷史街區的新風貌

# 23街站
## 23rd St

### 活動範圍：14～34街、第六大道以西

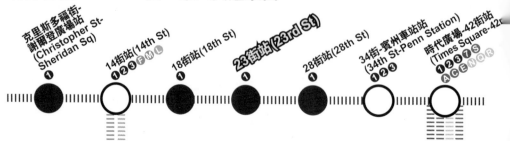

克里斯多福街-
謝爾登廣場站
(Christopher St-
Sheridan Sq)
①

14街站(14th St)
①②③ⓕⓜⓛ

18街站(18th St)
①

23街站(23rd St)

28街站(28th St)
①

34街-賓州車站站
(34th St-Penn Station)
①②③

時代廣場-42街站
(Times Square-42
①②③⑦ⓢ
ⓐⓒⓔⓝⓠⓡ

←Downtown & Brooklyn

Uptown & The Bronx→

# 紐約達人 *New York*
# 3大推薦地

### 作者最愛

## Story

雀兒喜區最具創意的店家，依主題變動的店內擺設與商品，讓消費者每次都有不同的驚喜。(見P.150)

### 焦點必訪

## 高架公園

由肉品運輸鐵道改建而成的都市公園，彷彿度假勝地的悠閒氣氛，讓人心曠神怡。(見P.143)

### 紐約客推薦

## Le Bain

肉品包裝區最新人氣夜店，每到週末，總是聚滿紐約最時髦的帥哥美女。(見P.153)

Alexander

雀兒喜鄰近曼哈頓西側的哈德遜河，在19世紀初期，發展為貨運碼頭與物流倉庫的聚集地；之後因為相對低廉的租金，在20世紀的90年代時，吸引許多藝術工作者前來設立工作室與藝廊。隨著藝文產業的逐漸蓬勃發展，時髦的咖啡廳、餐館、酒吧與服飾店等也接連進駐，讓此處成為紐約獨具文化氛圍的區域，政府也特地將這裡設為「歷史保存街區」，以保留此區混合歐洲風格的19世紀古典建築。

廣義的「雀兒喜」，還包括了其西南角14街到Gansevoort街之間的「肉品包裝區」(Meatpacking District)，這裡原本是曼哈頓肉類工廠的聚集地，近十年來隨著廠房遷出，新銳設計師的品牌專門店紛紛進入，以及影集《慾望城市》的加持，讓這個原本和潮流完全扯不上邊的地方，搖身一變成為曼哈頓新興的時尚區，而早年運送肉類的鐵道，也被改建為時髦的「高架公園」(The High Line)，讓紐約客們又多了個世外桃源般的新去處。

雀兒喜周邊街道圖

W 29th St.
28th St 1
W 28th St.
W 27th St.
雀兒喜藝廊區
W 26th St.
W 25th St.
W 24th St.
Jazz Hostel
23rd St C.E
23rd St F.M
23rd St 23街站 23rd St ①
高架公園
Harbs
Comme Des Garçons
W 22nd St.
W 21st St.
雀兒喜碼頭與哈德遜河公園
W 20th St.
Chelsea International Hostel
W 19th St.
Story
18th St 1
W 18th St.
The Park
W 17th St.
Barney's Warehouse
露賓美術館
W 16th St.
雀兒喜市場
W 15th St.
Gansevoort Market
6th Ave L
Alice+Olivia
14th St A.C.E
8th Ave L
14th St F.M
Jeffrey
Diane von Furstenberg
Crispo
14th St 1.2.3
Bond No.9
All Saints
Le Bain
Murray's Bagels
Standard Hotel
Tory Burch
惠特尼美術館

FROM INDIA EAST

欣賞喜馬拉雅山宗教圈文物

## 露賓美術館
### Rubin Museum of Art

MAP P.142 / D3
出地鐵站步行約6分鐘

遊賞去處

DATA

http www.rmanyc.org ✉150 W 17th St(Btw 6h & 7th Ave) ☎(212)620-5000 ⏰週一、四11:00～17:00，週三11:00～19:00，週五11:00～22:00，週六、日11:00～18:00 休週二 $成人$10、學生與65歲以上$5，週五18:00～22:00免費參觀 ➡出站後沿7th Ave前行至17th St左轉，約6分鐘路程

　　露賓美術館是雀兒喜地區的大型藝術展覽館，館內以收藏喜馬拉雅文化的藝術作品為主，包括西藏、印度、不丹與尼泊爾等地的宗教圖畫、雕塑與古文物，館方還準備了詳細的導覽手冊，讓參觀者能更深入的了解，包含藝術品中人物的手勢、坐姿與頭飾等代表的不同意義，除了豐富的收藏外，館內由下而上旋繞的階梯與微暗的燈光，也讓這裡充滿了神祕的東方文化色彩。

13館內展示的各項文物 2旋轉階梯為館內增添了神祕色彩

遊賞去處

**DATA**

更靠近陽光、新鮮空氣
# 高架公園
## The High Line

MAP P.142／B2

出地鐵站
步行約10分鐘

http www.thehighline.org ⏰ 每日07:00～22:00 🈚 無休 💲
免費參觀 ➡ 出站後沿23rd St往西邊前行，約10分鐘路程

　　高架公園貫穿雀兒喜區的西側、11與12大道上方的區域，1840年代原本是運送肉製品的高架鐵道，隨著鐵路功成身退，紐約市政府決定，將此處重新打造為嶄新的城市空中公園。這個參考了巴黎空中散步道「Promenade Plantée」的計畫，於2009年完工，除了大都會中難能可貴的大片綠蔭與花草植物外，公園中還打造了類似海岸碼頭的躺椅區、洋傘座位區、草坪區與人工戲水區，成為紐約客的時髦新去處。2011年時，高架公園從原本的20街擴展到30街，讓遊客們能在這個將近20個街區的大範圍內，盡情漫步、野餐、享受日光浴，以及欣賞哈德遜河畔的美景。

❶❻夏日最受歡迎的躺椅區和戲水區 ❷藝術家Kaws在此展出的大型公仔，一度引起話題 ❸橫跨高架公園的精品飯店Standard Hotel ❹能俯瞰城市街道的座位區 ❺假日時的創意商品與冰飲攤位 ❼❽高架公園裡春日花團錦簇的景象

# 雀兒喜市場
## Chelsea Market

工廠改建的懷舊休閒空間

**MAP P.142 / B3**

出地鐵站步行約10分鐘

**DATA**

http www.chelseamarket.com ✉75 9th Ave(Btw 15th & 16th St) ☎(212)652-2110 ⏰週一～六07:00～21:00、週日08:00～20:00 休無休 $免費參觀 →出站後沿23rd St前行至9th Ave左轉，約10分鐘路程

雀兒喜市場是本區另一個舊地新生的好玩去處，這裡原是Nabisco的餅乾工廠，也是奧利奧(OREO)餅乾的誕生地，在1997年時改建為結合美食與特色小店的休閒商場，而高樓層的部分，則成為幾間知名的電視台，如Food Network、Oxygen與NY1的攝影棚所在。1樓的商場內，保留了工廠時代的紅色磚牆、古老掛鐘、工廠風扇與運輸車軌道棚頂，還將原本的冷卻水水管，截斷改造成瀑布水井，讓前來的遊客們，可以在這充滿懷舊風味的空間中參觀和休息。

此外，這裡還有不可錯過的美食，包括專賣新鮮龍蝦的海鮮市場Lobster Place，以各式優格與冰淇淋著名的Ronnybrook Dairy，手工雜糧麵包工廠Amy's Bread，以及販售外觀可愛、有繽紛造型商品的甜點店Eleni's New York等，商場後半還有手工藝品與二手商品跳蚤市場Artists & Fleas，供大家前來尋寶。

1 2市場中保留過去餅乾工廠的建築和設備 3過去的水管，如今成為隨光影變換顏色的小瀑布 4專賣新鮮龍蝦的Lobster Place 5 6市場內的特色商店 7 8 9市場後半部的創意市集與跳蚤市場

複合式休閒活動空間

遊賞去處

# 雀兒喜碼頭與哈德遜河公園
## Chelsea Piers & Hudson River Park

MAP P.142／A2

出地鐵站
步行約15分鐘

**DATA**

www.chelseapiers.com，www.hudsonriverpark.org
✉62 Chelsea Piers(Btw 17th & 24th St) ☎(212)336-6666 ◎公園全年開放，各設施開放時間略異 休無休 $免費參觀 ➡出站後沿23rd St前行，約15分鐘路程

位於17～22街之間的雀兒喜碼頭，原本只是相連的三個荒廢碼頭倉庫，從1994年起逐步更新，發展為兼具休閒、娛樂、運動與觀光機能的複合式中心，裡面包括了攀岩場、溜冰場、保齡球館、高爾夫球場與多功能活動場地，常有時裝秀、創意市集和演唱會等活動在此舉行。

而碼頭沿岸的哈德遜河公園也在近年整建完成，除了大面積的草原綠地外，另設置了兒童遊樂區、戲水區與自行車道等，為了配合雀兒喜的藝術氛圍，不定期還有大規模的戶外裝置藝術展出，其中2012年由知名品牌LV和藝術家草間彌生共同策畫的展覽，就曾引起相當大的話題。

❶❷公園中不時變動的裝置藝術 ❸公園中的遊戲區域 ❹停靠在碼頭旁的私人遊艇 ❺公園中造型獨特的旋轉「動物」 ❻假日時於河畔舉辦的舞蹈活動 ❼❽悠閒的河岸步道

145

**遊賞去處**

**DATA**

藝術愛好者的最新朝聖地

# 惠特尼美術館
## Whitney Museum of American Art

MAP P.142 / B3

出地鐵站
步行約15分鐘

🌐whitney.org ✉99 Gansevoort St(Btw Little 10th Ave & Washington St)
📞(212)570-3600 🕐週日～四10:30～18:00、週五～六10:30～22:00 🚫週二 💲成人$25、學生與65歲以上$18，週五19:00～22:00為自由樂捐制 ➡出站後沿23rd St前行至9th Ave左轉、前行至Gansevoort St右轉，約15分鐘路程

由Gertrude Whitney女士創立的惠特尼美術館以展示美國現代藝術聞名，普普藝術大師Andy Warhol、塗鴉藝術家Keith Haring與抽象派畫家Willem de Kooning的作品都名列館藏，不定期特展也以當代藝術家作品為主，包括草間彌生與Jeff Koons等，都曾創下大排長龍的紀錄。原位於上東城的展館於2015年功成身退，並請來曾為時尚品牌操刀的義大利建築師Renzo Piano，在高架公園旁打造全新的美術館大樓，成為雀兒喜的人氣新地標。除了無梁柱展示空間外，設計師還規畫了戶外藝術花園，可眺望紐約下城風光的露台區，及採光明亮的咖啡餐廳，讓紐約客們既能欣賞藝術作品，也能享受彷彿世外桃源的悠閒氛圍。

1236戶外庭園定期展出不同戶外裝置藝術 457以現代藝術為主的展覽區

## 遊賞去處

匯集當代藝術作品

# 雀兒喜藝廊區
## Chelsea Galleries

MAP P.142 / B1 出地鐵站 步行約10分鐘

### DATA

🌐chelseagallerymap.com ⏰大部分藝廊的開放時間,為每日10:00~18:00 休無休 💲大部分均免費參觀 ➡出站後沿23rd St前行至10th Ave,約10分鐘路程

18~29街、10與11大道之間的區域,是雀兒喜區的藝廊聚集處,從初期的幾家小藝廊開始,到今日超過1百間的大小藝文展覽空間,真正的藝術愛好者們,就算在這個區域待上一整天,也不見得能全部覽盡呢!這裡的藝廊大多以展出當代藝術作品為主,有興趣的朋友,不妨瀏覽雀兒喜藝廊區的聯合網站,上面有詳盡的展覽時間與開幕酒會資訊,大部分藝廊的開幕酒會均開放公眾參觀,讓大家在輕鬆的氣氛中,一邊喝點飲料,一邊與藝術家們對談互動,並欣賞藝術作品。

**1**區域內有許多特色藝廊 **2**結合藝術與時尚的活動 **3**街頭藝術家Kaws於Mary Boone藝廊展出大型公仔作品

## 購物血拼

歐美精品服飾品牌齊聚

# Jeffrey

MAP P.142 / B3 出地鐵站 步行約15分鐘

### DATA

🌐jeffreynewyork.com ✉449 W 14th St(Btw 9th & 10th Ave) 📞(212)206-1272 ⏰週一~五10:00~20:00(週四至21:00),週六10:00~19:00,週日12:30~18:00 休無休 ➡出站後沿23rd St前行至9th Ave左轉,前行至14th St右轉,約15分鐘路程

Jeffrey是本區中、常有名人出沒、以頂級精品為主的綜合品牌服裝店,直接從歐洲引進一線品牌的當季新品,包括Gucci、Balenciaga、Dior、Chanel等,許多商品都是歐洲限定的稀少款式,此外許多紐約當紅品牌,如Proenza Schouler、Christopher Kane與Martin Margiela等,也都能在此找到,店內還打造了一座小型噴泉,讓人彷彿置身歐洲街頭購物般地享受。

**1**仿歐洲街頭的小型噴泉 **2**店家精選的人氣商品 **3**挑高的店面外觀

可愛浪漫風的設計師品牌

# Diane von Furstenberg (DVF)

MAP P.142 / B3 出地鐵站 步行約15分鐘

**DATA**

🌐www.dvf.com ✉874 Washington St(Btw Little W 12th & 13th St) 📞(646)486-4800 🕐週一～六11:00～19:00(週四至20:00)、週日11:00～18:00 🚫無休 ➡出站後沿23rd St前行至9th Ave左轉,再前行至13th St右轉,約15分鐘路程

Diane von Furstenberg為紐約頂尖設計師之一,其經典的綁帶洋裝(Wrap Dress)是品牌代表,而浪漫的印花圖案,也成為時尚名人們推崇的一大元素,Diane本人為肉品包裝區的居民,因此特意將品牌旗艦店設於此處,並且也時常贊助周邊的各類時尚與藝文活動。

紐約必敗品牌商品

# Tory Burch

MAP P.142 / B3 出地鐵站 步行約15分鐘

**DATA**

🌐www.toryburch.com ✉38 Little W 12th St(Btw Washington St & 9th Ave) 📞(212)929-0125 🕐週一～六11:00～19:00、週日12:00～18:00 🚫無休 ➡出站後沿23rd St前行至9th Ave左轉,再前行至Little W 12th St右轉,約15分鐘路程

Tory Burch也是從紐約起家的代表品牌,這裡的服裝因為《花邊教主》影集的加持,而於全世界打響知名度,其中經典款的T字標誌包包,以及有金屬標誌的平底鞋,已成為年輕女生們來到紐約的必敗商品,除了定價較亞洲便宜外,也有更多的顏色可以選擇。

英倫風的復古服飾

# All Saints

MAP P.142 / B3 出地鐵站 步行約15分鐘

**DATA**

🌐www.us.allsaints.com ✉415 W 13thSt(Btw Washington St & 9th Ave) 📞(646)862-3155 🕐每日11:00～20:00 🚫無休 ➡出站後沿23rd St前行至9th Ave左轉,再前行至13th St右轉,約15分鐘路程

來自英國倫敦的品牌All Saints,以搖滾風格的皮衣與飾品獲得紐約客的青睞,品牌引進紐約後,即在蘇活區與肉品包裝區這兩個時尚據點開設大型專賣店,該品牌的服裝大多經過洗舊處理,製造出復古的俐落感,建議大家可從歷久不衰的機車夾克入手。

12 Diane von Furstenberg 34 Tory Burch 567 All Saints

連鎖店中的獨一無二

MAP P.142 / B2
出地鐵站
步行約6分鐘

# Comme Des Garçons 川久保玲

**DATA**

www.comme-des-garcons.com ✉520 22nd St(Btw 10th & 11th Ave) ☎(212)640-9200 ⏰週一～六11:00～19:00、週日12:00～18:00 休無休 ➡出站後沿23rd St前行至10th Ave左轉，再到22nd St右轉，約6分鐘路程

日本的時尚大師川久保玲，是最早一批選擇在蘇活區開設專賣店的國際設計師，隨著蘇活區逐漸變成以觀光客為主的街區時，品牌決定將紐約的旗艦店，移往藝文氣息濃厚的雀兒喜藝廊區。旗艦店外觀僅是一棟不起眼的古老紅磚建築，經過圓形拱門後，你將發現裡面別有洞天，不但有著寬廣的樓面，還陳列了川久保玲受歡迎的各系列商品，由於設計師喜愛獨一無二，因此品牌在全球的旗艦店，沒有一間的室內設計是相同的，這也成為Comme Des Garçons的另一項品牌傳統。

用色大膽、個性圖案

MAP P.142 / B3
出地鐵站
步行約15分鐘

# Alice+Olivia

**DATA**

www.aliceandolivia.com ✉431 W 14th St(Btw 9th & 10th Ave) ☎(646)747-1232 ⏰週日～三11:00～19:00、週四～六11:00～20:00 休無休 ➡出站後沿23rd St前行至9th Ave左轉，再前行至14th St右轉，約15分鐘路程

近幾年新竄紅的時尚品牌Alice+Olivia，是由設計師Stacey Bendat所創立，品牌名稱來自於設計師與其投資夥伴的母親名字。Stacey所設計的服裝，包括正式的洋裝禮服與街頭休閒兩個不同系列，並以大膽的用色與圖騰著稱，除了各大精品百貨均引進外，也陸續在全美開設了5家品牌專賣店。

1 2 3 4 Comme Des Garçons 5 6 Alice+Olivia

紅線：①②③號線

72街站(上西城)➡時代廣場／42街站(中城西)➡23街站(雀兒喜)➡克里斯多福街站(村子)

紐約風格的特色香氣

# Bond No.9

MAP P.142 / B3
出地鐵站
步行約15分鐘

**DATA**

www.bondno9.com ✉863 Washington St(Btw 13th & 14th St)
📞(212)206-9907 🕐每日11:00～20:00 休無休 ➡出站後沿23rd St
前行至9th Ave左轉，再前行至14th St右轉，到Washington St再左
轉，約15分鐘路程

Bond No.9是以「紐約城市」為設計主題的香氛品牌，
其名稱來自於品牌位於蘇活區首間門市的門牌號碼Bond
St No.9。這裡的香水，每一瓶的香氛元素與瓶身包裝，都
代表著紐約的一個區域或一條街道，如帶著浪漫玫瑰香氣
的「Central Park South」，充滿海洋風味氣息的「Coney
Island」，與清新自然的「The High Line」等等，店員會耐
心地解釋每款香水特色，讓你找出專屬於自己的紐約香氣。

1 2 各款香水均有不同的品名與氣味 3 店內的香氛體驗座位區

---

多樣百變的特色商店

# Story

MAP P.142 / B2
出地鐵站
步行約10分鐘

**DATA**

thisisstory.com ✉144 10th Ave(Btw 18th & 19th St)
📞(212)242-4853 🕐週一～六11:00～20:00(週四至21:00)、
週日11:00～19:00 休無休 ➡出站後沿23rd St前行至10th
Ave左轉，約10分鐘路程

各位有沒有想像過，商店也能像雜誌般每期變換主
題，甚至像藝廊一樣，每個月陳列全然不同的系列商
品？「Story」的經營者決定讓這兩種幻想成真，打造
出這家獨一無二的主題故事商店。這裡每4～8週就會
變換一種主題故事，不僅全店的商品根據主題替換，
就連店內的裝潢擺設也都跟著改頭換面，曾經是專賣
浪漫情人禮品的「Love Story」，五彩繽紛的顏色主
題「Color Story」，創意設計齊聚一堂的「Project
Story」，並且也曾經是集結各種時髦健身運動用品的
「Wellness Story」，消費者們每次來到這裡，都會
有不同的驚喜與收穫，「Story」也因此成為雀兒喜近
年來最具藝術文化特色的創意商店。

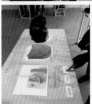

1 2 3 以顏色為主題的「Color Story」 4 5 創意設計齊聚一堂的
「Project Story」

### 特色美食

## 紐約第一的義式風味
# Crispo

MAP P.142／C3
出地鐵站
步行約10分鐘

**DATA**

http crisporestaurant.com ✉240 W 14th St(Btw 7th & 8th Ave) ☎(212)229-1818 ⏰週日15:00～22:00、週一～四17:00～23:00、週五～六17:00～24:00 休無休 $均消約$30～35 ➡出站後沿7th Ave前行至14th St右轉，約10分鐘路程

　　由名廚Frank Crispo打造的義式風味餐廳，於2002年在雀兒喜區開業，為了營造出純正的義大利風味，店家特別從歐洲蒐羅各種裝飾，有復古的輪軸、葉片造型的鐵柵欄和骨董大理石桌椅等，還在餐廳內打造猶如義大利鄉間小屋的戶外花園與湧泉。店內的必點料理，包括曾獲選為紐約第一的「奶油蛋黃義大利麵」(Spaghetti Carbonara 3P Classic)，以及「義式煙燻肉拼盤」(Prosciutto di San Daniele)，主廚以新鮮無花果

**1 2**彷彿義大利鄉間小屋的裝潢設計 **3**無花果搭配義式煙燻肉 **4**傳統義式餐點，沒有花俏擺盤，卻不失其美味

取代一般常見的哈密瓜，讓酸、甜與鹹的3種層次完美呈現。

### 特色美食

## 全新懷舊風格美食廣場
# Gansevoort Market

MAP P.142／C3
出地鐵站
步行約15分鐘

**DATA**

http www.gansmarket.com ✉353 W 14th St(Btw 8th & 9th Ave) ⏰08:00～20:00 休無休 $均消約$10～20 ➡出站後沿8th Ave前行至14th St右轉，約15分鐘路程

　　肉品包裝區的「食尚」新地標非Gansevoort Market莫屬，早在1880年代，區域中就有個相當熱鬧的肉類與農場品市集，隨著時代變遷，市場改建為大型倉庫，並於2014年底變身成為Gansevoort Market，這個美食廣場開幕後即大受歡迎，並於2016搬遷到現址。設計者特意將每個商家攤位都以懷舊的風格呈現，讓消費者可在仿舊的木造吧檯邊和復古的餐桌椅中，享用祕魯風味酸魚、墨式塔可餅與窯烤比薩等精選美食，其中最受歡迎的就是目前紐約火紅的夏威夷式生魚片飯「Poke Bowl」，這個有點類似日式蓋飯的料理，除了生魚片外，還加入了有機沙拉、五穀雜糧與各式香料，特殊的口感相當值得一試。

**1 2**復古仿舊的室內設計 **3**現烤傳統比薩 **4**高人氣生魚片蓋飯

豐富口味的焙果專賣店

# Murray's Bagels

MAP P.142 / D3

出地鐵站
步行約8分鐘

**DATA**

www.murraysbagels.com ✉500 6th Ave(Btw 12th & 13th St) ☎(212) 462-2830 ⏰週一〜四06:00〜21:00、週五06:00〜20:00、週六〜日07:00〜19:00 ✴無休 💲均消約$5〜10 ➡出站後沿23rd St前行,至6th Ave右轉再前行,約8分鐘路程

　「焙果」(Bagel)這個起源於猶太文化的麵食,在紐約發揚光大,甚至成為最具代表性的必嘗美食之一,而被紐約客認為最好吃的焙果,則非Murray's Bagels莫屬。這間位於雀兒喜區與格林威治村交界的焙果店,由店主Adam Pomerantz於1996年開設,開焙果店是Adam從小的夢想,而他的父親Murray則是讓他愛上焙果的重要人物,因此也成為這間店的店名。

　雖然沒有歷史名店的傳統,但其獨家的配方,可是店主遍嘗各式焙果後,研究出來的最佳組合,除了每天新鮮現做外,多達15種的口味也是一大特色,包括洋蔥、芝麻、罌粟籽與蒜香等等,不知道要點用哪種時,不妨來個綜合口味(Everything),之後還可依照個人喜好,添加起司與其他配料。

**1****2****4**小小的店內滿是慕名而來的顧客 **3**當天現做的各式口味焙果

結合東方元素和大自然的主題餐廳

# The Park

MAP P.142 / B2

出地鐵站
步行約10分鐘

**DATA**

www.theparknyc.com ✉118 10th Ave (Btw 17th & 18th St) ☎(212) 352-3313 ⏰週一〜三11:30〜24:00、週四11:30〜翌日02:00、週五11:30〜翌日04:00、週六10:00〜翌日04:00、週日10:00〜24:00,週末1樓供應餐點至凌晨01:00 ✴無休 💲均消約$25〜30 ➡出站後沿著23rd St前行,至10th Ave左轉再前行,約10分鐘路程

　The Park可不是公園綠地,而是以「公園」為主題的複合式餐廳,將綠樹、植物與石子地等搬到1樓室內,讓大家在彷彿大自然的氣氛下,享用各種美式料理與早午餐,到了晚上則會搖身一變,成為年輕人群聚的夜店。每到週末,從1樓到3樓都會舉行不同的派對,除了全年免費入場外,The Park也是亞裔族群相當喜歡前來的夜店,不但舞池的裝潢結合日本與東方元素,更常有知名亞洲DJ來此演出,建議大家可在比較晚的時候前來用餐,這樣就可以跳過門口排隊的人潮,直接在午夜後前往舞池樓層,感受精采的紐約夜店文化。

**1**入夜後變身夜店的熱鬧情景 **2**正餐時段的公園用餐氣氛 **3****4**店內以美式餐點為主

## 特色美食

日本人氣蛋糕襲捲紐約

# Harbs

MAP P.142／B2 出地鐵站步行約5分鐘

**DATA**

http www.harbsnyc.com ✉198 9th Ave(Btw 22nd & 23rd St) ☎(646)336-6888 ⏰11:00〜22:00 休無休 $均消約$15〜20 ➡出站後沿23rd St前行至9th Ave左轉、約5分鐘路程

來自日本的「高蛋糕」正式進軍紐約，立即掀起一陣日式蛋糕旋風！一般美式甜點總給人過於甜膩的印象，但Harbs選用大量新鮮水果搭配上優質的鮮奶油，讓蛋糕呈現甜而不膩的清爽食感。為什麼日本人暱稱Harbs為高蛋糕呢？因為這裡的蛋糕真的是料多實在且又高又厚，熱門的品項包括新鮮水果千層蛋糕、草莓鮮奶油千層蛋糕、櫻桃起士蛋糕、栗子巧克力蛋糕與抹茶紅豆蛋糕等，除了美味的甜點外，店內笑容可掬的日式服務也讓紐約客們十分讚賞呢！

1 2與日本分店相同的室內外裝潢 3 4必嘗的水果與草莓千層蛋糕

## 休閒娛樂

旅館內的特色夜店

# Le Bain

MAP P.142／B3 出地鐵站步行約15分鐘

**DATA**

http standardhotels.com ✉848 Washington St(Btw Little W 12th & 13th St，The Standard New York飯店內) ☎(212)645-4646 ⏰週日14:00〜翌日03:00、週三〜四22:00〜翌日04:00、週五〜六14:00〜翌日04:00 休週一、二 $均消約$20〜25 ➡出站後沿23rd St前行至9th Ave左轉，再前行至13th St右轉，約15分鐘路程

The Standard Hotel(P.282)是紐約近年新開幕的設計師精品旅館，除了時尚的內裝與客房外，旅館內還開設了多家各具特色的餐廳與夜店，如1樓的美式餐廳The Standard Grill，半戶外的啤酒花園Biergarten，以及酒吧夜店Le Bain。

Le Bain分為室內與室外兩個區域，室內可在池中，隨著駐場DJ的音樂舞動，而戶外則適合與好友飲酒談笑，並欣賞曼哈頓的夜景；特別的是，戶外區在週末的下午時段會提早營業，夏天時另提供飲料輕食和現做的可麗餅，還會設置

供遊客戲水的小泳池。不過為控制來賓的素質，晚上的營業時段有較為嚴格的服裝規定(Dress Code)，建議大家盛裝打扮前來，因為門口保全對於服裝是否合格的標準，可是因人而異的！

1可以欣賞曼哈頓河畔夜景的戶外座位區 2半露天的吧檯區域 3販賣可麗餅的攤位 4室內的舞池區域

153

# 1 2 3

## 村子 The Village

### 感受自由奔放的紐約大學城

## 克里斯多福街-謝爾登廣場站
### Christopher St - Sheridan Sq

活動範圍:14〜Houston街、第四大道以西

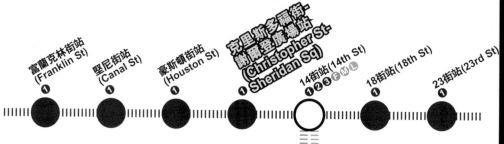

富蘭克林街站
(Franklin St)
**1**

堅尼街站
(Canal St)
**1**

豪斯頓街站
(Houston St)
**1**

克里斯多福街-
謝爾登廣場站
(Christopher St-
Sheridan Sq)
**1**

14街站(14th St)
**1 2 3** F M L

18街站(18th St)
**1**

23街站(23rd St)
**1**

←Downtown & Brooklyn

Uptown & The Bronx→

# 紐約達人 *New York*
# 3大推薦地

**作者最愛**

## 紐約大學

　　歷史悠久的知名學府，除了感受大學校園的活力外，多棟經典建築也是必訪之處。(見P.158)

**焦點必訪**

## 華盛頓廣場

　　格林威治村的中心地標，除了氣勢磅礴的凱旋門之外，中央噴水池也是遊客們的最愛。(見P.158)

**紐約客推薦**

## AC Gears

　　新潮時髦的配件小物專賣店，店內的造型耳機、隨身碟與各式3C商品，每樣都讓人愛不釋手。(見P.162)

Alyssa

紅線：①②③號線

72街站（上西城）↓ 時代廣場／42街站（中城西）↓ 23街站（雀兒喜）↓ 克里斯多福街站（村子）

**村**子(The Village)的另外一個部分，是位於第四大道以西的「格林威治村」(Greenwich Village)與「西村」(West Village)，這裡和東村一樣，充滿了自由奔放的氣息，卻又多了些文化與時尚的氛圍。以華盛頓廣場為中心的格林威治村，是知名學府紐約大學(NYU)的校區所在地，學生們除了喜歡把廣場草坪當作校園外，也總愛在附近的咖啡店、餐廳與爵士吧聚會，讓這一帶成為了洋溢著青春活力的大學城。

　　而第六大道以西的西村，則是紐約同志運動的起源地，著名的石牆酒吧與克里斯多福公園，都是紐約同志文化的代表，西村內各店家飄舞的彩虹旗，以及每年6月舉行的同志遊行，都代表著紐約客對於同志族群的尊重與友好。此外，西村中的布里克街(Bleecker St)，近年來也成為設計師品牌名店的聚集處，就連影集《慾望城市》的女主角凱莉，劇中住所也是位於此街區中呢！

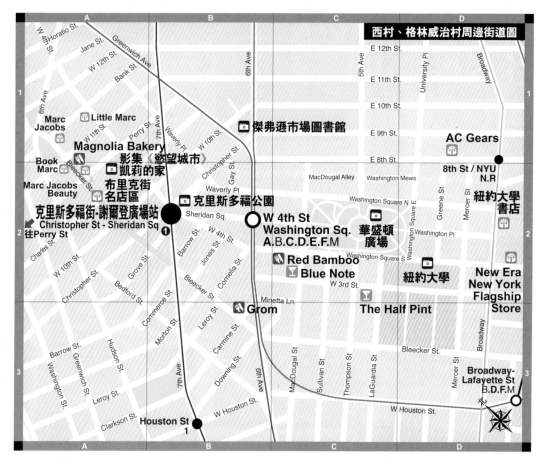

西村、格林威治村周邊街道圖

W 4th Horatio St.
Jane St.
W 12th St.
Bank St.
8th Ave
Marc Jacobs
Little Marc
Magnolia Bakery
影集《慾望城市》
凱莉的家
Book Marc
Marc Jacobs Beauty
布里克街
名店區
克里斯多福街·謝爾登廣場站
Christopher St - Sheridan Sq
往Perry St
傑弗遜市場圖書館
AC Gears
8th St / NYU
N.R
紐約大學
書店
克里斯多福公園
W 4th St
Washington Sq.
A.B.C.D.E.F.M
華盛頓廣場
Red Bamboo
Blue Note
紐約大學
New Era
New York
Flagship
Store
Grom
The Half Pint
Houston St
1
Broadway-Lafayette St
B.D.F.M

MAP P.156 / A2
出地鐵站
步行約3分鐘

西村
遊賞去處

粉絲們的朝聖之地

# 影集《慾望城市》
# 凱莉的家
## Sex & the City Carrie's House

**DATA**

✉64 &66 Perry St (Btw Bleecker & West 4th St) 🕐可在外面拍照，內部不開放參觀 ➡出站後沿West 4th 前行至Perry St左轉，約3分鐘路程

　　西村有個有趣的另類景點，就是影集《慾望城市》女主角凱莉在劇中所居住的公寓（64與66號，分別於不同季度取景），即便影集已播畢多時，這個景點仍吸引全世界影迷們前來一探究竟，也讓房屋主人從一開始的歡迎態度，到現在拉起鐵鍊、禁止遊客踏上階梯。提醒大家，來此處幻想一下自己是故事女主角、拍照留念，這樣是沒問題的，但可別大聲喧嘩，影響附近的住戶！

影迷粉絲在《慾望城市》凱莉家前合影

西村 遊賞去處

DATA

同志人權發展的重要紀念

# 克里斯多福公園
## Christopher Park

MAP P.156／B2
在地鐵站出口出站即到

◉全天候開放 ●出站即達

❶公園入口處 ❷園中著名的同志雕像 ❸石牆酒吧 ❹謝爾登將軍像雕塑

位於地鐵出口處的克里斯多福公園，因豎立著美國南北戰爭中，聯邦軍將領「謝爾登」(General Philip Sheridan)的塑像，所以又被稱為謝爾登廣場(Sheridan Square)。公園左側是西村著名的同志酒吧「石牆」(Stonewall Bar)，此處也是1969年因警察搜捕酒吧，而引起同志人權分子與政府對立抗爭的「石牆運動」發生地點；此後，公園中特別設置了兩對男女同志的白色雕像，象徵著對於同志平權的重視，因此也有人把克里斯多福公園改稱為「石牆廣場」(Stonewall Place)，用來紀念此事件。

西村 遊賞去處

DATA

懷念舊時風味的知名建築

# 傑弗遜市場圖書館
## Jefferson Market Library

MAP P.156／B1
出地鐵站步行約8分鐘

🌐www.nypl.org/locations/jefferson-market ✉425 6th Ave(Btw 9th & 10th St) ☎(212)243-4334 ◉週一、三10:00～20:00，週二、四11:00～18:00，週五、六11:00～17:00 ㊡週日 💲免費參觀 ●出站後沿West 4th前行至6th Ave左轉，約8分鐘路程

第六大道上十分顯眼的哥德式紅磚建築，現今是傑弗遜圖書館，也是西村最高的建築。在1874年以前，這裡曾經是地方市場，紅磚建築為1877年時所建造，最初的作用為地方法院，直到1945年法院搬遷後，才改為圖書館供市民使用；建築物本身被列為國家歷史建築保護的公共財，包括高聳的鐘樓與尖頂等，都充滿了維多利亞時代的典雅韻味，還曾在1880年代獲選為美國最佳建築之一。

❶❷經典的哥德式紅磚建築

## 大學城內的戶外休閒空間
# 華盛頓廣場
## Washington Square

**MAP P.156/C2**
出地鐵站
步行約8分鐘

◎全天候開放 ➡出站往West 4th St步行約8分鐘

被紐約大學各建築所環繞的華盛頓廣場，除了成為學生們的校園綠地外，也是格林威治村的地標。廣場中醒目的拱門，是為紀念美國第一任總統喬治華盛頓(1789～1797年在任)的宣示就職滿百年而建造，並在1892年由建築師Stanford White用大理石建材重新整建，除了有類似巴黎凱旋門的外觀，左右兩邊還分別建有華盛頓總統於和平時期與戰爭時期的雕像。

拱門旁的噴水池，是最受遊客們歡迎的造景，原本和拱門並非對齊的噴泉，在幾年前搬遷後和拱門正對相望，陽光普照時分，還有機會捕捉到一抹彩虹懸掛在泉水上的美麗景象；全年對大眾開放的廣場公園，夏日尤其受到歡迎，是做日光浴的好場所。

1華盛頓廣場拱門 2華盛頓廣場全景 3廣場中常有街頭藝人演出 4廣場中央的美麗噴泉 5春季繁花盛開的美景

## 沒有圍牆的世界頂尖學府
# 紐約大學
## New York University

**MAP P.156/D2**
出地鐵站
步行約8分鐘

🌐www.nyu.edu ✉70 Washington Square South(代表)
📞(212)998-1212 ◎圖書館24小時開放，入口處可進入參觀，其他大樓內部不對外開放 💲免費參觀 ➡出站後沿著West 4th St往東邊前行，約8分鐘路程

紐約大學由一群熱愛教育的紐約學者們，於1831年創立，以法商學系、社會科學與人文藝術等科系著名，校區內沒有專屬的校園，各教學大樓主要集中在華盛頓廣場周邊，以有NYU字樣和火炬標誌的旗幟作為識別。

其中Bobst圖書館，自1973年完工後，即成為廣場周圍最引人注目的建築，線條工整的紅磚外牆，呈現出俐落的現代感，內部則採用完全中空的挑高設計，讓藏書區一圈圈地圍繞；此外法學院所在的Vanderbilt Hall，則以古色古香的風貌著名，不但有著以紅磚砌成的拱門外牆，中間處還保留了一片幽靜的圓形中庭。

位於第五大道和University Place之間的華盛頓馬廄街（Washington Mews Street），也是紐約大學周邊別具特色的「私人小徑」，原本的馬廄，到了近代被改建為具有傳統風味的民宅，以石頭砌成的路面，也刻意保留了原始的樣貌，紐約大學購買了其中幾棟建築物，作為法國之家、愛爾蘭之家與德國之家等推廣文化的機構，白天亦開放民眾參觀。

而位於Bleecker街的教職員住宅Silver Towers，草坪上的巨型雕刻《希薇特半身像》則是另一處經典，這個雕像原本是畢卡索的一件小型作品，細膩地雕飾出主角希薇特的正面、側面的頭部表情與肩頸線條，這棟大樓興建時，特地請來挪威雕刻師Carl Nesjar，和畢卡索共同完成了這件高達36英尺的放大版作品，此項鉅作自1972年揭幕至今，一直是遊客前來紐約大學時的必訪景點。

1紐約大學畢業生於華盛頓廣場漫步 2有紫色火炬和NYU字樣的旗幟，為紐約大學校旗 3商學院廣場前常舉辦學生活動 4華盛頓馬廄街 5古色古香的法學院 6紐約大學各項精采校園活動 7 8最引人注目的Bobst圖書館 9復古的紐約大學校車 10希薇特半身像

販售學校的紀念商品

# 紐約大學書店
## NYU Book Store

格林威治村 購物血拼

MAP P.156 / D2

出地鐵站
步行約10分鐘

**DATA**

✉ www.bookstores.nyu.edu/main.store ◎ 726 Broadway(Btw
Washington Pl & Waverly Pl) ☎ (212)998-4678 ◎ 週一～五10:00
～20:00、週六～日11:00～18:00 休 無休 ➡ 出站後沿West 4th前行至
Broadway左轉，約10分鐘路程

　　逛完知名學府紐約大學後，各位是否也想購買些紀念商品
呢？紐約大學的書店，原本位於華盛頓廣場周邊，以販售教科
書與文具為主，為了滿足許多觀光客們到此一遊的興致，幾年
前特別將書店遷移到熱鬧的Broadway上。除了擴大營業外，並
設計了許多有NYU字樣與火炬標誌的紀念商品，包括服裝、配
件、娃娃、文具、杯子與磁鐵等，如果只是匆匆路過的話，很
有可能誤以為這是間服裝店呢！當然，書店內還是有販售專業
科目的書籍、雜誌與各類讀物，供大家閱讀與選購。

1️⃣2️⃣3️⃣NYU書店除了書籍外，還有各種琳瑯滿目的商品與紀念品

小巧精緻的名品購物空間

# 布里克街名店區
## Bleecker Street Stores

西村 購物血拼

MAP P.156 / A2

出地鐵站
步行約3分鐘

**DATA**

✉ Bleecker St (7th Ave與8th Ave之間區域) ◎ 大部分店家營業時間為
12:00～20:00 ➡ 出站後沿Christopher St至Bleecker St右轉，即可到此
區域，約3分鐘路程

　　位於西村的布里克街(Bleecker St)，原本只是一條以住宅為
主的幽靜小路，近年來許多服裝品牌進駐開店，發展成為不
同的時尚風貌，但十分特別的是，這條小路上原本寧靜舒適的
氣氛，似乎也沒有因為這些名店的來到而有所改變，原因在

於這些精品名店並未大張旗鼓地在此處
興建品牌大店，而是在原有的小型樓房
中，開設起小巧卻別致的專賣店，包括
Mulberry、Ralph Lauren、Burberry、
Marc Jacobs與Intermix等品牌，都在這
條街上開設不同於第五大道旗艦店的小
店，如此的設計讓人更能有「精品」購
物的感覺，少了熙攘的觀光客群，也更
能好好欣賞這些商品的時尚創意。

1️⃣2️⃣3️⃣各具特色的精品名牌小店

西村 購物血拼

時尚大師打造的悠閒品味

# Marc Jacobs Stores

MAP P.156 / A1、A2

出地鐵站步行約5～8分鐘

**DATA**

http www.marcjacobs.com ✉ **Little Marc**：298 W 4th St(Btw Bank & W 11th St)，**Marc Jacobs**：403 Bleecker St(Btw Bank & W 11th St)，**Beauty**：385 Bleecker St(Btw Perry & W 11th St)，**Book**：400 Bleecker St(Btw Perry & W 11th St) ☎(212)929-0304 ⊙每日12:00～20:00 ⊗無休 ➡出站後沿著Christopher St至Bleecker St右轉，即可陸續到達各店，步行約5～8分鐘

Marc Jacobs是紐約最具代表性的時尚大師之一，因為喜歡Bleecker街寧靜優雅且充滿品味的氣氛，陸續在周邊開設5家不同主題的專賣店，目前包括同名品牌Marc Jacobs、彩妝與配件專賣店Marc Jacobs Beauty，以及童裝專櫃Little Marc Jacobs。

除了品牌服飾外，Marc Jacobs也希望消費者將時尚態度融入生活當中，因此買下原本位於街角的二手書店，改造成販售藝術時尚類書籍、雜誌、CD與紀念品的店——Book Marc，裡面有不少只要$10～30的項鍊、鑰匙圈與配件包等平價特製商品(Special Item)，不論送禮或自用都相當合適。

1非常可愛的童裝專賣店 2各店內不時舉辦有趣活動，包括DIY商品製作及照相活動等 3作者與Marc Jacobs時尚大師合影 4別具特色的書店Book Marc 567櫥窗布置每每令人驚奇的Marc Jacobs系列商店

LITTLE MARC JAC

紅線：①②③號線

72街站（上西城）➡時代廣場／42街站（中城西）➡23街站（雀兒喜）➡克里斯多福街站（村子）

161

格林威治村
購物血拼

愛帽人必訪必BUY

# New Era New York Flagship Store

MAP P.156 / D2

出地鐵站
步行約10分鐘

**DATA**

🌐www.neweracap.com ✉9 E 4th St(Btw Broadway & Lafayette St)
📞(212)533-2277 🕐週一～四11:00～19:00、週五～六10:00～20:00、
週日12:00～17:00 ❌無休 ➡出站後沿West 4th 前行,約10分鐘路程

　　紐約是Hip-Hop與街頭文化的發源地,而New Era品牌的圓帽(Fitted Cap),可說是Hip-Hop與街頭潮流時尚的必備單品,有著NY標誌的商品,更是許多潮人們來到紐約必定收藏的款式。位於Broadway旁的New Era紐約旗艦店,其實地方不大,但各位能找到齊全的款式,以及品牌和其他潮牌合作的商品,某些限量的單品,日後還有增值的空間呢!

New Era旗艦店可說是帽子愛好者的天堂

格林威治村
購物血拼

潮流與品質兼具的3C周邊商品

# AC Gears

MAP P.156 / D1

出地鐵站
步行約10分鐘

**DATA**

🌐www.acgears.com ✉69 E 8th St(Btw University Pl & Broadway) 📞(212)260-2269 🕐週一～六11:00～20:00、週日12:00
～19:00 ❌無休 ➡出站後沿West 4th 前行至University Pl左轉,
再前行至E 8th 右轉,約10分鐘路程

　　喜歡追求與眾不同的紐約客們,近年來對於特殊的Gadget相當著迷,所謂的Gadget,指的是隨身電子用品、配件與周邊小物,舉凡耳機、數位相機、USB隨身碟、手機殼與平板電腦配件等,都可算在其中。

　　位於紐約大學附近的AC Gears,是以各種新潮設計Gadget聞名的專賣店,引進來自美國、歐洲與日本各地的創意品牌,包括兼具潮流時尚感與頂級音質的耳機品牌Urbanears、AiAiAi與V-MODA,以及Superheadz、Lomography、Fuuvi等各種造型奇特的商品,有數位相機、手錶、時鐘、音響、3C配件和獨特科技的3D印表機等,每次來到店裡,大家都可以發現不一樣的驚喜,許多學生與時尚藝術領域的工作者,也因店內商品的獨特性而成為主顧,店家不時舉辦結合音樂與表演的派對,往往吸引大批人潮排隊進場。

①③各式各樣造型獨特的數位配件與小玩具 ②兼具時尚與功能性的
V-MODA耳機 ④店內獨家代理的3D印表機 ⑤店內舉辦派對時的現場
DJ演出

## 好品質食材的美味冰品
# Grom

**MAP P.156 / B3**

出地鐵站
步行約5分鐘

**DATA**

🌐www.grom.it/eng ✉233 Bleecker St(Btw Carmine & Cornelia St) 📞(212)206-1738 🕐**夏季：**週日〜四11:00〜翌日00:30、週五〜六11:00〜翌日01:00；**冬季：**週一〜四12:00〜24:00、週五〜六11:00〜翌日01:00、週日11:00〜24:00 🚫無休 💲均消約$5〜10 ➡出站後沿7th Ave前行至Bleecker St左轉，約5分鐘路程

起源於義大利西北方城市Torino的冰淇淋品牌Grom，在歐洲造成一陣轟動後即進軍紐約，並在西村開設了第一家專賣店；Grom冰淇淋大受好評的原因，在於其每種口味均經過專業團隊在「冰淇淋實驗室」中的研究，他們甚至在義大利大手筆購買農莊，種植有機桃、杏、梨等水果，來達成對食材的高品質要求，這樣用心的冰淇淋，還真是值得我們排隊等候呢！冬天時除了冰品外，

**1** Grom的店面充滿南歐風味 **2** 以新鮮水果製作的各種義式冰品 **3** 冬季限定的熱巧克力

還販售非常濃郁的熱巧克力，讓你一邊吃冰卻不覺得寒冷，非常地享受呢！

## 口味豐富多變的杯子蛋糕
# Magnolia Bakery

**MAP P.156 / A1**

出地鐵站
步行約5分鐘

**DATA**

🌐www.magnoliabakery.com ✉401 Bleecker St(Btw 11th & Perry St) 📞(212)462-2572 🕐週日〜四09:00〜23:30、週五〜六09:00〜翌日00:30 🚫無休 💲均消約$5〜10 ➡出站後沿Christopher St至Bleecker St右轉直行，約5分鐘路程

Magnolia又是另一家拜影集《慾望城市》所賜，因而聲名大噪的甜點店，這個於1996年開業的小烘焙坊，以各式繽紛的杯子蛋糕(Cup Cake)聞名，由於在劇中被主角們推崇為紐約最好吃的杯子蛋糕店，而成為全世界觀光客必嘗的紐約代表甜點之一，也讓原本的小店，一路擴張至曼哈頓的5家分店，並陸續在芝加哥、洛杉磯甚至海外設立分店。這裡的杯子蛋糕，特色在於蛋糕體和糖霜奶油口味的巧妙搭配，香草、巧克力、起司與椰子焦糖等等，每種都有不同的愛好者，除了蛋糕外，店內還有另一款隱藏版的美味「香蕉布丁」(Banana Pudding)，以新鮮香蕉和鮮奶油製作，如此的綿密口感，吃過後總是讓人難以忘懷。

**1 2** 超高人氣的各式杯子蛋糕 **3** 隱藏版的美味香蕉布丁 **4** 甜點師傅現場製作糕點

**西村**　**特色美食**

結合亞洲元素的法式料理

# Perry St

MAP P.156／A2

出地鐵站
步行約15分鐘

**DATA**

🌐www.perrystrestaurant.com ✉176 Perry St(Btw Washington St & West St) ☎(212)352-1900 🕐週一～四11:30～15:00、17:30～22:30，週五11:30～15:00、17:30～23:30，週六11:00～15:30、17:30～23:30，週日11:00～15:30、17:30～22:30 🈳無休 💲均消約$40～50 ➡出站後沿Christopher St至Washington St右轉直行至Perry St左轉，約15分鐘路程

　　Perry St為名廚Jean Georges的另一品牌，因位於Perry Street上而得名，鄰近的哈德遜河更為餐廳增添了浪漫的氛圍，餐廳內僅有60個座位，主廚希望替顧客打造出私密、輕鬆且饒富趣味的用餐空間。由於Jean George早年曾於亞洲多國工作，其妻子還是韓裔美籍演員，所以除了擅長的法式料理外，主廚也對亞洲的飲食文化充滿興趣，並在Perry St中研發結合法式、美式與亞洲元素的各項餐點。目前Perry St由Jean的兒子Cedric Vongerichten掌管，他承襲父親的傳統外，也加入了自己的新鮮創意，讓饕客們每季都有不同的味覺新感受。

123摩登典雅的用餐環境 45結合亞洲元素的各式料理

---

**格林威治村**　**特色美食**

創意健康的素食料理

# Red Bamboo

MAP P.156／C2

出地鐵站
步行約8分鐘

**DATA**

🌐www.redbamboo-nyc.com ✉140 W 4th St(Btw 6th Ave & Macdougal St) ☎(212)260-1212 🕐週一～五12:30～23:30、週六～日12:00～23:30 🈳無休 💲均消約$15～20 ➡出站後沿West 4th 前行，約8分鐘路程

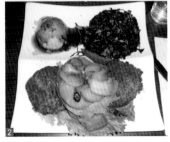

　　打開Red Bamboo的菜單，你會發現炸蝦、蝴蝶豬排、咖哩雞肉飯、鮭魚鐵板燒等各種美食，美式、日式、與中式料理一應俱全，料理端上桌時，色香味俱全的菜令人食指大動，仔細品嘗之後才發現，這些餐點竟然全部都是「素食」！原來這是一家標榜全素食的健康餐廳，店家以特殊的食材，製作成各種素肉和素海鮮，不僅外型極為相似，就連口感也有些相像呢！如此一來，素食餐點的選擇，不再只有生菜沙拉與米麵豆類，就算是「肉食主義者」，也能經由這樣的新式料理，慢慢吃出健康與無負擔。

1帶些東方風格的店內設計 2完全不像素食的「非肉」料理

## 世界各國啤酒專賣
# The Half Pint

MAP P.156／C2
出地鐵站
步行約8分鐘

**DATA**

www.thehalfpint.com 76 W 3rd St(Btw Thompson St & LaGuardia Pl) (212)260-1088 週一12:00～翌日02:00、週二～五12:00～翌日04:30、週六10:00～翌日04:00、週日10:00～翌日02:00 無休 均消約$15～20 出站後沿West 4th行至Thompson St右轉，約8分鐘路程

　　格林威治村的周邊，總是聚集著大批的學生族群，學生們最愛的Pub酒吧，也因此相當密集地開業，如果想感受一下美國大學生活的自由奔放，不妨選擇來到這些氣氛輕鬆自在的酒吧喝上一杯！The Half Pint是家以各式啤酒著名的Pub，店家引進來自比利時、澳洲、捷克、英國、荷蘭、德國與美國等地，超過百款的啤酒品牌任君挑選，每個星期二，還有5瓶啤酒只要$25的「特價歡樂時光」(Happy Hour)呢！

1位於轉角處的小酒館 2來自世界各國的多種啤酒品牌，是這裡的最大特色

## 享受爵士藍調的舒服夜晚
# Blue Note

MAP P.156／C2
出地鐵站
步行約8分鐘

**DATA**

www.bluenote.net 131 W 3rd St(Btw 6th Ave & Macdougal St) (212)475-8592 週一～四18:00～翌日01:00、週五～六18:00～翌日03:00、週日11:30～翌日01:00 無休 吧檯區約$15～40，座位區約$30～75，週末早午餐時段$29.5 出站後沿West 4th前行至6th Ave右轉，再前行至3rd St左轉，約8分鐘路程

　　音樂酒吧是格林威治村中，另一種值得體驗的夜間娛樂項目，以爵士與藍調音樂為主的Blue Note，是其中名氣最大、人氣最旺的一家俱樂部，表演者均是紐約頂級的爵士樂手與歌手，自1981年開業以來，雖內部裝潢已顯得老舊，但樂迷的支持卻絲毫未見減退。

　　這裡的爵士樂演出分為20:00與22:30兩場，週末另有午夜00:30的特別演出，票價則因演出而有所不同，並分為吧檯區與座位區兩種。吧檯區票價通常在$15～40，採排隊入場制，大約演出前1小時即可開始排隊，而座位區可在網路訂票，票價約$30～75，票價不含餐點與飲料，建議大家可上網查詢票價與演出內容。另外，每週日11:30與13:30有早午餐(Brunch)時段的演出，$29.5的票價包含餐點、飲料與門票，可說是相當划算的選擇。

1Blue Note讓人身心放鬆的店內環境 23店內演出的宣傳海報 4爵士吧的外觀好像一台大型的演奏琴

# NQR

號線：曼哈頓中心精華鬧區 ▶▶▶

CAFFE NAPOLI

# NQR

## 中城南 Midtown South

### 交通轉運站與韓國城

# 34街-先驅廣場站
## 34th St-Herald Sq

**活動範圍：30～42街、Lexington大道與第七大道之間**

14街-聯合廣場站
(14th St-Union Sq)
Ⓝ Ⓠ Ⓡ ④ ⑤ ⑥ Ⓛ

23街站(23rd St)
Ⓝ Ⓡ

28街站(28th St)
Ⓝ Ⓡ

34街-先驅廣場站
(34th St-Herald Sq)
Ⓝ Ⓠ Ⓡ Ⓑ Ⓓ Ⓕ Ⓜ

時代廣場-42街站
(Time Square-42nd St)
① ② ③ ⑦ Ⓐ Ⓒ Ⓔ Ⓝ Ⓠ Ⓡ Ⓢ

49街站(49th St)
Ⓝ Ⓠ Ⓡ

57街-第七大道站
(57th St-7th Av)
Ⓝ Ⓠ Ⓡ

←Downtown & Brooklyn

Uptown & Queens→

# 紐約達人 *New York*
# 3大推薦地

**紐約客推薦**

## Gaonnuri

隱身於高樓中的餐廳酒吧，道地的韓國料理加上絕美夜景，是韓國城中最新的時髦去處。(見P.178)

**作者最愛**

## 阿里郎

養生風味的韓國料理，用獨家配方製作出湯頭甘甜的全雞火鍋(Shabu Shabu)，讓你回味無窮。(見P.176)

**焦點必訪**

## 帝國大廈

紐約的必訪地標之一，電影中的浪漫場景，以及居高臨下的觀景台，均值得親身體驗。(見P.171)

Kevin

中城南與中城其他部分一樣，是曼哈頓市中心相當熱鬧的區域，由於此處是「賓州車站」(Penn Station)的所在地，是往來紐約鄰近地區鐵路與巴士的交通轉運站，除了來自世界各地的觀光客之外，中城南也聚集了相當多美國本地的遊客與通勤者，周邊也衍生出許多大型的百貨商場，和中低價位服裝品牌的專賣店，如紐約最大的Macy's百貨、Manhattan Mall、Gap、Zara、H&M、Old Navy、Forever 21、Express與Uniqlo等品牌的大型商店。

中城南另一個精華地帶，是位於32街的「韓國城」(K-Town)，在這條小小的街道上，聚集了數十家的韓國餐廳、燒烤店、麵包店、酒吧、超市與美妝專賣店，清一色的韓文招牌與穿梭其間的韓風型男美女，還真的會讓各位有置身首爾街頭的錯覺呢！

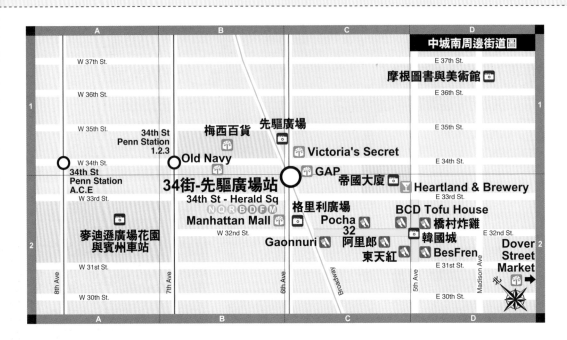

**中城南周邊街道圖**

| | A | B | C | D |
|---|---|---|---|---|

W 37th St.　　　　E 37th St.

摩根圖書與美術館

E 36th St.

W 36th St.

先驅廣場

W 35th St.　　34th St Penn Station 1.2.3

梅西百貨　　E 35th St.

Old Navy　　Victoria's Secret　E 34th St.

W 34th St.　34th St Penn Station A.C.E

GAP

34街-先驅廣場站
34th St - Herald Sq

帝國大廈　Heartland & Brewery

E 33rd St.

W 33rd St.

NQRBDFM
Manhattan Mall

格里利廣場　BCD Tofu House

Pocha 32　橋村炸雞

麥迪遜廣場花園
與賓州車站

Gaonnuri　阿里郎　韓國城　E 32nd St.

W 32nd St.

東天紅　BesFren

Dover Street Market

W 31st St.　E 31st St.

8th Ave　7th Ave　6th Ave　Broadway　5th Ave　Madison Ave

北

W 30th St.　E 30th St.

---

MAP P.170 / B1、C2

在地鐵站出口
出站即到

美國兩大報的歷史象徵

遊賞去處

# 先驅廣場與格里利廣場
## Herald Square & Greeley Square

**DATA**

◉全日24小時開放　⑤免費參觀　◗出站即達

　　34街的地鐵站口，有兩處具有歷史意義的小公園，這種一南一北的結構，是19世紀晚期相當流行的領結(Bowtie)形式。位於北面的「先驅廣場」，因過去是《紐約先驅報》的所在地而得名，現今廣場上仍可見到古老的機械鐘樓、智慧女神密涅瓦的雕塑，以及先驅報創辦人James Gordon的紀念碑；有趣的是，位於南面的格里利(Greeley)廣場，則是為了紀念先驅報的死對頭、《紐約論壇報》的創辦人Horace Greeley(格里利)所建立，裡面還有格里利的大型雕塑呢！不過這兩家報紙後來合併為《紐約先驅論壇報》，似乎也象徵著這一南一北的報業巨頭，再也不是敵對的競爭關係了。

1 2 格里利廣場與格里利雕像 3 先驅廣場中的智慧女神雕塑與紀念碑 4 民眾於廣場中小憩

遊賞去處

**紐約知名的地標高樓**

# 帝國大廈
## Empire State Building

MAP P.170／C2

出地鐵站
步行約3分鐘

**DATA**

🌐 www.esbnyc.com ✉ 350 5th Ave(Btw 33rd & 34th St) 📞 (212)736-3100 🕐 每日08:00～翌日02:00 💤無休 💲86樓：成人$29、6～12歲$23、62歲以上$26；86和102樓套票：成人$46、6～12歲$40、62歲以上$43，另有快速通行票販售(票價以網站公告為主) ➡出站後沿34th St前行至5th Ave右轉，約3分鐘路程

　　帝國大廈是紐約的另一個地標，只要是以紐約為背景的電影或影集，幾乎都能看見它的身影，其中最有名的莫過於《西雅圖夜未眠》與《金剛》。帝國大廈興建於1930年，當時正值建築競賽的年代，世界各大城市都以創造出全球第一的摩天大樓為目標，帝國大廈在當時僅花費了1年的時間即宣布完工，並一舉登上世界第一高的寶座，雖然建築時間短，但其構造與設計卻一點也不馬虎，裝飾藝術風格(Art Deco)的外觀與室內設計，至今仍顯得典雅而氣派。

　　大樓頂端的塔尖部分，以隨著節日色系變換的彩燈著名，近年來更將系統升級為LED燈幕，在重要節慶時，可以欣賞到彷彿水舞般絢麗動感的燈光秀。此外，在86與102樓設有兩個展望台，86樓為露天的平台，而102樓為玻璃帷幕的觀景窗設計，建議大家可以在接近傍晚時前來，如此就能一次覽盡紐約迷人的日夜不同景致。

1｜2 帝國大廈日夜的不同美景｜3｜5 通往頂樓觀景台的大廳｜4 帝國大廈的低樓層外觀

**遊賞去處**

知名體育館、重要交通轉運站

# 麥迪遜廣場花園與賓州車站
## Madison Square Garden & Penn Station

MAP P.170 / A2

出地鐵站
步行約3分鐘

**DATA**

http www.thegarden.com ✉4 Pennsylvania Plaza(Btw 31st & 33rd St) ☎(212)307-7171 ◎依活動而異 ❀$ ⟳出站後沿34th St前行至7th Ave左轉,約3分鐘路程

麥迪遜廣場花園雖然有著「花園」之名,但其實是紐約最大的室內體育場,令球迷們瘋狂的NBA賽事、曲棍球比賽與演唱會等均輪番在此處舉辦,NBA球迷們若恰巧遇到賽季時,別忘了先上網訂票。體育館的地下樓層為賓州車站,這裡是紐約Amtrak列車、近郊火車、LIRR長島火車與地鐵的綜合車站,每天的通勤人潮絡繹不絕,車站中也有各式食品專賣店,包括高人氣的Krispy Kreme甜甜圈在紐約唯一的分店,可不要錯過了呢!

**1 2** 人來人往的麥迪遜廣場花園與賓州車站
**3 4** 麥迪遜廣場花園的售票處與紀念品商店
**5** 紐約唯一的Krispy Kreme甜甜圈專賣店,位於賓州車站地下1樓

---

**遊賞去處**

金融大亨的私人收藏

# 摩根圖書與美術館
## Morgan Library & Museum

MAP P.170 / D1

出地鐵站
步行約8分鐘

**DATA**

http www.themorgan.org ✉225 Madison Ave(Btw 36th & 37th St) ☎(212)685-0008 ◎週二~四10:30~17:00、週五10:30~21:00、週六10:00~18:00、週日11:00~18:00 ❀週一 $成人$18、學生$12、65歲以上$12,週五19:00~21:00免費參觀 ⟳出站後沿34th St前行至Madison Ave左轉,約8分鐘路程

這裡原本是紐約金融大亨J.P.摩根(J.P. Morgan)的私人宅第,由於摩根先生對於各類型的作家手稿、限量書籍和素描真跡等特別感興趣,於是在1890~1910年代之間,不斷收藏了許許多多的作品,包括狄更斯的小說手稿、莫札特的樂譜與中世紀的書籍等;

摩根先生去世後,他的兒子繼承了這些收藏品,並且於1924年公開給世人參觀,之後還陸續擴建了原有的紅磚房屋,加蓋白色大理石外觀的宏偉建築。隨著參觀人數增加,美術館於2000年再度整修,增加了閱覽室、音樂廳與展示廳等,以更新穎與多功能的面貌呈現。

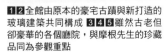

**1 2** 全館由原本的豪宅古蹟與新打造的玻璃建築共同構成 **3 4 5** 雖然古老但卻豪華的各個廳院,與摩根先生的珍藏品同為參觀重點

### 超大百貨公司，一天逛不完

# 梅西百貨
## Macy's

購物血拼

MAP P.170 / B1
出地鐵站
步行約1分鐘

**DATA**

◉www.visitmacysnewyork.com ◉151 W 34th St(Btw 7th Ave & Broadway) ☎(212)695-4400 ◷週一～五09:00～21:30、週六10:00～21:30、週日11:00～20:30，節日期間會延長 ⊗無休 ➡出站後沿34th St前行，約1分鐘路程

中城南的梅西百貨，曾是金氏世界紀錄中，全球最大的百貨公司，雖然目前已被韓國釜山的新世界百貨超越，但裡面販售的商品，仍然能夠讓你逛上好幾天！這裡的品牌可說是包羅萬象，從一線精品到休閒運動品牌等都俱全，還有完整的珠寶、化妝品、食品甚至紐約紀念品的樓層，每年的紐約感恩節遊行均由梅西百貨提供贊助，活動當天百貨公司的周邊，更是熱鬧非凡。

1百貨公司外觀 2商場內的春季花卉造景 3位於地下樓的紐約紀念品專賣區 456梅西百貨每年都別出心裁地打造聖誕櫥窗

### 主打平價品牌

# Manhattan Mall

購物血拼

MAP P.170 / B2
出地鐵站
步行約1分鐘

**DATA**

◉www.manhattanmallny.com ✉100 W 33rd St(Btw 6h & 7th Ave) ☎(212)465-0500 ◷週一～六09:00～21:30、週日10:00～20:30 ⊗無休 ➡出站後沿6th Ave前行，約1分鐘路程

Manhattan Mall是中城南另外一個大型的百貨商場，規模雖不如梅西百貨，但因開設平價時裝專賣店JCPenny而廣受歡迎，此外都會風格的中價位品牌Express，和少女服裝品牌Strawberry，也都在購物中心內開設了大型專賣店。

123Manhattan Mall的內外觀

## 購物血拼
### 襯托女性內在的美麗
# Victoria's Secret

MAP P.170 / C1
出地鐵站
步行約1分鐘

1 2 突顯女性內在美的Victoria's Secret 3 4 5 美國知名休閒服飾 GAP 6 7 Old Navy是美國最平價的休閒服飾品牌

**DATA**

http www.victoriassecret.com ✉1328 Broadway(Btw 34th & 35th St) ☎(212)356-8380 ◎週一～六09:00～21:30、週日11:00～20:00 休無休 ➡出站後沿6th Ave前行,約1分鐘路程

「維多利亞的祕密」可說是女生們來到紐約,必定選購的內在美品牌,該品牌每年在紐約舉行的華麗大秀,也吸引許多朋友們在網路上觀賞,並陸續捧紅了許多內衣超模,中城南的旗艦店中,除了正線產品外,也販售運動風副牌PINK的系列商品。

## 購物血拼
### 美國知名休閒服飾
# GAP

MAP P.170 / C1
出地鐵站
步行約1分鐘

**DATA**

http www.gap.com ✉60 W 34th St(Btw 5th & 6th Ave) ☎(212)465-0500 ◎週一～五09:00～22:00、週六10:00～22:00、週日10:00～21:00 休無休 ➡出站後沿34th St前行,約1分鐘路程

中城南是南來北往的遊客集散地,因此針對一般大眾消費群的中低價位品牌,紛紛在34街周邊成立大型的專賣店,如此激烈的競爭下,每到折扣時期,各品牌總會祭出不同的優惠來吸引消費者。GAP為美國最知名的休閒服裝品牌,近年來逐漸修改設計方向,將原本的美式街頭風,加入歐洲雅痞的時尚質感,讓該品牌服裝的愛好者更為廣泛。

## 購物血拼
### 平價休閒服飾系列
# Old Navy

MAP P.170 / B1
出地鐵站
步行約3分鐘

**DATA**

http www.oldnavy.com ✉150 W 34th St(Btw 6th & 7th Ave) ☎(212)594-0049 ◎週一～六09:00～22:00、週日10:00～21:00 休無休 ➡出站後沿34th St前行,約3分鐘路程

Old Navy與GAP隸屬同一個集團,其服裝的風格,大多以美式街頭休閒為主,價格也僅約GAP單品的一半,尤其到折扣季時,大家更是有好康機會,購買到只要幾塊美金的便宜好貨,中城南的大型分店中,包含男女裝、童裝與孕婦裝系列可供選購。

## 購物血拼

紐約時尚界的熱門新寵

# Dover Street Market

MAP P.170 / D2

出地鐵站
步行約10分鐘

### DATA

🌐 www.doverstreetmarket.com ✉ 160 Lexington Ave
(Btw 30th & 31st Ave) ☎ (646)837-7750 🕐 週一～六
11:00～19:00、週日12:00～18:00 🈺 無休 ➡ 出站後沿
34th St前行至Lexington Ave右轉，約10分鐘路程

由日本時尚大師川久保玲規畫的複合品牌專賣
店Dover Street Market，繼東京與倫敦，2014年
正式於紐約登場，開幕後立刻成為紐約時尚界的
熱門話題。店內從裝潢擺設到商品品牌，無不令
人驚奇，以藝術結合時尚為主軸的空間規畫，運
用大量不規則形狀的展示架和對比強烈的色彩，
讓人彷彿來到風格前衛的藝廊，每個樓層都將帶
給各位不同的視覺震撼。

店內除了川久保玲的自有品牌——Comme Des
Gaçons外，另與Prada、LV、YSL與等國際大牌
推出限定商品，新銳設計師Thom Browne、J.W.

Anderson、Alexander Wang，與潮牌Supreme、
Visvim等也都於店內設立專區，另外1樓還規畫了
甜點咖啡店中店「Rose Bakery」，讓時尚迷們
在奇幻空間中，享受悠閒的午後時光。

**1** 店內附設的甜點咖啡廳 **2 3** 猶如藝術空間的店內設計
**4 5 6 7** 知名潮牌於店中規畫的特色區域

特色美食

韓式豆腐鍋、無限量小菜

# BCD Tofu House

MAP P.170 / C2

出地鐵站
步行約5分鐘

**DATA**

🌐 www.bcdtofu.com ✉ 5 W 32nd St(Btw 5th & 6th Ave) 📞 (212)594-0049 🕐 每日24小時營業 ❌ 無休 💲 均消約$15〜20 ➡ 出站後沿6th Ave前行至32nd St左轉，約5分鐘路程

　　第五與第六大道間的32街，從1980年代開始，因為韓國餐飲店、酒吧、書店、美妝店等陸續進駐，而形成了頗具文化特色的「韓國城」(K-Town)，由於這條街上的韓國餐廳，多為24小時或營業至凌晨，讓這裡成為大家享用宵夜的好去處。

　　BCD豆腐屋專賣傳統韓式豆腐鍋，標榜以每日手工現做的絹豆腐，搭配上新鮮的海鮮與肉類食材，大家還可依照自己的口味喜好，選擇不辣、微辣到大辣；這裡的另一大特色，是豐盛的小菜排場，雖然豆腐鍋套餐每份不到$15，店家仍維持韓式餐廳的特色，無限量供應各式泡菜、沙拉與醃漬物，此外每人還提供一整條的韓式烤魚，相當豐富呢！

1 店內座位區 2 豆腐鍋為必點菜色 3 無限量供應的各式小菜 4 炒韓式冬粉

特色美食

韓式養身全雞湯

# 阿里郎

MAP P.170 / C2

出地鐵站
步行約5分鐘

**DATA**

🌐 koreanrestaurantnyc.org ✉ 32 W 32nd St，3F(Btw 5th & 6th Ave) 📞 (212)967-5088 🕐 每日10:00〜24:00 ❌ 無休 💲 全雞火鍋$54.99，均消約$20〜25 ➡ 出站後沿著6th Ave前行至32nd St左轉，約5分鐘路程

　　推薦不喜歡嗆辣口感的朋友，可來阿里郎品嘗「養生風味」的韓國料理。這家隱身在3樓的小店，最有名的餐點是「全雞火鍋」(Chicken Shabu Shabu)，韓國本地名稱為「一隻雞」(닭한마리)。可供3〜4人食用的大鍋雞湯，以一整隻全雞為主食材，加入精選的野生菇類與蔬菜盤，用獨家祕方製作而成，口味甘甜濃郁，既美味又健康，最後再放入手工現做的麵條或麵疙瘩，如此美味的韓國料理，就連紐約時報都讚不絕口呢！

1 2 店內人氣第一的全雞火鍋(Chicken Shabu Shabu)，搭配蔬菜野菇拼盤 3 最後加入的手工麵條或麵疙瘩

**特色美食**

韓式部隊鍋與西瓜燒酒

# Pocha 32

**MAP P.170 / C2**

出地鐵站
步行約5分鐘

**DATA**

http pocha32nyc.com ✉15 W 32nd St(Btw 5th & 6th Ave)
☎(212)279-1876 🕐週日～三17:00～翌日03:00、週四～六
17:00～翌日05:30 休無休 $均消約$20～25 ➡出站後沿
6th Ave前行至32nd St左轉,約5分鐘路程

　　Pocha32以韓國路邊攤「包裝馬車」(포장마차)的
熱鬧氣氛著名,店內用綠色鐵網裝飾,營造出類似小
吃攤棚頂的感覺,就連桌子也是韓國在地餐廳常用的
大鐵桶呢!這裡的招牌餐點,為適合三五好友共同點
用的「部隊鍋」(Budae Jjigae)。

　　部隊鍋起源於韓戰(1950～1953年)時期,當年由
於物資缺乏,軍營周邊的百姓會向駐韓美軍部隊,要
一些剩餘的保久食材,如起司、香腸、午餐肉和泡
麵等,放入泡菜鍋裡一起加熱後來吃,演變到現在,
成為有綜合配料的韓風火鍋,意外碰撞出美味的口
感。Pocha 32還有另一樣能和好友們共享的「西瓜燒
酒」,用韓國燒酒和西瓜汁結合的清涼飲品,就直接
盛裝在半個西瓜皮中,既豪邁又有趣!

1類似韓式路邊攤的棚頂趣味設計 2店內最多人點用的
部隊鍋 3多人共享的西瓜燒酒 4韓式海鮮煎餅

---

**特色美食**

韓式「黑」炸醬麵、糖醋肉

# 東天紅

**MAP P.170 / C2**

出地鐵站
步行約8分鐘

**DATA**

http www.dongchunhongnyc.com ✉312 5th Ave(Btw 31st &
32nd St) ☎(212)268-7888 🕐週一～四10:30～翌日06:00、
週五～日10:30～翌日08:30 休無休 $均消約$20～25 ➡出
站後沿34th St前行至5th Ave右轉,約8分鐘路程

　　東天紅(Dong Chun Hong)是專賣「韓式中國料
理」的餐廳,這類型的料理在韓國亦相當流行,將傳
統的中式餐點,加入新的韓國元素,品嘗起來其實已
和我們熟知的中餐不太相同,大家在韓劇中常看到的
黑色炸醬麵就是其中的代表,各位在東天紅不僅能點
用多款炸醬麵,還能品嘗糖醋肉、紅燒魚與麻婆豆腐
等韓化後的中式餐點。

1氣氛雅緻的店內環境 24韓化的糖醋魚與糖醋肉 3韓式風味
「黑」炸醬麵

**特色美食** 高檔韓風美食配上曼哈頓美景

# Gaonnuri

MAP P.170 / C2 出地鐵站 步行約3分鐘

**DATA**

http www.gaonnurinyc.com ✉ 1250 Broadway(Btw 31st & 32nd St) ☎ (212)971-9045 ◎ 週一～六12:00～14:00、17:30～24:00，週日17:00～22:00 休 無休 $ 各式餐點單價約$18～32 ➡ 出站後沿Broadway前行，約3分鐘路程

這家位於韓國城西邊街口、辦公大樓39樓的Gaonnuri，是這一帶最新開幕的高級韓國料理餐廳，不但有著時尚摩登的裝潢，還能居高臨下欣賞曼哈頓中城的日夜風光，雖然和四周平價韓國料理相比單價略高，但若與曼哈頓其他高空景觀餐廳比較，仍可說是相當合理的奢華享受，這裡提供各式韓國特色料理，如海鮮煎餅、牛尾湯與海鮮鍋等，也可點用韓式烤肉組合套餐，除了用餐區外，另有提供調酒飲料的酒吧與Lounge區域。

1 居高臨下觀賞曼哈頓的夜景 2 3 餐廳前方的Lounge酒吧區域和提供的飲品 4 5 包括傳統與改良式的韓國料理

**特色美食** 韓式炸雞專賣店

# 橋村炸雞

MAP P.170 / D2 出地鐵站 步行約8分鐘

**DATA**

http kyochonus.com ✉ 319 5th Ave(Btw 32nd & 33rd St ☎ (212)969-0150 ◎ 週日～三11:00～24:00、週四～六11:00～翌日02:00 休 無休 $ 均消約$15～20 ➡ 出站後沿34th St 前行至5th Ave右轉，約8分鐘路程

橋村(Kyo Chon)是韓國城中，不分東西方朋友，大家都相當喜愛的炸雞專賣店。這家來自韓國的連鎖品牌，以各式炸雞類餐點著名，包括招牌炸雞翅、炸雞三明治、米炸雞(Sal Sal)和炸雞沙拉等，不喜歡油炸物的朋友，也可以點炭烤雞排、炭烤雞翅和韓風義大利麵，這裡除了餐點美味外，店內氣氛還打造成彷彿夜店般地炫目呢！

1 3 4 夜店般的用餐環境，深受年輕人喜愛 2 招牌的米炸雞沙拉與辣雞翅

## 特色美食 咖啡王子的手作甜點
# BesFren

MAP P.170 / D2
出地鐵站
步行約8分鐘

**DATA**

🌐www.besfren.com ✉315 5th Ave(Btw 31st & 32nd St) 📞(212)685-1003 🕐週一～五07:00～22:30，週六09:00～22:30，週日10:00～20:00 休無休 💲均消$10～15 ➡出站後沿34th St前行至5th Ave右轉，約8分鐘路程

除了韓國料理外，韓式風格的甜點咖啡風潮也延燒至紐約，除了幾大連鎖品牌紛紛設店外，在韓國城還出現了這間獨樹一格的甜點專賣店。兩個來自韓國的年輕人，一個主修時尚、另一個則差點簽入韓國知名經紀公司，兩人因對於甜點的喜好而共同創立了BesFren這個品牌，並研發出多款口味獨特並與結合韓國傳統元素的甜點與飲品，例如自創的韓國年糕堅果派(Chaps Pie)、蜂蜜伯爵茶蛋糕、紅蔘蛋糕捲與各款戚風、多拿滋、蛋糕捲等，彷彿是韓劇「咖啡王子一號店」的真人版本。由於店主的高「顏值」，不少顧客經常詢問他們的保養祕訣，所以在甜點品牌成功後，兩人決定在隔壁另外開設BesFren Beauty，專賣各式韓系彩妝與保養品。

1兩隻玉兔為店主設計的品牌LOGO 2結合韓式口味的甜點禮盒 3獨創口味的蛋糕捲

## 休閒娛樂 營造復古氣氛的啤酒屋
# Heartland & Brewery

MAP P.170 / C2
出地鐵站
步行約3分鐘

**DATA**

🌐www.heartlandbrewery.com ✉350 5th Ave(Btw 33rd & 34th St) 📞(212)563-3433 🕐每日11:30～24:00 休無休 💲均消約$25～30 ➡出站後沿34th St前行至5th Ave，約3分鐘路程

Heartland & Brewery創店於1995年，因各式特色啤酒與道地美式料理，沒多久便成為紐約最知名的啤酒餐廳之一。帝國大廈1樓的分店，為了滿足大量觀光客的需求，共設置超過450個座位，以及2個完整的大型吧檯，提供多樣品牌的鮮釀啤酒，和巴弗羅雞翅、酥炸花枝、迷迭香烤雞與炭烤牛排等餐點，每個都是不錯的選項；為了突顯鮮釀啤酒的特色，店內還蒐集各式的啤酒桶與釀酒工具等擺飾，別具一番復古風味！

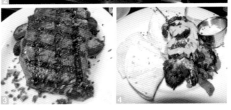

1店內的招牌鮮釀啤酒 2復古的各項擺設，營造出傳統酒吧的氣氛 34道地風味的美式料理

# NQR

**葛梅西 Gramercy**

## 高樓群聚的大學城周邊鬧區

# 23街站
## 23rd St

### 活動範圍：14～30街、第一大道與第六大道之間

王子街站(Prince St)
N R

8街-紐約大學站
(8th St-NYU)
N R

14街-聯合廣場站
(14th St-Union Sq)
N Q R 4 5 6 L

23街站(23rd St)
N R

28街站
(28th St)
N R

34街-先驅廣場站
(34th St-Herald Sq)
N Q R
B D F M

時代廣場-42街站
(Time Square-42nd St)
1 2 3 7 A C
E N Q R S

←Downtown & Brooklyn

Uptown & Queens→

# 3大推薦地

👍 作者最愛

## Eataly

結合餐廳、咖啡廳、市場以及食材專賣店的義大利美食天堂，熱鬧的氣氛讓人彷彿置身南歐街頭。(見P.188)

👍 焦點必訪

## 聯合廣場

充滿活力的聯合廣場，一年四季都有不同的新鮮事，不論綠色市集或聖誕街市，均成為紐約的特色活動。(見P.184)

👍 紐約客推薦

## Lillie's Victorian Establishment

維多利亞風格主題餐廳，最喜歡和三五好友一起前來，享受貴族般的美食饗宴。(見P.190)

Cali

位於中城與下城之間的「葛梅西」，從19世紀初期開始，發展為高級住宅與辦公大樓群聚的區域，到今日仍有許多豪宅建案陸續於周邊興建，廣義的葛梅西區域範圍，可以一直延伸至西邊的「熨斗大廈區」(Flatiron District)與南邊的「聯合廣場」(Union Square)。以「熨斗大廈」為中心的區域，是另一處高級大樓分布的地段，其中「麥迪遜公園」成為四周住戶與上班族的休憩園地，也時常有各類型活動在此舉辦；而「聯合廣場」周邊，由於鄰近幾所名校，除了高級餐廳外，也開設了不少深受學生族群歡迎的咖啡廳、餐飲店、書店與服裝店等等，廣場中常設的綠色市集，以及歲末年終的聖誕特色街市，每當有活動舉辦的時候，這裡更是熱鬧非凡。

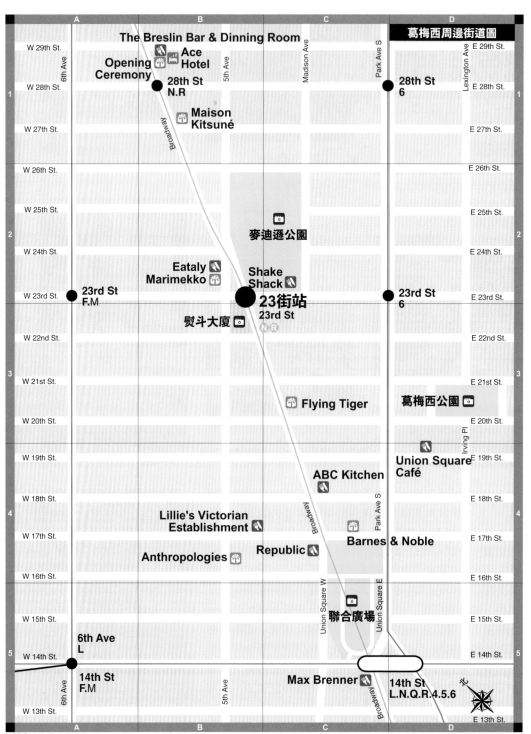

The Breslin Bar & Dinning Room

葛梅西周邊街道圖

Ace Hotel

Opening Ceremony

28th St N.R

28th St 6

Maison Kitsuné

麥迪遜公園

Eataly
Marimekko

Shake Shack

23rd St F.M

23街站
23rd St

23rd St 6

熨斗大廈

葛梅西公園

Flying Tiger

Union Square Café

ABC Kitchen

Lillie's Victorian Establishment

Barnes & Noble

Anthropologies

Republic

聯合廣場

6th Ave L

14th St F.M

Max Brenner

14th St L.N.Q.R.4.5.6

W 29th St. / E 29th St.
W 28th St. / E 28th St.
W 27th St. / E 27th St.
W 26th St. / E 26th St.
W 25th St. / E 25th St.
W 24th St. / E 24th St.
W 23rd St. / E 23rd St.
W 22nd St. / E 22nd St.
W 21st St. / E 21st St.
W 20th St. / E 20th St.
W 19th St. / E 19th St.
W 18th St. / E 18th St.
W 17th St. / E 17th St.
W 16th St. / E 16th St.
W 15th St. / E 15th St.
W 14th St. / E 14th St.
W 13th St. / E 13th St.

6th Ave
Broadway
5th Ave
Madison Ave
Park Ave S
Lexington Ave
Irving Pl
Union Square W
Union Square E

**遊賞去處 DATA**

有獨創性外觀的前世界第一高樓

# 熨斗大廈
## Flatiron Building

MAP P.182／B3
往地鐵站出口
出站即達

ℹ️內部不對外開放參觀 ➡️出站即達

　　造型特殊的熨斗大廈，是紐約另一處經典必訪地標，這棟由建築師Daniel Burnham於1902年打造的大樓，曾經是世界的第一高樓，除了三角型的外觀深具獨創性之外，其細節裝飾也充滿了當時流行的文藝復興風格；大樓的原名其實為Fuller Building，但由於三角的外觀像極了熨斗，因此大家逐漸改稱它為熨斗大廈了。

**遊賞去處 DATA**

紀念美國總統的休閒綠地

# 麥迪遜公園
## Madison Square Park

MAP P.182／C2
出地鐵站
步行約1分鐘

🌐www.madisonsquarepark.org ➡️出站後過23rd St馬路即達，約1分鐘路程

　　位於熨斗大廈對面的麥迪遜公園，名稱來自美國第四任總統詹姆士・麥迪遜，這片位於大樓群中央的花園綠地，成為居民與上班族的休憩場所，假日時也常會有不同的活動，如夏日演唱會、裝置藝術展與兒童園遊會等，每年6月初的週末，還會舉辦大型封街烤肉派對(BBQ Block Party)，紐約各家以BBQ聞名的餐廳都會到場擺設攤位，並請來大廚現場製作燒烤，雖然煙霧瀰漫，但總吸引大批食客聞香而至。

**遊賞去處 DATA**

紐約唯一的私人公園

# 葛梅西公園
## Gramercy Park

MAP P.182／D3
出地鐵站
步行約8分鐘

ℹ️住宅區私人空間，不對外開放 ➡️出站後沿23rd St前行至Lexington Ave右轉，約8分鐘路程

　　葛梅西的區域名稱，來自於「葛梅西公園」，而這座公園也是紐約唯一的「私人公園」，僅對四周有繳交管理費的高級住宅住戶開放，須憑鑰匙進入，公園裡除了花草植物外，還有一座19世紀莎士比亞歌舞劇知名演員Edwin Booth的雕像，遊客們只能從欄杆外窺見裡面的景致，若恰好遇到住戶要進去，不妨禮貌地詢問是否可以帶你一同進去參觀。

**1**熨斗大廈 **2**麥迪遜公園 **3 4 5**麥迪遜公園每年6月初舉行的封街烤肉派對(BBQ Block Party) **6**葛梅西公園

遊賞去處

**DATA**

### 大學生聚集的生活戶外空間
# 聯合廣場
## Union Square

MAP **P.182 / C5**

出地鐵站
步行約8分鐘

http unionsquarenyc.org ➡ 出站後沿Broadway前行，約8分鐘路程；或搭地鐵黃線至14th St

聯合廣場周邊是19世紀初期，高級住宅發展計畫的一部分，在計畫中特地保留了這一大片的公園綠地，並以「聯合」為名，代表此處是曼哈頓幾大重要道路的聯合匯集之處。廣場的正中央，豎立著美國總統華盛頓騎馬英姿的雕像，這座完成於1856年的雕像，也是紐約近代第一座偉人銅像，另外在公園四周，還能見到法國革命家馬奎斯與美國總統林肯的雕像，以及一座雕塑噴泉。

此外，因鄰近紐約大學與新學院大學(NSU)等多所學校，常有學生們在廣場附近聚集，公園內也不時能見到學生團體的街頭演出與集會活動，每週一、三、五、六廣場四周還會舉辦「綠色市集」(Green Market)活動，來自紐約近郊的農民們，會到此販售有機農產品、手工甜點、蜂蜜與花卉植物等，相當熱鬧有趣；還有每年12月，公園內會搭起聖誕市集的棚子，販售各種手工藝品、聖誕裝飾、創意小物和特色食品等，已成為紐約聖誕節的必訪去處之一。

1 華盛頓總統雕像 2 9 聯合廣場秋季與冬季的不同景致 3 法國革命家馬奎斯雕像 4 雕塑噴泉 5 林肯總統雕像 6 廣場周邊的藝術家創意攤位 7 廣場中的綠色市集 8 每年冬天的聖誕市集

引進特殊商品的潮流名店

# Opening Ceremony

MAP P.182 / B1

出地鐵站
步行約5分鐘

**DATA**

httpwww.openingceremony.us ✉1192 Broadway(Btw 28th & 29th St) ☎(646)695-5680 ◷週一～六11:00～21:00、週日12:00～19:00 休無休 ➡出站後沿Broadway前行，約5分鐘路程

　Humberto Leon與Carol Lim兩位亞裔潮人，於2002年在紐約下城創立這間綜合品牌服裝店(Select Shop)，由於店內引進的品牌均為一時之選，加上兩位創辦人與名人圈的友好關係，讓這裡瞬間成為備受美國時尚圈推崇的潮流名店。葛梅西的時尚旅館Ace Hotel(P.283)開幕時，特別邀請該品牌於1樓打造全新的專賣店，店內引進包括Kenzo、Christopher Kane、United Bamboo與Acne等品牌，街頭時尚的形象與旅館的風格，可說是相輔相成。

1 2 櫥窗、店內有趣的設計與擺飾 3 4 5 店內引進的潮流單品

融合法國與日本元素的潮牌

# Maison Kitsuné

MAP P.182 / B1

出地鐵站
步行約5分鐘

**DATA**

httpkitsune.fr ✉1170 Broadway(Btw 27th & 28th St) ☎(212)481-6010 ◷週一～日11:00～21:00 休無休 ➡出站後沿Broadway前行，約5分鐘路程

　與Opening Ceremony相隔不遠的Maison Kitsuné，也是個混血的街頭時尚品牌，來自法國的DJ Gildas Loaëc，與日本設計師Masaya Kuroki，因為相同的音樂愛好與時尚品味，共同於法國巴黎，創立了這個結合潮流、音樂與文化的品牌，並陸續在紐約和日本等地開設分店。品牌以日文的狐狸(Kitsuné)為名，並使用法國國旗的紅白藍色系作為標誌顏色，象徵其混血的特色，並時常與其他潮牌合作，如童裝Petite Bateau、Corto Moltedo與Heeley等，推出聯名商品。

1 2 3 帶有些法式風格的外觀與櫥窗 4 5 店內引進的商品兼具潮流與優雅

北歐的繽紛風格服飾

# Marimekko

MAP P.182 / B2　出地鐵站 步行約1分鐘

**DATA**

http us.marimekko.com ✉200 5th Ave(Btw 23rd & 24th St) ☎(212)843-9121 ⏰週一～六10:00～20:00、週日12:00～18:00 休無休 ➡出站後過5th Ave馬路即達,約1分鐘路程

　　來自芬蘭的品牌Marimekko,於熨斗大廈旁開設了紐約旗艦店,繽紛色彩與可愛圖案的設計,讓一向喜愛非黑即白的紐約客,眼睛為之一亮。店內除了男裝、女裝與可愛的童裝區外,為了配合周圍的高級住宅,特別設置了家飾用品與居家系列的區域,不論是寢具、廚具或餐盤杯子,都能見到品牌經典的幾何圖樣與鮮艷色彩。

輕熟女喜愛的複合風格服飾

# Anthropologies

MAP P.182 / B4　出地鐵站 步行約5分鐘

**DATA**

http www.anthropologie.com ✉85 5th Ave(Btw 16th & 17th St) ☎(212)627-5885 ⏰週日～五10:00～21:00、週六09:00～22:00 休無休 ➡出站後沿5th Ave前行,約5分鐘路程

　　雖然有著好似艱深的品牌名稱「人類學」,但其實是間服裝與家飾用品的專賣店,與另一個以年輕街頭風格為主的品牌Select Shop Urban Outfitters屬於同一集團。這裡的女裝以休閒兼具質感為主軸,部分款式帶些波希米亞民族風,其他則為融合都會風情,深受紐約輕熟女的歡迎,店內也設置了家飾用品專區,許多可愛的餐墊、茶杯與小桌燈等,都讓人愛不釋手。

全美連鎖的大型書店

# Barnes & Noble

MAP P.182 / C4　出地鐵站 步行約8分鐘

**DATA**

http www.barnesandnoble.com ✉33 E 17th St(Btw Broadway & Park Ave) ☎(212)253-0810 ⏰每日10:00～22:00 休無休 ➡出站後沿Broadway前行,約8分鐘路程

　　充滿學生氣息的聯合廣場,周邊當然少不了大型書店,Barnes & Noble可說是美國版的誠品書店,於全美各地都有連鎖店,在聯合廣場的這間大型分店中,除了各式書籍與雜誌,還有販售文具、益智玩具、音樂CD與3C電腦等商品,另外這間分店由歷史悠久,內部裝潢仍保留當初如大型圖書館的設計,將書籍分門別類地上架,讓讀者便於尋找,並在其中享受閱讀的樂趣。

1 2北歐風格服飾Marimekko 3 4 5 Anthropologies的女裝與創意生活小物 6 7Barnes & Noble

北歐平價生活小物

# Flying Tiger

MAP P.182／C3 出地鐵站 步行約3分鐘

**DATA**

www.flyingtiger.com ✉920 Broadway(Btw 20th & 21st St) ☎(212) 777-1239 🕙週一～六10:00～20:00、週日11:00～18:00 ❌無休 ➡出站後沿Broadway前行，約3分鐘路程

　　來自北歐的設計師家飾用品，一向是注重生活品味消費者的首選之一，在大家的印象中這些名家設計大多價格不菲，來自丹麥的生活小物品牌Flying Tiger也在近期進駐紐約，其品牌商品維持了北歐風的創意設計，單價卻相當親民，幾乎都在美金$20元，甚至$10元以下，開幕後天天都吸引大批購物人潮，店內的商品以種類區分，從文具、居家擺飾、廚具到3C小物等應有盡有，許多可愛的設計真的讓人愛不釋手呢！

**1**來自北歐生活品牌 **234**琳瑯滿目的商品小物

價格實惠的連鎖漢堡小店

# Shake Shack

MAP P.182／C2 出地鐵站 步行約1分鐘

**DATA**

www.shakeshack.com ✉Madison Square Park(23rd St) ☎(212) 889-6600 🕙每日11:00～23:00 ❌無休 💲均消約$5～10 ➡出站後過23rd St馬路即達，約1分鐘路程

　　位於麥迪遜公園中的Shake Shack，曾被紐約多家主流媒體評選為「紐約第一」的漢堡店。這個置身於綠蔭中的漢堡亭，是麥迪遜公園於2004年整修時，與紐約餐飲大亨Danny Meyer共同規畫的街邊小吃，以平實價格提供紐約客們鮮嫩多汁的美味漢堡；店內的人氣餐點，包括經典的牛肉漢堡(Shack Burger)、煙燻培根起司漢堡(Smoke Shake)，以及巧克力、焦糖、草莓與花生醬等多種口味的奶昔(Shakes)，在本店大受歡迎後，已陸續於紐約開設了多家分店。

**1**每天都大排長龍的點餐櫃檯 **2**人氣第一的牛肉漢堡 **3**店內販售的周邊商品

特色美食

複合式義大利美食餐廳、商店

# Eataly

MAP P.182 / B2

出地鐵站
步行約1分鐘

**DATA**

🌐www.eataly.com/nyc ✉200 5th Ave(Btw 23rd & 24th St)
☎(212)229-2560 🕐每日10:00～23:00 ㊡無休 💲均消約\$10～
40 ➡出站後過5th Ave馬路即達，約1分鐘路程

　　由義大利餐飲集團投資開設的Eataly，將「吃」(Eat)與「義大利」(Italy)兩個單字結合，清楚代表其兩大主題：「美味餐點」與「義式風情」，這裡既是餐廳、咖啡廳，也是生鮮市場與食材專賣店，幾年前開幕至今人氣不減。店內以分區的方式，呈現出不同的義大利飲食文化，從一進門開始，各位將陸續看到義式咖啡專賣店、冰淇淋區、蛋糕甜點櫃，以及義大利麵食材區、手工麵包區、有機蔬菜專區、新鮮海產專櫃和火腿煙燻肉區等，真可說是琳瑯滿目。

　　至於提供餐點的區域，則是依照「食材」來劃分，包括披薩與義大利麵區、肉類區、海鮮區，以及專門提供品嘗起司與紅酒的區域，其中人氣最旺的為披薩與義大利麵區，道地的義式口感加上合理的價格，每到用餐時段總是大排長龍，而附近上班族們最喜歡的起司區，雖然僅提供站位，但卻能讓人有種置身中歐街頭露天酒吧之感；此外，店內也不定時舉辦飲食展與烹飪課程等活動，希望顧客們在品嘗佳餚之餘，也能對義大利的美食文化有更進一步的認識。

1 2 人氣最旺的披薩與義大利麵區 3 店內舉辦的義大利美食品嘗活動 4 5 8 各式生鮮肉類與食材專區 6 精緻的義大利甜品 7 義式咖啡專區

## 特色美食

### 米其林主廚的肉類料理新食感

# The Breslin Bar & Dinning Room

**DATA**

🌐 thebreslin.com ✉ 16 W 29th St(Btw Broadway & 5th Ave)
📞 (212)679-1939 🕐 早餐、午餐07:00～16:00、晚餐17:30
～24:00 休 無休 💲 均消約$35～40 ➡ 出站後沿Broadway前
行，約5分鐘路程

🗺 MAP P.182 / B1

出地鐵站
步行約5分鐘

Ace Hotel(P.283)多年前於葛梅西開幕後，即以復古且時尚的形象，受到時髦紐約客的推崇，除了別具特色的大廳與客房外，也與知名的米其林女主廚April Bloomfield合作，開設以肉類創作料理為主的The Breslin。來自英國的主廚April，將美式的餐點與食材裡，加入歐式精緻文化，讓傳統的牛排、羊排與豬腳等料理，變化出不同的食感，菜單上的餐點雖然沒有很多樣，但都是主廚每季依照時令食材所精心搭配的組合，為了標榜肉類餐點的特色，就連店裡的裝飾與擺設，都以小牛、山羊與馴鹿等動物為主呢！

123以海鮮與肉類為主的創作料理餐點 45頗具復古情調的店內裝潢

---

## 特色美食

### 融合多種文化的美食料理

# Union Square Café

**DATA**

🌐 unionsquarecafe.com ✉ 101 E 19th St(Btw Park Ave S & Irving Pl) 📞 (212)243-4020 🕐 週一～四12:00～22:00、週五12:00～23:00、週六11:00～23:00、週日11:00～22:00 休 無休 💲 均消約$30～40 ➡ 出站後沿Broadway前行至19th St 左轉，約 10分鐘路程

🗺 MAP P.182 / D4

出地鐵站
步行約10分鐘

由紐約餐飲名人Danny Mayer開設的Union Square Café，曾連續多年蟬聯美食指南Zagat Survey「紐約最受歡迎餐廳」榜首，在16街營業多年，已成為聯合廣場周邊的經典，2016年因租約到期，轉移陣地至19街重新營業。新的餐廳除空間更為寬敞外，精緻的美食與親切的服務依舊維持以往的高水準，主廚Carmen Quagliata精選來自聯合廣場綠色市場中的有機食材，創作出融合義大利、地中海與美式風味餐點，其中各款手工義大利麵、羊排、烤雞與魚排等料理的定價均介於$16～35之間，和同等級的餐廳相比亦實惠許多，就連搭配餐點的手工麵包也都香氣四溢。

1壽星用餐請告知店家，可獲得免費的生日餐點 23以有機食材製作的歐洲風味料理

特色美食

英國與愛爾蘭式的歐風美食

# Lillie's Victorian Establishment

MAP P.182/B4

出地鐵站步行約8分鐘

**DATA**

unionsquare.lilliesnyc.com 13 E 17th St(Btw Union Square West & 5th Ave) (212)337-1970 每日11:00～翌日04:00 無休 均消約$20～25 出站後沿5th Ave前行至17th St左轉，約 8分鐘路程

當各位走進Lillie's時，將會感覺到彷彿時光倒流至維多利亞女王的時代，金碧輝煌的雕花內裝，典雅的紅色絲絨沙發椅，以及華麗的彩繪玻璃，好像來到了某位皇室貴族家中作客的感覺，這就是Lillie's特意營造的風格。這裡的餐點以英式與愛爾蘭風味為主，包括雞肉波特派、英式炸鱈魚與黑啤酒牛肉派等，週末的早午餐時段，還可點用僅需$15的全套愛爾蘭式早餐，店內不定時還會有樂團現場表演，演奏充滿愛爾蘭民族風情的音樂呢！

1 2 經典愛爾蘭風味早餐 3 5 維多利亞風格的華麗裝潢 4 愛爾蘭樂團的現場演出

特色美食

來自以色列的知名巧克力

# Max Brenner

MAP P.182/C5

出地鐵站步行約10分鐘

**DATA**

www.maxbrenner.com 841 Broadway(Btw 13th & 14th St) (646)467-8803 週一～四09:00～24:00、週五～六09:00～翌日02:00、週日09:00～23:00 無休 均消約$10～15 出站後沿Broadway前行，穿越聯合廣場後即達，約10分鐘路程

以色列的知名巧克力品牌Max Brenner，名稱來自於合夥人Max Fichtman與Oded Brenner兩人的名字，前進紐約後不久即闖出名號，甚至成為本地最具代表性的巧克力品牌之一。位於聯合廣場旁的分店，除了販售各式巧克力的相關商品，還設有完整的餐廳與吧檯區域，供應三明治、漢堡、和墨西哥塔可餅(Taco)等輕食，以及鬆餅、聖代與巧克力飲料等甜品，由於營業至深夜，每到週末總是越晚越熱鬧，成為另類的巧克力夜店。

1 Max Brenner店內總是人潮不斷 2 店外醒目的裝潢招牌 3 5 以特殊容器盛裝的巧克力飲品 4 店內的各式巧克力商品

## 亞洲風味的熱湯麵

# Republic

**DATA**

http www.thinknoodles.com ✉ 37 Union Square West(Btw 16th & 17th St) ☎ (212)627-7172 ⏰ 週日～三11:30～22:30、週四～六11:30～23:30 休無休 $ 均消約$10～15 ➡ 出站後沿5th Ave前行至17th St左轉，約8分鐘路程

　　位於聯合廣場旁的Republic，是間很受鄰近學生族群歡迎的餐廳，這裡有著夜店般的熱鬧氣氛，供應的料理卻是亞洲風味的麵食，包括咖哩雞麵、泰式海鮮麵、檸檬雞麵與番茄牛肉麵等等，好吃祕訣在於：除了特製的湯底外，咬勁十足的米線(Rice Noodle)也是一大特色，在旅途中想念亞洲料理的朋友，不妨來吃碗熱呼呼的湯麵吧！

■1酸辣口感的泰式湯麵 ■2■3昏暗的氣氛與輕鬆的音樂，深受學生族群歡迎 ■4美式餐廳店外觀，供應的卻是亞洲美食

## 天然有機食材的創意美式料理

# ABC Kitchen

**DATA**

http www.abchome.com/eat/abc-kitchen ✉ 35 E 18th St(Btw Broadway & Park Ave South) ☎ (212)475-5829 ⏰ 週一～五12:00～15:00、17:00～22:30，週六11:00～15:30、17:30～23:30，週日11:00～15:30、17:30～22:00 休無休 $ 均消約$25～30 ➡ 出站後沿5th Ave前行至18th St左轉，約8分鐘路程

　　米其林三星名廚Jean Georges，在紐約擁有多家不同風格的高級餐廳，包括Perry St、The Mark與Terrace at Jean-Georges等等，這一系列的餐廳均以精緻餐點與時尚裝潢著稱，為了讓更多紐約客有機會品嚐其推崇的優質餐飲文化，主廚特別與專賣設計師家具家飾的ABC Home合作，在聯合廣場的6層樓旗鑑店中，開設中價位的ABC Kitchen。這裡的餐點以創意美式料理為主，選用有機蔬果與來自當地綠色市集中的天然食材，讓消費者吃得健康無負擔，店內裝潢以白色系搭配古樸木質家具為主，營造出閒適且輕鬆的氣氛。

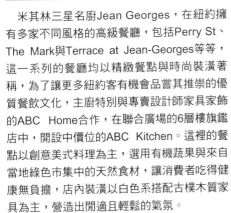

■1■5清新的白色系裝潢與原木桌椅 ■2■3■4以有機食材製作的餐點和店內裝飾

# NQR

## 下城區 Downtown

### 充滿藝術氣息的購物街區

# 王子街站
## Prince St

**活動範圍：** Houston St～Vesey St、Bowery St以西

科特蘭街站(Cortlandt St) Ⓡ

市政廳站(City Hall) Ⓡ

堅尼街站(Canal St) Ⓝ Ⓠ Ⓡ ⑥ Ⓙ Ⓩ

**王子街站(Prince St)** Ⓝ Ⓡ

8街-紐約大學站
(8th St-NYU) Ⓝ Ⓡ

14街-聯合廣場站
(14th St-Union Sq) Ⓝ Ⓠ Ⓡ ④ ⑤ ⑥ Ⓛ

23街站(23rd St) Ⓝ Ⓡ

←Downtown & Brooklyn

Uptown & Queens→

# 紐約達人 *New York*
# 3大推薦地

作者最愛

## Urban Outfitters

深受紐約年輕人歡迎的綜合品牌服裝店(Select shop)，店內總能發現時下最流行的品牌與商品。(見P.199)

焦點必訪

## 小義大利

猶如身處南歐的特色街區，除了感受義大利的熱情外，還能品嘗紐約第一家披薩店的美味。(見P.196)

紐約客推薦

## Café Select

深受時尚界人士歡迎的瑞士風味餐廳，在輕鬆的氣氛中品嘗美食，是下班時間的一大享受。(見P.207)

Chloe & Olivia

曼哈頓的「下城」，呈現出年輕、活力與創意的形象，在這裡你可以隨意穿搭各類型的服裝，也可以和三五好友一起，在街邊共度輕鬆的用餐時光，或是在特色商店中，享受逛街尋寶的樂趣。

「蘇活區」(Soho)是下城最主要的區域，名稱來自於South of Houston的開頭字母，意思為豪士頓街之南(註1)。從1960年代開始，因為相對低廉的租金，吸引許多藝術與時尚工作者前來，在此設立工作室、畫廊與精品小店等，蘇活區因而成為紐約知名的藝術區域；隨著觀光人潮增加，各連鎖品牌商店從1990年代開始進駐，後來因為租金上漲，部分藝廊與小品牌商店只能逐漸遷移，但蘇活區依然是廣受年輕人喜愛的購物天堂。

此外，位於東邊的「諾利塔」(Nolita)(註2)，以及南邊的「翠貝卡」(Tribeca)(註3)，這兩個區域是蘇活區的延伸，其中保留了不少藝廊、電影院與精品小店，氣氛也較熱鬧喧囂的蘇活區清幽不少；再繼續往南走，可到下城另外兩個具有不同文化特色的區域：「小義大利」(Little Italy)與「中國城」(China Town)，建議大家不妨花上一整天的時間，讓自己好好體驗成為「下城男孩、女孩」(Downtown Boys/Girls)的樂趣。

註1：紐約客將Houston發音為「豪士頓」，而非「休士頓」。／註2：「諾利塔」(Nolita)，意思為「North of Little Italy」小義大利之北。／註3：「翠貝卡」(Tribeca)，意思為「Triangle Below Canal Street」堅尼街下方三角區。

格林威治村

KITH
Urban Outfitters
Bleecker St 6
Broadway-Lafayette St B.D.F.M
Hollister
Jane Café
西百老匯藝術區
WeSC
Supreme
諾利塔
Cole Haan
Rag & Bone
王子街站
Prince St
Café Habana
Dominique Ansel Bakery
Rebecca Minkoff
Victorinox
Lacoste
Viva la Crêpe
Rice to Riches
Spring St C.E
COS
Baked by Melissa
Spring St 6
Stussy
Georgetown Cupcake
Aritzia
Balthazar
Lombardi's Pizza
蘇活區
Café Select
Galeria Melissa
Cupping Room
Topshop
Alexander Wang
Canal St A.C.E
小義大利
Canal St 1
Canal St 6.J.N.Q.R.Z
翠貝卡
中國城
Franklin St 1

**遊賞去處**

沒有屋頂的大型藝文空間

# 西百老匯藝術區
## West Broadway Galleries

MAP P.194／B2

出地鐵站
步行約5分鐘

**DATA**

◎大部分藝廊開放時間為每日10:00～18:00　➡出站後沿Prince St前行
至West Braodway左轉，約5分鐘路程

　　橫跨蘇活區以及翠貝卡區的西百老匯(West Broadway)，是
目前下城中保留最多藝術文化的街區。在街道兩旁與附近的巷
弄中，各位將可以發現，匯集多家各具不同特色的藝廊與藝術
展場，除了展覽性質外，大部分的作品均可購買收藏；而沿途
的街道上，也不時能見到藝術家擺的攤位，販售裝飾畫、手工
飾品與創意小物等商品，甚至還有精采的現場塗鴉創作呢！

234西百老匯上的眾家藝廊 567周邊街頭藝術家的創作，同樣非常精采
189香奈兒Little Black Jacket巡迴特展，也選擇在西百老匯的藝廊舉行

**南歐風情的特色街區**

📷 遊賞去處

## 小義大利
### Little Italy

**MAP P.194 / D4**

出地鐵站
步行約8分鐘

**DATA**

🕐 各餐廳與商店多為11:00～22:00　➡出站後沿Prince St前行至Mulberry St右轉，約8分鐘路程

早年義大利移民大多聚集在此，本區因而得名，除了在此定居外，移民們也陸續於周邊開起餐廳、咖啡廳、冰淇淋店與食材專賣店；1930年代後因為黑手黨等治安問題，加上年輕一代義大利裔的外移，現今的小義大利僅以觀光機能與用餐為主，且集中在Mulberry街與Grand街之間。在這幾條街上，各位將能見到以義大利國旗綠白紅三色為主的旗幟與燈飾，沿途的餐廳也多安排

了露天座位，讓小義大利更有南歐街頭的悠閒風情。每年9月中這裡會舉辦盛大的「迎神節」(Feast of San Gennaro)，在為期10多天的活動中，四周的街道將擺滿各式攤位，販售義大利美食、甜點與飲料，還有各種遊戲與歌舞表演等，好似夜市結合嘉年華般的熱鬧。

**1 2 3** 小義大利街頭充滿浪漫南歐風情 **4 5** 聖誕節的小義大利，張燈結綵更具氣氛 **6 8** 在這裡能找到義式傳統甜點與食材 **7** 迎神節的各種攤位活動，猶如夜市般熱鬧

**華人地區的美食與慶典**

### 中國城
### China Town

遊賞去處

**DATA**

**MAP P.194 / D5**

出地鐵站
步行約10分鐘

⏱ 各餐廳與商店多為11:00～21:00　➡ 出站之後沿著Braodway前行至Canel St左轉，約10分鐘路程

　中國城和小義大利之間，雖然僅相隔幾條街，卻呈現出完全不同的風格與文化。這裡是早年來自廣州與潮州移民的聚集地，各式各樣的中式餐廳、超市、飲料店與糕餅店等，紛紛在此區域中開設，隨著時代的演進，這個區域也成為美國本地人想體驗中華美食的好去處，諸如港式飲茶、廣式燒臘、上海小籠包與台式珍珠奶茶等應有盡有，除了口味道地，也因便宜的價格而深受歡迎，想念中式料理的朋友，不妨來此大快朵頤一番；此外，每逢農曆新年時，中國城更是會張燈結綵，舉辦大規模的遊行活動與舞龍舞獅表演，可說是紐約華人社區的一大盛事。

1 2 3 7 8 每逢農曆新年，是中國城最熱鬧的時刻 4 5 6 中國城裡的各式亞洲風味美食

蘇活區 購物血拼

商品類別豐富的英國品牌

# Topshop

MAP P.194／C3
出地鐵站
步行約3分鐘

**DATA**

🌐 us.topshop.com ✉ 478 Broadway(Btw Broome & Grand St) 📞 (212)966-9555 🕐 週一～六10:00～21:00、週日11:00～20:00 ⊗無休 ➡ 出站後沿Broadway前行，約3分鐘路程

Broadway大道的兩側，是蘇活區人氣最旺的範圍，只要你能想到的連鎖品牌，幾乎都在這裡占有一席之地，包括H&M、Forever 21、Zara、Express與American Eagle等，就連來自英國的知名品牌Topshop，也於幾年前開設了全美國第一家分店。

Topshop整棟占地廣大的旗艦店，不但設有完整的女裝與男裝Topman樓層，還規畫了配件、飾品與鞋類的專區，雖然該品牌在美國的定價，比其他類似快速時尚(Fast Fashion)的品牌來得高些，卻還是讓紐約客們對這不一樣的英倫風情趨之若鶩。

1 2 3 風格繽紛活潑的櫥窗和店內設計 4 美國的首家Topshop旗艦店外觀

蘇活區 購物血拼

多樣化的自營、設計師商品

# Aritzia

MAP P.194／C3
出地鐵站
步行約2分鐘

**DATA**

🌐 us.aritzia.com ✉ 524 Broadway(Btw Spring & Broome St) 📞 (212)965-2188 🕐 週一～六09:00～22:00、週日10:00～21:00 ⊗無休 ➡ 出站後沿Broadway前行，約2分鐘路程

來自加拿大的品牌Aritzia不久前進軍紐約，選擇在蘇活區開設第一間專賣店。從郵購與網購起家的Aritzia，因多樣化的風格深受歡迎，其自營的品牌，包括以優雅復古風格為主的Wilfred，戶外休閒系列的TNA，都會摩登的Babaton，與以街頭丹寧(牛仔)商品為主的Talula等，此外店內也引進其他設計師商品，如J-Brand、Rachel Comey以及7 for All Mankind等，讓女孩們能穿搭出獨特的個人魅力。

1 2 3 充滿奇幻擺飾的Aritzia店內 4 店內包括自營品牌與紐約人氣設計師商品

**蘇活區** 購物血拼

充滿熱情元素的休閒商品

# Hollister

**MAP P.194 / C1**

出地鐵站
步行約1分鐘

**DATA**

www.hollisterco.com ✉600 Broadway(Btw E Houston & Prince St) ☎(212)334-1922 ◎週一～六10:00～21:00、週日11:00～19:00 休無休 ➡出站後沿Broadway前行，約1分鐘路程

和A&F隸屬同一集團的品牌Hollister，有著與A&F相似的美式休閒風格，但設計上更為強調熱情的「加州風格」(California Style)，價格也比A&F略低，大多為休閒T恤與衝浪系列服裝，圖案設計上也常能見到陽光、海灘與衝浪的元素。為了讓紐約客們更加貼近加州陽光，店裡總是請出辣妹、猛男店員，以清涼的穿著打扮在店外迎接客人，還會不定時拿出拍立得相機和客人合影留念呢！

1辣妹與猛男店員和顧客合影 2Hollister外觀的大型壁畫相當顯眼 34加州風格的服裝單品

**蘇活區** 購物血拼

最新、最IN的服飾小物

# Urban Outfitters

**MAP P.194 / C1**

出地鐵站
步行約3分鐘

**DATA**

www.urbanoutfitters.com ✉628 Broadway(Btw Bleecker & E Houston St) ☎(212)475-0009 ◎週日10:00～21:00、週一～六10:00～22:00 休無休 ➡出站後沿Broadway前行，約3分鐘路程

Urban Outfitters是相當受紐約年輕人歡迎的綜合品牌服裝店，店裡總是引進當下最流行的品牌與單品，並不時推出優惠折扣，喜歡街頭風格的朋友，總會三不五時前來尋寶，這裡的人氣潮牌，包括：Stussy、Fred Perry、Obey、Vans、Jeffrey Campbell、Junk Food與LNA等。除了服裝部門外，Urban Outfitters每間店中都會另設一個區域，專賣居家擺飾、生活小物、書本CD、小型3C商品與有趣小玩意等，許多特殊又可愛的商品，總讓人愛不釋手。

12店內精選的街頭服裝配件 3販售圖書與生活小物的區域

黃線：NQR號線

34街／先驅廣場站（中城南）

23街站（葛梅西）

王子街站（下城區）

蘇活區 購物血拼

紐約街頭風服飾的始祖

# Supreme

MAP P.194 / C2
出地鐵站
步行約2分鐘

**DATA**

🌐www.supremenewyork.com ✉274 Lafayette St(Btw Prince & E Houston St) ☎(212)966-7799 🕐週一～四11:30～19:00、週五～六11:00～19:30、週日12:00～18:00 🎫無休 ➡出站後沿Prince St前行至Lafayette St左轉,約2分鐘路程

除了連鎖的品牌外,街頭潮牌可說是蘇活區的另一系列代表,深受台灣人與日本潮人們喜愛的Supreme就是源自於蘇活區,品牌創辦人James Jebbia來自英國,但卻是第一個將街頭風格的潮流服裝引進紐約的始祖,Supreme的總店雖然一點也不大,但每當有限量商品上市時,總會吸引大批人潮漏夜排隊搶購!

潮人的必備行頭

# WeSC

MAP P.194 / C2
出地鐵站
步行約2分鐘

**DATA**

🌐wesc.com ✉282 Lafayette St(Btw Prince & E Houston St) ☎(212)925-9372 🕐週一～六11:00～20:00、週日12:00～20:00 🎫無休 ➡出站後沿Prince St前行至Lafayette St左轉,約2分鐘路程

WeSC是來自瑞典的潮牌,由4位滑板選手共同創立,在歐洲與美國的知名度均相當高,品牌以We are the Superlative Conspiracy(我們是頂尖活躍的團隊)為宗旨,設計出具有功能性又獨特的街頭服飾,WeSC更常與藝術家合作,推出各款限量商品,除了服裝配件外,色彩繽紛的耳機更是潮人必備行頭。

1 2 3 Supreme 4 5 6 7 WeSC

## 蘇活區 購物血拼

多元文化的跨界潮牌

# Stussy

MAP P.194 / A3

出地鐵站
步行約6分鐘

### DATA

www.stussy.com 📧176 Spring St(Btw W Broadway & Thompson St) 📞(212)226-8493 ⏰週一～四11:30～19:00、週五～六11:00～19:30、週日12:00～18:00 ❌無休 ➡出站後沿Broadway前行至Spring St右轉，約6分鐘路程

由設計師Shawn Stussy創立的品牌Stussy，以衝浪與滑板服飾發跡，並拓展至街頭潮流領域，Shawn將滑板裝、工作服與制服徽章等元素融入設計當中，並時常與Nike、Undefeated與Bape等其他品牌進行跨界合作，在紐約、倫敦與東京等國際大都會，均設有專賣店，並且成為美國潮牌的代表之一。

## 蘇活區 購物血拼

多元風格的老店新品牌

# Lacoste

MAP P.194 / C2

出地鐵站
步行約1分鐘

### DATA

www.lacoste.com 📧541 Broadway(Btw Prince & Spring St) 📞(212)219-9203 ⏰週一～六10:00～21:00、週日11:00～20:00 ❌無休 ➡出站後沿Broadway前行，約1分鐘路程

法國經典鱷魚牌Lacoste每季均選擇於紐約時裝週發表新裝，因為品牌總監認為紐約的街頭潮流更適合品牌的定位與形象，Lacoste位於百貨公司的專櫃大多數以基本款的Polo衫與運動裝為主，而蘇活的這間大型旗艦店則囊括全系列男裝、女裝、童裝與配件，Lacoste透過各項細節設計與每季變換的主題概念，設計出帶有機能性的休閒西裝、剪裁特殊的洋裝與色彩繽紛的手提包等，讓運動與休閒服飾一樣能充滿時尚感。

1234Stussy 567法國的經典服飾品牌Lacoste

蘇活區 購物血拼

紐約時尚界的台灣之光

# Alexander Wang

MAP P.194 / B4

出地鐵站
步行約5分鐘

**DATA**

🌐 www.alexanderwang.com ✉ 103 Grand St(Btw Greene & Mercer St) ☎ (212) 977-9683 ⏰ 週一～六11:00～19:00、週日12:00～18:00 ㊡ 無休 ➡ 出站後沿 Broadway前行至Grand St右轉，約5分鐘路程

　　蘇活區的Broadway大道兩側，聚集了為數眾多的連鎖品牌服裝店，而Broadway大道以西的小巷中，則是新銳設計師的必爭之地，近年來走紅於紐約時裝週的設計品牌，陸續在街區內開設別具特色的品牌商店，除了為蘇活區增添時尚品味，也將客群進行了劃分。父母來自台灣的設計師王大仁(Alexander Wang)，以黑白色系的簡約俐落男、女裝走紅於紐約時裝界，設計師本身就是蘇活區的愛好者，也常從本區年輕人的生活態度中獲得新的靈感，結合街頭龐克風的鉚釘提包Rocco，就是其走紅多季的經典之作。

1 2店內的裝潢風格，是與服裝相同的黑白色調

蘇活區 購物血拼

紐約時尚女孩必備包款

# Rebecca Minkoff

MAP P.194 / B2

出地鐵站
步行約5分鐘

**DATA**

🌐 www.rebeccaminkoff.com ✉ 96 Greene St(Btw Prince & Spring St) ☎ (212) 677-7883 ⏰ 週一～六11:00～19:00、週日12:00～18:00 ㊡ 無休 ➡ 出站後沿 Prince St前行至Greene St 左轉，約5分鐘路程

　　紐約時尚女孩必備的包款不是LV也不是Gucci，而是新銳設計師Rebecca Minkoff的包包！出生於加州並於紐約開始時尚事業的Rebecca，因幫女星Jenna Elfman設計一款I Love NY的T-Shirt與電影中的包包而走紅時尚圈，簡單大方的設計，並選用特殊皮革與金屬配飾讓包包更添質感，每款單價均在美金$200～500元間，是小資女孩們也能擁有的輕奢華單品。位於蘇活的旗艦店販售品牌服裝、鞋款與包包，其中配有大金屬扣環的M.A.C.包為最經典的款式，每季均推出不同的色彩與搭配，而近期內品牌還推出由Rebecca弟弟設計的Uri Minkoff男裝配件，讓男生們也能有時尚新選擇。

1 Uri Minkoff男裝配件系列 2位於蘇活的專門店 3 4各式皮質與顏色的MAC包

蘇活區 購物血拼

質感休閒品牌

# Rag & Bone

**MAP P.194 / B2**
出地鐵站 步行約2分鐘

**DATA**

www.rag-bone.com ✉119 Mercer St(Btw Spring & Prince St) ☎(212)219-2204 ⏰週一～六11:00～20:00、週日12:00～19:00 ⛔無休 ➡出站後沿Prince St前行至Mercer St左轉，約2分鐘路程

由雙人組設計師Marcus Wainwright與David Neville於2002年創立的品牌，Rag & Bone以精緻的作工與面料，在短時間內即成為紐約高級休閒服飾的代表品牌，效法英倫針織工藝的毛料開襟衫、帥氣的皮衣外套與線條俐落的女裝等，都成為品牌經典。

14簡約俐落的設計 2醒目的櫥窗擺設
3包包配件簡單有型

蘇活區 購物血拼

跨界發展的運用巧思

# Victorinox

**MAP P.194 / B2**
出地鐵站 步行約3分鐘

**DATA**

www.victorinox.com/us ✉99 Wooster St(Btw Spring & Prince St) ☎(212)431-4950 ⏰週一～六10:00～20:00、週日11:00～18:00 ⛔無休 ➡出後沿Prince St前行至Wooster St左轉，約3分鐘路程

以瑞士刀出名的品牌Victorinox，近年來也開始進入服裝與配件市場，並推出一系列兼具時尚與機能性的服裝，除了適合各種休閒場合外，其特殊的防水、防風與保暖材質，也讓消費者無後顧之憂的進行登山、露營與水上活動；在設計總監Christopher Raeburn的巧思下，品牌經典的十字標誌與瑞士刀，也變化成新的迷彩圖案，並且被大量運用在新裝上。Victorinox位於蘇活區的旗艦店，原本是消防隊的所在，品牌特意保留許多骨董級的消防設備與史料照片在店中展示，讓消費者前來購物的同時，也能懷念這老房舍的過往歷史。

123各式服裝與配件分區陳列 45店內保留的骨董級消防設備

蘇活區

購物血拼

蘇活最酷人氣潮流店
# KITH

MAP P.194 / C1

出地鐵站
步行約3分鐘

**DATA**

kithnyc.com 644 Broadway(Btw Bleecker & Bond St) (646)648-6285 週一〜六10:00〜21:00、週日11:00〜20:00 無休 出站後沿Broadway前行，約3分鐘路程

　　KITH是蘇活區目前人氣最旺的潮流店，這間由街頭名人兼設計師Ronnie Fieg打造的Select Shop，從原本的店中店擴展到與Nike聯名經營的3,000英呎專賣店。設計師將整間店分為氣氛各異的小區塊，包括以黑白對比配色以及層層鉛筆堆疊而成的服裝區、復古木質裝潢的休閒鞋區、充滿科幻未來感的球鞋區以及可以自己設計圖樣的T-Shit訂製區等。

　　除了服裝外，Ronnie還在店裡打造了一處點心吧「KITH Treats」，販售霜淇淋、奶昔與玉米脆片等頗具童心的零食，就連名字也都以Air Max與Air Force 1等球鞋系列命名呢！店內除了自營品牌KITH與Nike鞋款外，還引進Off White、Public School、Stampd與Yeezy等熱門街牌，除了男裝與男鞋外，KITH另在對街開設了女裝專賣店，讓潮流女孩們也能感受KITH的獨特魅力。

1 2 KITH與NIKE的聯名商品 3 店內點心吧KITH Treats
4 5 各處不同的設計陳列 6 客製化區域

兼具時尚與功能性的鞋款

# Galeria Melissa

MAP P.194／C3

出地鐵站 步行約5分鐘

**DATA**

🌐www.melissa.com.br/en ✉500 Broadway(Btw Spring & Broome St) ☎(866)604-6160 ⏰週一～六11:00～19:00、週日12:00～18:00 休無休 ➡出站後沿Broadway前行，約5分鐘路程

　　來自巴西的品牌Melissa，以天然橡膠製作的鞋款著名，不同於一般的橡膠人字拖，Melissa強調時尚的款式，以及防水且舒適的功能性，品牌旗艦店原位於蘇活巷弄中，2016年遷移至熱鬧的Broadway上，店內以各式霓虹投影打造出繽紛浪漫氛圍，並以Galeria之名讓人彷彿走進了Melissa的美鞋藝廊中，店內除了基本款外，也能找到與時尚設計師Vivienne Westwood、Jason Wu與Jeremy Scott等人合作的限量鞋款。

1 2以霓虹燈光打造的藝術空間，突顯品牌多彩的魅力 3 4轉型後充滿繽紛色彩的品牌商品

經典老鞋品牌的創新發展

# Cole Haan

MAP P.194／B2

出地鐵站 步行約2分鐘

**DATA**

🌐www.colehaan.com ✉128 Prince St(Btw W Broadway & Wooster St) ☎(212)219-8240 ⏰週一～五10:00～20:00、週六10:00～19:00、週日12:00～18:00 休無休 ➡出站後沿Prince St前行，約2分鐘路程

　　創立於1928年的Cole Haan，是美國經典的皮鞋老牌，其出品的牛津鞋與休閒鞋，可說是歷久不衰的必備款，品牌除了從男鞋拓展至女鞋與配件的領域外，近年來也力求風格年輕化，推出消費者可DIY搭配的彩色鞋底與鞋帶，在紐約還以各種顏色的地鐵線，作為新的櫥窗形象廣告，十分引人注目。

1 2Cole Haan最新推出的形象櫥窗 3 4 5轉型後充滿繽紛色彩的品牌商品

### H&M旗下新品牌
# COS

MAP P.194／B2

出地鐵站
步行約5分鐘

**DATA**

🌐www.cosstores.com/us ✉129 Spring St(Btw Greene & Wooster St) 📞(212)389-1247 🕐週一～六10:00～20:00、週日11:00～19:00 🚫無休 ➡出站後沿Broadway前行至Spring St右轉，約5分鐘路程

　　COS為快速時尚品牌H&M集團的最新力作，以Collection of Style為名標榜此品牌重視的設計與質感，COS全系列包括男女裝，以類似高級時裝的極簡路線成功吸引時尚人士眼光，用色方面以低調的黑、白、米與大地色系為主，雖訂價比H&M來得高，但與類似的時尚品牌相比依然親民許多，COS除了深受紐約客喜愛外，也成為日韓時髦遊客們的必買新牌。

123風格簡約的設計深受紐約客喜愛

---

### 懷舊裝潢的法式餐廳
# Balthazar

MAP P.194／C3

出地鐵站
步行約2分鐘

**DATA**

🌐www.balthazarny.com ✉80 Spring St(Btw Broadway & Crosby St) 📞(212)965-1414 🕐週一～四07:30～24:00、週五07:30～翌日01:00、週六08:00～翌日01:00、週日08:00～24:00 🚫週六、日16:00～17:30 💲均消約$30～35 ➡出站後沿Broadway前行至Spring St左轉，約2分鐘路程

　　由紐約餐飲名人Keith McNally開設的法式酒館餐廳Balthazar，由於名聲響亮又位處蘇活區的精華地段，用餐時間往往一位難求。為了營造出復古酒館的氣氛，店家特別自歐洲收購了近30英呎長的吧檯、木質餐桌椅、骨董吊扇與燈飾等擺設，讓這個自1997年開業的餐廳，流露出百年老店的風味。這裡的餐點以法式家常菜為主，如鵝肝醬麵包、香烤鮭魚、海鮮塔、法式烤鴨等，另有每日主廚特餐Plat du Jour，餐廳旁還開了專賣法式點心的麵包店，讓大家可外帶品嘗。

12由骨董家具營造出的復古法式酒館風格 3位於餐廳旁的麵包甜點櫃 45以法式家常菜為主的餐點

蘇活區 特色美食

複合式歐洲風味餐點

# Café Select

MAP P.194/C3
出地鐵站 步行約5分鐘

**DATA**

www.cafeselectnyc.com 212 Lafayette St(Btw Spring & Broome St) (212)925-9322 週一～三08:00～翌日01:00、週四～五08:00～翌日02:00、週六09:00～翌日02:00、週日09:00～24:00 無休 均消約$25～30 出站後沿Prince St前行至Lafayette St 右轉，約5分鐘路程

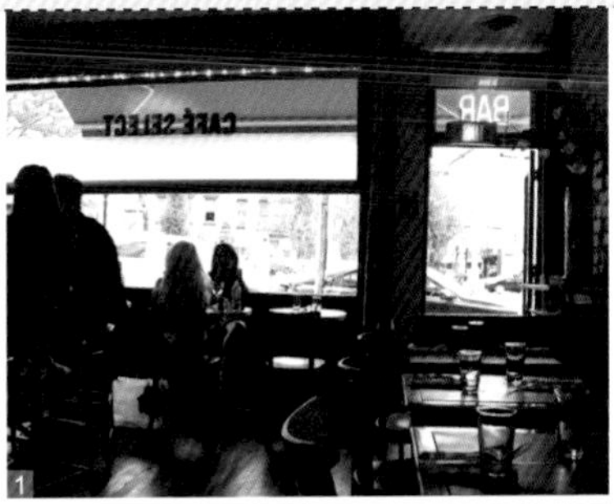
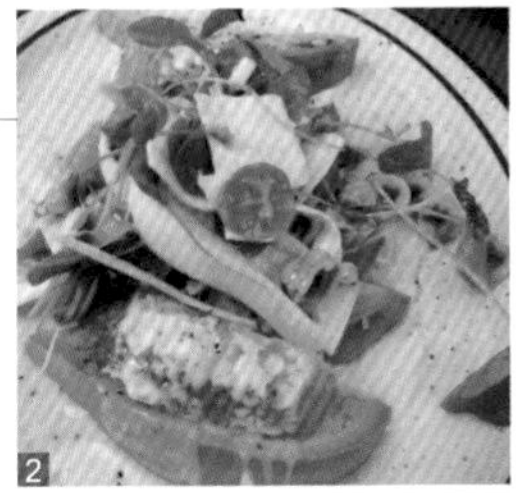
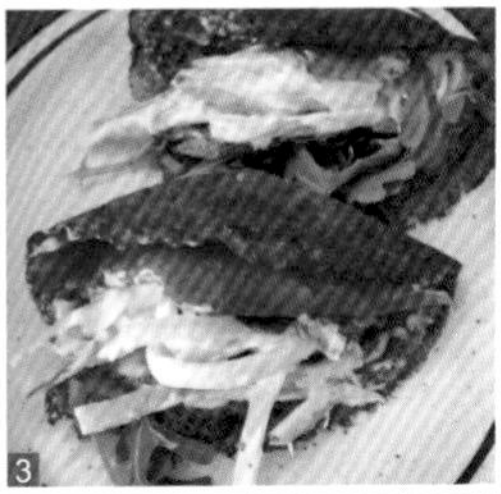
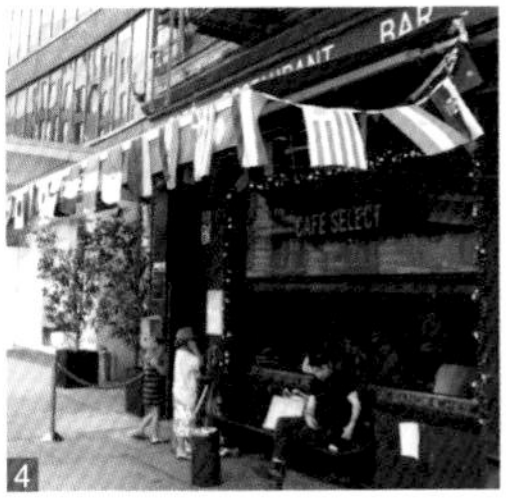
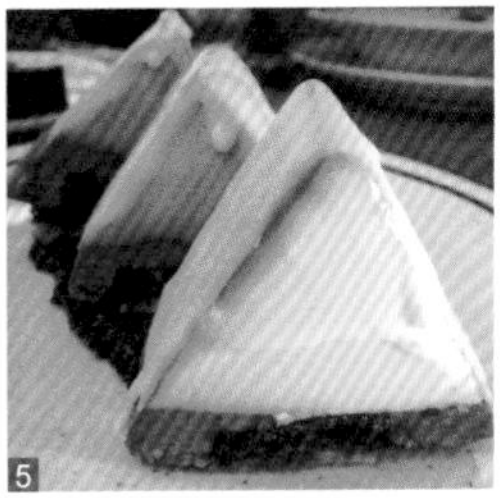

Café Select結合了咖啡廳、餐廳與酒吧，從早餐時段營業到深夜，在不同時間呈現出不同風情；早晨常見到2～3人同行的觀光客，悠閒地享用早餐，下午則常聚集了附近時尚產業工作者，就連知名台裔設計師吳季剛(Jason Wu)也是店裡面的常客，而入夜後則可以見到穿著入時的年輕人，前來享用主廚Jo Herde精心準備的料理。這裡的餐點以瑞士與歐洲風味為主，從精緻的沙拉開胃菜，到烤雞、牛排與燉飯等主菜，不但口味道地且定價合理，因此受到紐約客們的歡迎。

1 咖啡廳與酒館氣氛兼具的室內座位 2 3 5 各式歐洲風味的料理 4 店外懸掛的歐洲旗幟

蘇活區 特色美食

綜合菜色的無國籍料理

# Cupping Room

MAP P.194/A3
出地鐵站 步行約5分鐘

**DATA**

www.cuppingroomcafe.com 359 W Broadway(Btw Grand & Broome St) (212)925-2898 週一～四07:30～24:00、週五07:30～翌日02:00、週六08:00～翌日02:00、週日08:00～24:00 無休 均消約$25～30 出站後沿Prince St前行至W Broadway左轉，約5分鐘路程

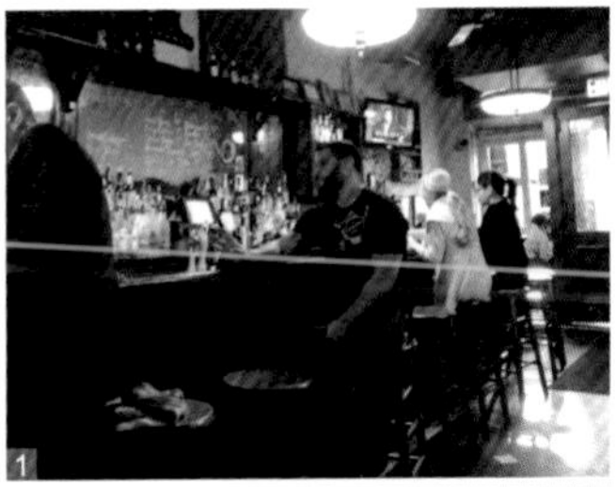
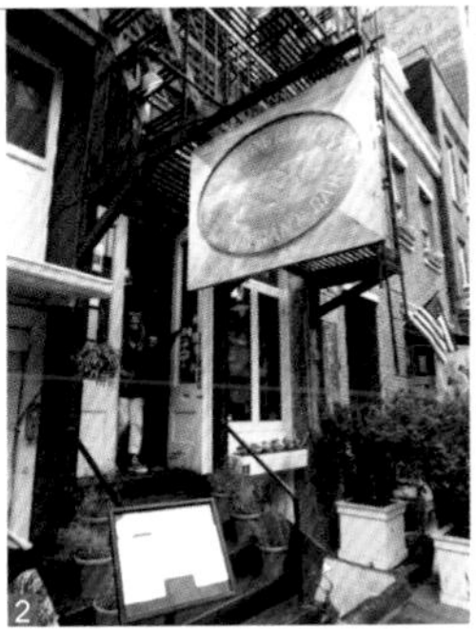
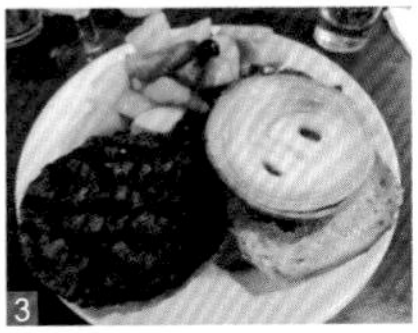
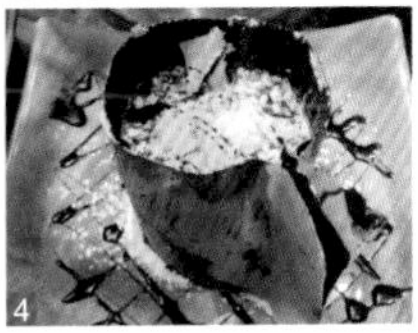

曾被多家美食雜誌報導的咖啡廳Cupping Room，自1977年起即在蘇活區營業，供應各種美式早午餐，如鬆餅、漢堡與法國吐司等，午、晚餐則推出各種無國籍的風味餐點，有墨西哥式烘餅(Quesadillas)、牛肉法式達(Fajitas)、美式起司通心粉和中東風味的豆泥包餅等等。另外，店內每天推出多款手工甜點，每週一、二、日還能點用特價$21.95、有3道菜的套餐，相當豐富划算。

1 2 頗具歷史風味的店內外環境 3 4 各種無國籍的風味餐點與甜點

## 豐富多樣化的新美式料理

### Jane Café

MAP P.194／A1
出地鐵站
步行約5分鐘

**DATA**

http janerestaurant.com ✉100 W Houston St(Btw LaGuardia Pl & Thompson St) ☎(212)254-7000 ⏰週一～四11:30～23:00、週五11:30～24:00、週六11:00～24:00、週日10:00～22:00 休無休 💲均消約$25～30 ➡出站後沿Broadway前行至 W Houston St左轉，約5分鐘路程

Jane Café標榜新美式料理，以明亮挑高的空間，提供客人輕鬆卻不失優雅的用餐環境，這裡最熱門的時段為週日早午餐(Brunch)，除了曾被多家報章雜誌報導外，主廚用心地將千篇一律的早餐，加入不同變化，也是成功的關鍵。鮮嫩的鮭魚炒蛋，搭配上手工英式酥餅(Biscuit)的佛羅倫斯水波蛋，以及鮮蝦烘蛋等，都是早午餐時段才能品嘗到的美味；另外桌上的手工麵包籃及特製起司醬也是一大特色，雖然免費供應，但卻一點也不馬虎。

1 5週日的早午餐為Jane最受歡迎的時段 2 3走精緻路線的早午餐菜色 4非常豐盛的麵包籃與特製起司沾醬

## 紐約客的派對新寵

### Baked by Melissa

MAP P.194／C2
出地鐵站
步行約5分鐘

**DATA**

http www.bakedbymelissa.com ✉63 Spring St(Btw Crosby & Lafayette St) ☎(212)842-0220 ⏰週一～五09:00～21:00、週六～日10:00～21:00 休無休 💲均消約$5～10 ➡出站後沿Broadway前行至Spring St左轉，約5分鐘路程

杯子蛋糕是紐約代表性的甜點之一，但如何讓這個大街小巷均能見到的甜點，受到紐約客們的青睞，就得花一番功夫了。Melissa從蘇活區的街邊小店發跡，以超級迷你卻色彩豐富的小杯子蛋糕一舉成名，成為許多派對上的新寵，並陸續在曼哈頓開設了多家分店。

1 3色彩繽紛的迷你杯子蛋糕 2位於街邊的店面常需排隊等候

蘇活區 美食

## 不只好吃、更要時尚
# Georgetown Cupcake

MAP P.194／B2 出地鐵站 步行約2分鐘

**DATA**

http www.georgetowncupcake.com ✉111 Mercer St(Btw Spring & Prince St) ☎(212)431-4504 ◎週一～六 10:00～21:00、週日10:00～20:00 休無休 $均消約$5 ～10 ➡出站後沿Prince St前行至Mercer St左轉，約2分 鐘路程

來自華盛頓DC的杯子蛋糕，以優雅簡潔的設計 取勝，每款蛋糕的顏色搭配與糖霜裝飾，都和時 尚派對的風格融為一體，不只是點心，也是活動 中的主角，店裡的另一個噱頭，是每天與每月限 定的口味，大家可以在網站上得知最新消息。

1當日限定的特殊口味杯子蛋糕 2搭配不同口味糖霜的杯子蛋糕 3粉紅色系的店內設計，充滿甜美可愛風格

蘇活區 美食

## 超人氣排隊可頌甜甜圈
# Dominique Ansel Bakery

MAP P.194／A2 出地鐵站 步行約5分鐘

**DATA**

http dominiqueansel.com ✉189 Spring St(Btw Thompson & Sullivan St) ☎(212)219-2773 ◎週一～六08:00 ～19:00、週日09:00～19:00 休無休 $均消約$5～ 10 ➡出站後沿Broadway前行至Spring St右轉，約5分 鐘路程

Dominique Ansel 是間位於蘇活區的小 型烘焙坊，每日現做 的法式麵包與西點， 讓店家一直以來就有 不少支持者，而2013 年5月時，主廚Dominique發明了一種類似可 頌麵包加上甜甜圈的「Cronut」，千層的香脆 口感加上特製的奶油餡料，讓這家小店被各大 媒體瘋狂報導，因而天天大排長龍，想要體驗 Cronut魔力的朋友，可得起個大早喔！

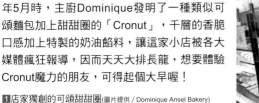

1店家獨創的可頌甜甜圈(圖片提供／Dominique Ansel Bakery)
2主廚Dominique Ansel(圖片提供／Dominique Ansel Bakery)
345店內其他不用排隊的甜點亦各具特色
67店內的點餐檯與現做甜點區

**諾利塔 特色美食**

大排長龍的墨西哥烤玉米
# Café Habana

MAP P.194 / D2
出地鐵站
步行約5分鐘

**DATA**

http www.cafehabana.com ✉17 Prince St(Btw Mott & Elizabeth St) ☎(212)625-2001 ⏰每日09:00～24:00 🚫無休 💲墨西哥烤玉米 $5.95 ➡出站後沿Prince St前行，約5分鐘路程

位於諾利塔區的南美風味餐廳Café Habana，有著極為狹窄的店面和不起眼的裝潢，甚至還有人在網路上評議店內的服務態度，但這間小店依然是每天吸引長長的人龍排隊，其魅力就在於那別處嘗不到的墨西哥烤玉米。

加上奶油、起司、美乃滋與特殊辣椒粉烘烤製作的玉米，搭配酸甜的檸檬汁，絕對讓你回味無窮，吃完玉米後再點份經典的古巴三明治，或是黑豆飯搭配上大杯的Mojito調酒，堪稱紐約第一的平價美食。除了本店，還在旁邊加開了專供外帶的Habana To Go，沒有時間等待的朋友，不妨就外帶一份享用吧！

1️2️位於一旁的外帶專區 3️天天大排長龍的Habana本店 4️本店必嘗的墨西哥烤玉米 5️古巴三明治

**諾利塔 特色美食**

正宗法式可麗餅
# Viva la Crêpe

MAP P.194 / D2
出地鐵站
步行約5分鐘

**DATA**

http www.vivelacrepe.fr ✉51 Spring St(Btw Lafayette & Mulberry St) ☎(646)484-6877 ⏰週一～六08:00～24:00、週日09:00～24:00 🚫無休 💲均消約$5～10 ➡出站後沿Broadway前行至 Spring St左轉，約5分鐘路程

Viva la Crêpe將道地法式街邊可麗餅文化帶入紐約，現點現做的可麗餅，分為鹹與甜的不同口味，最受歡迎的選項，包括肉桂蘋果、白巧克力與牛奶糖等口味，此外還可依照自己的喜好，加入冰淇淋與各式新鮮水果呢！

1️2️外帶、內用都可品嘗好滋味的可麗餅店 3️現點現做可麗餅的半露天窗口 4️選擇豐富的菜單

創新口感米布丁，不甜不膩

# Rice to Riches

MAP P.194 / D2
出地鐵站 步行約8分鐘

**DATA**

🌐 www.ricetoriches.com ✉ 37 Spring St(Btw Mott& Mulberry St) ☎ (212) 274-0008 🕐 週日～四11:00～23:00、週五～六11:00～翌日01:00 休 無休 💲 均消約$5～10 ➡ 出站後沿Broadway前行至 Spring St 右轉，約8分鐘路程

　　用完正餐後，是否想來份甜點呢？在下城的小巷弄中，隱藏著許多特別的甜食等著你去發掘。「米布丁」和我們熟知的果凍布丁不太相同，是以米和牛奶攪拌而成的甜食，傳統的米布丁總給人甜膩的印象，Rice to Riches的店主為了顛覆這個刻板想法，研發出數十種甜而不膩的米布丁，從百香果、草莓、櫻桃到咖啡等琳瑯滿目，店內還設置了如冰淇淋櫃的點餐檯，讓各位先試吃再決定口味，有趣的口感加上店內彷彿太空船的內裝，肯定會讓你印象深刻、難以忘懷。

1 3 充滿科技感的店內外設計 2 各種口味米布丁，都可先試吃再點餐

正宗百年義大利披薩店

# Lombardi's Pizza

MAP P.194 / D3
出地鐵站 步行約8分鐘

**DATA**

🌐 www.firstpizza.com ✉ 32 Spring St(Btw Mott & Mulberry St) ☎ (212)941-7994 🕐 週日～四11:30～23:00、週五～六11:30～24:00 休 無休 💲 均消約$15～20 ➡ 出站後沿Broadway前行至 Spring St 右轉，約8分鐘路程

　　在小義大利區中，一家接著一家的義式餐飲店連綿不絕，其中人氣第一的，非Lombardi's Pizza莫屬，原來這裡不僅是小義大利的創始餐廳，還是全美國第一家披薩專賣店。這家店的店主原本經營小雜貨店，但一心想要把正宗的義大利披薩介紹給紐約客，在苦等8年後，終於在1905年拿到執照開業，且一開就是祖孫三代，至今已超過百年，雖然這中間也經歷了倒閉與搬遷，但傳奇性的地位，至今仍屹立不搖。

1 Lombardi's Pizza門口總是大排長龍 2 招牌的人氣披薩 3 店內座位區 4 門口手捧披薩的蒙娜麗莎畫像，已成為店家的識別代表

# F M

號線：曼哈頓下方精華地區 ⟩⟩⟩

'inoteca 'ino

# F M

## 下東區 Lower East Side

### 平價親民的個性混搭時尚

# 第二大道站
## 2nd Ave

### 活動範圍：E Houston〜Canal St、Bowery St以東

約克街站(York St)
F

東百老匯大道站
(East Broadway)
F

地蘭西街-亞瑟斯街站
(Delancey St-Essex St)
F M J Z

第二大道站
(2nd Ave)
F

百老匯大道-拉法葉街站
(Broadway-Lafayette St)
B D F M 6

西4街-華盛頓廣場站
(W 4 St- Wash Sq)
B D F M A C E

14街站(14th St)
F M 1 2 3 L

←Downtown & Brooklyn

Uptown & Queens→

# 紐約達人 New York
# 3大推薦地

👍 作者最愛

## Clinton Street Baking Company

一家不起眼的小店，卻擁有多項紐約第一的殊榮，招牌現烤鬆餅搭配上溫熱的楓糖漿，顛覆你對鬆餅的既有印象。(見P.221)

👍 焦點必訪

## 新當代美術館

外觀造型特殊的展覽館，是喜愛視覺、裝飾、攝影、雕塑和行動等各類藝術領域的朋友們，不可錯過的美術天地。(見P.216)

👍 紐約客推薦

## Grit N Glory

結合搖滾音樂、街頭文化與服裝配件的特色小店，非常具有下東區的頹廢風格。(見P.217)

Victoria

曼哈頓東南角的「下東區」，雖然位置稍嫌偏遠、交通也略微不便，但其極具個性的氛圍，依然讓許多特立獨行的紐約客流連忘返；早期為猶太與東歐移民的聚集地，曾是全世界最大的猶太移民社區，至今仍可以見到不少猶太風味的特色餐廳與食品店。

1990年代開始，來自拉丁美洲與中國的移民，也陸續進入這個區域，並經營起成衣加工的相關行業，許多個人設計師小店、二手服飾店與進口歐洲舶來品的小鋪，也因較低的租金而陸續在巷弄中出現，和原本的成衣廠形成相互為鄰的有趣景象，不少獨鍾嬉皮混搭風格的朋友，總喜歡在這些小店之間，享受尋寶的樂趣。除了服裝店外，一些小型的酒吧與舞廳，也紛紛在Orchard街上如雨後春筍般地出現，這些夜店大多沒有嚴格的服裝規定(Dress Code)，通常也不收入場費，因而成為學生族群最愛的派對聖地，也讓入夜後的下東區，呈現出不一樣的風情。

下東區周邊街道圖

Map labels:
- DBGB Kitchen & Bar
- 第二大道站 2nd Ave
- Katz's Delicatessen
- Clinton Street Baking Company
- E 1st St.
- E Houston St.
- Grit N Glory
- Manhattan Portage / Token Store
- Chrystie St.
- Forsyth St.
- Eldridge St.
- Allen St.
- Orchard St.
- Ludlow St.
- Essex St.
- Norfolk St.
- Suffolk St.
- Clinton St.
- Attorney St.
- Stanton St.
- Stanton Social
- Reed Space
- Elizabeth St.
- Bowery
- Stanton St.
- Prince St.
- 新當代美術館
- Rivington St.
- Rivington St.
- Rivington St.
- Delancey St Essex St F.J.M.Z
- Delancey St.
- Spring St.
- Delancey St.

遊賞去處

從建築物開始就是藝術品

# 新當代美術館
## New Museum of Contemporary Art

MAP P.216 / A2

出地鐵站
步行約2分鐘

**DATA**

🌐www.newmuseum.org 📧235 Bowery St(Btw Stanton & Rivington St)
📞(212)219-1222 🕐週三、五～日11:00～18:00，週四11:00～21:00 🚫週一、二 💲成人$16、學生$10、65歲以上$14、18歲以下免費；每週四19:00～21:00採自由樂捐制 ➡️出站後沿E Houston St前行至Bowery St左轉，約2分鐘路程

　　2007年落成的新當代美術館，正如其名，是紐約最「新」的藝術展覽場，而其中參展的藝術家，也大多為新銳的當代藝術創作者。彷彿由一個個方形盒子堆疊而成的7層樓建築，是日本知名建築師「妹島和世」與「西澤立衛」共同打造的傑作，這些不規則構成的大盒子中，各有不同主題空間，包括展覽廳、影音劇院、教育區、商店區與咖啡廳等，每個區域都以無梁柱的設計，讓空間能更靈活地運用。

　　而包覆外觀的銀色鋁製網格設計，更讓戶外的自然光線能透入展場當中，也能讓建築內的參觀者，透過這種穿透式的設計，欣賞下東區的城市景觀，如此獨特的規畫，讓建築本身就是件相當值得考究的當代藝術作品。新當代美術館的展出內容，包括視覺藝術、裝飾藝術、攝影、雕塑與行動藝術等類別，有興趣的朋友，可上網查詢當期的展覽主題與活動。

**1 2**館內舉辦活動時的熱鬧情景 **3**建築師「妹島和世」與「西澤立衛」共同打造的外觀 **4**前衛的當代藝術

搖滾風主題商店
購物血拼

# Grit N Glory

MAP **P.216 / C1**

出地鐵站
步行約5分鐘

**DATA**

🌐gritnglory.myshopify.com ✉186 Orchard St(Btw Stanton & Rivington St) ☎(212)253-2775 ⏰週日～二12:00～20:00、週三～六12:00～21:00 ㊡無休 ➡出站後沿E Houston St前行至Orchard St右轉，約5分鐘路程

　　以搖滾風格為主題的Grit N Glory，可說是下東區最酷的一家主題商店，店內販售精選自美國與歐洲搖滾風格強烈的服裝品牌，包括皮夾克、水洗仿舊處理的牛仔褲，印著特殊骷髏頭圖案的T恤，與充滿野性風味的內搭緊身褲(Legging)等商品。除了服裝外，還有許多以音樂與搖滾為主題的蠟燭、酒瓶與餐具等等，在店面的前半部，還設置了提供咖啡與酒精飲料的吧檯，讓大家可以在這度過充滿搖滾精神的一下午。

**1 2 3**充滿搖滾元素的店內裝潢 **4 5**店內的酒吧區域

購物血拼 **兩種紐約人氣包款**

# Manhattan Portage Token Store

MAP P.216 / A1 出地鐵站步行約2分鐘

**DATA**

🌐www.manhattanportage.com ✉258 Elizabeth St(Btw E Houston & Prince St) 📞(212)226-9655 🕐週一～六11:00～19:00、週日11:00～18:00 🚫無休 ➡出站之後沿著E Houston St前行至Elizabeth St左轉,約2分鐘路程

　　被暱稱為「曼哈頓包」的Manhattan Portage,造型簡單、顏色多樣且單價適中,在亞洲地區因潮流雜誌的瘋狂報導,而具有高知名度;然而曼哈頓包在紐約,可不是大街小巷皆有的連鎖品牌,其唯一的專賣店,就選擇在下東區的小巷落腳,不和大型品牌於鬧區為鄰,藉以顯現出曼哈頓包的獨特性與街頭感。除了Manhattan Portage外,店內還販售另一個配件品牌Token的商品,這個品牌的包款,以都會雅痞風的色調與款式為主,和曼哈頓包各有不同的支持群。

1 2店內販售曼哈頓包與Token這兩個品牌

---

購物血拼 **複合式潮服配件專賣店**

# Reed Space

MAP P.216 / C1 出地鐵站步行約5分鐘

**DATA**

🌐thereedspace.com ✉151 Orchard St(Btw Stanton & Rivington St) 📞(212)253-0588 🕐週一～五13:00～19:00、週六～日12:00～19:00 🚫無休 ➡出站後沿E Houston St前行至Orchard St右轉,約5分鐘路程

　　Reed Space為下東區中規模最大的街頭服飾專賣店,店內的氣氛與一般常見的美式服裝店不太相同,反倒是比較貼近亞洲流行的「潮流服裝店」。除了服裝配件外,也以複合式經營的方式,販售音樂CD、雜誌書籍、滑板配件與公仔玩具等,並定期和不同的藝術家合作,於店內舉辦創意特展;店內引進的品牌包括Hellz、Crooks、Head Porter、Super、131 Projetcs與Reed自創品牌Staple Design等等。

1 4 5 6店內引進的服裝、配件與鞋款均為人氣品牌 2 3複合式販售CD、書籍雜誌與公仔

**特色美食**

分量超大的猶太風味三明治

# Katz's Delicatessen

**MAP P.216 / C1**

出地鐵站
步行約3分鐘

**DATA**

🌐 katzsdelicatessen.com ✉ 205 E Houston St(Btw Orchard & Ludlow St) ☎ (212)254-2246 🕐 週一～三08:00～22:45、週四08:00～翌日02:45、週五08:00～24:00、週六為24小時、週日00:00～22:45 ❌ 無休 💲 均消約$10～15 ➡ 出站後沿E Houston St直行，約3分鐘路程

　　來到曾是全世界最大猶太移民社區的下東區，一定不能錯過道地的猶太美食，這家營業超過百年的餐飲店，是間自助式的大食堂，在入口處領取餐券後，即可至各個櫃檯點餐。這裡最有名的餐點為「鹽醃牛肉三明治」，將塗上私房香料的整塊牛肉，用小火煙燻處理，最後再現場削成層層堆疊的薄片，然後夾在裸麥麵包中，因分量超大，建議可以兩個人分食一份，喜歡重口味的朋友，不妨點用「五香烤牛肉三明治」，另外如包著花椰菜、番薯和穀類的Knish馬鈴薯餅，及肉醬熱狗堡等也都別具風味。Katz's除了有許多名人造訪外，也曾是電影《當哈利遇上莎莉》的經典場景呢！

1 2 3 5 餐廳內外保留創店時的傳統樣貌，並掛滿名人造訪的照片
4 經典的鹽醃牛肉三明治

特色美食 實惠的中價位米其林主廚餐廳

# DBGB Kitchen & Bar

**DATA**

🌐www.dbgb.com ✉299 Bowery St(Btw E Houston & 1st St) 📞(212)933-5300 🕐週一17:00〜23:00，週二〜四17:00〜24:00，週五12:00〜15:00、17:00〜翌日01:00，週六11:00〜15:00、17:00〜翌日01:00，週日11:00〜15:00、17:00〜23:00 🚫無休 💲均消約$30〜35 ➡出站後沿E Houston St前行至Bowery St右轉，約2分鐘路程

　　米其林名廚Daniel Boulud在紐約擁有多家法式高級餐廳，2009年的經濟蕭條時期，Daniel決定在下東區開設一間中價位的餐廳，讓普羅大眾不用大傷荷包，也能品嘗名廚的手藝；DBGB周邊為曼哈頓的餐廚具批發商圈，店內因此以各式銅製廚具作為裝飾，搭配上木質的家具，呈現出平易近人卻又摩登的氛圍。這裡的必點菜色為特色香腸，包括北非辣羊肉香腸Tunisienne、純牛肉的DBGB Dog，以及加入檸檬草與紅咖哩的泰式香腸等，都是別處嘗不到的好滋味，另外還可依照個人喜好，點用海鮮、漢堡與排餐類等主菜，週末早午餐時段另推出$27的套餐，這個價格可僅是Daniel其他餐廳的一道前菜呢！

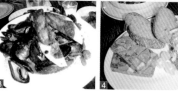

**1**各式餐後甜點也是不能錯過的部分 **2**以木質裝潢為主的店內設計 **3 4**主廚特製的主餐與前菜

---

特色美食 與朋友分享交流的無國籍料理餐廳

MAP P.216 / C1
出地鐵站
步行約5分鐘

# Stanton Social

**DATA**

🌐stantonsocial.com ✉99 Stanton St(Btw Orchard & Ludlow St) 📞(212)995-0099 🕐週一〜五17:00〜翌日01:00、週六11:30〜翌日01:00、週日11:30〜23:00 🚫無休 💲均消約$30〜35 ➡出站後沿E Houston St前行至Orchard St右轉，約5分鐘路程

　　兼具餐廳與Lounge Bar的Stanton Social，由名廚Chris Santos，和Tao、Lavo等高級餐廳的經營者Richard Wolf共同打造。狹長型的店面，以挑高近3層樓高的空間與燈光，營造出派對般的氣氛，為了要如店名般，讓來到這裡的客人能跟好友們盡情地交流(Social)，主廚特別設計了各款無國籍分享料理，讓同桌的朋友可以交換同享，大家可以點用新鮮的生蠔拼盤，融合中式與墨西哥風味的鮪魚雲吞塔可餅(Taco)，或是特別的辛香羊排，當然交流聚會中必備的各式酒類，這裡也是一應俱全。

**1**餐廳內的氣氛總是非常熱鬧 **2 3 4 5**可與同行朋友共享的各式無國籍美食

特色美食

多樣紐約「第一」的各式甜點

# Clinton Street Baking Company

MAP P.216 / D1

出地鐵站步行約5分鐘

**DATA**

http clintonstreetbaking.com ✉4 Clinton St(Btw E Houston & Stanton St) ☎(646)602-6263 🕐週一～六08:00～17:00、18:00～23:00，週日08:00～18:00 ㊡無休 💲均消約$20～25 ➡出站後沿E Houston St前行至Clinton St右轉，約5分鐘路程

這間位於Clinton街的小餐廳與烘焙坊，沒有起眼的外觀，但卻有著多個「第一」商品的傲人事績，包括紐約媒體票選「第一」的鬆餅、馬芬、奶油酥餅、甜派，以及Top 10的早餐等，種種的殊榮，讓這家小店每天門庭若市。店內的招牌現烤鬆餅，真的會讓你一試成主顧，外酥內軟的口感，與撲鼻而來的奶油香，搭配上店家特製的溫熱楓糖漿與酸甜新鮮藍莓，保證顛覆各位對於鬆餅的印象。

此外，每年2月是這裡的「鬆餅月」，主廚每天推出當日的限定口味，包括香蕉、椰子、檸檬卡式達與桑椹等多種口味，這可是只有在這個月才能品嘗到的喔！

**1 2** 外帶區與內用座位區 **3 4 5** 店內提供的輕食餐點 **6** 票選第一的藍莓鬆餅 **7** 2月鬆餅月推出的限定口味

221

# ACE

號線：曼哈頓下方精華地區

# ACE

## 下曼哈頓 Lower Manhattan
### 紐約著名的金融商業區

# 世貿中心站
## World Trade Center

活動範圍：左Vesey St以南、右Worth St以南

世貿中心站 (World Trade Center)
E 2 3

堅尼街站(Canal St)
A C E

春日街站(Spring St)
C E

西4街-華盛頓廣場站 (W 4 St- Wash Sq)
B D F M A C E

14街站(14th St)
A C E L

23街站(23rd St)
C E

34街-賓州車站站 (34 St-Penn Station)
A C E

E號線終點站

Uptown & Queens →

# 紐約達人 *New York*
# 3大推薦地

## 作者最愛
### 砲台公園

　　兼具觀光與歷史意義的河濱公園，除了各式紀念碑與古蹟外，還能欣賞遠處自由女神像的風采。(見P.234)

## 焦點必訪
### 911紀念園

　　世貿雙塔遺址改建的紀念館，除了經由「倒映虛空」的水池緬懷過去外，也可在此遠望嶄新的世貿中心。(見P.230)

## 紐約客推薦
### 布魯克菲爾德廣場

　　由世界金融中心改建的複合式廣場，成為附近上班族小憩的園地，其中高級餐廳與商場亦頗具特色。(見P.231)

Steve

位於翠貝卡、中國城與下東區以南的區塊，統稱為「下曼哈頓」(Lower Manhattan)，這裡是紐約的新舊交會之處，亦是曼哈頓最具歷史意義的街區。17世紀荷蘭人最早在此登陸殖民，也是「新阿姆斯特丹」(New Amsterdam)時期首先開發的區域，因此下曼哈頓的街道，不像中城與上城為經過規畫的棋盤格分布，而是由大大小小的街道交錯縱橫，許多深具歷史風華的建築也在當時興建完成。到了19世紀，各類金融機構開始進駐下曼哈頓，在摩天大樓競賽下，一棟比一棟宏偉的建物紛紛落成，讓這裡搖身一變，成為紐約的「金融區」(Financial District)。

　　然而，如此樹大招風的形象，也不幸讓這個區域成為2001年911恐怖攻擊的目標，並一度陷入斷垣殘壁的景象中；事隔10多年後的今日，全新的世貿中心1號塔已宣布完工，舊世貿大樓遺址也改建為具有紀念意義的911紀念園，來自全球的觀光客們，亦重新回到此區，遊覽著名歷史景點、乘船拜訪自由女神像與艾利斯島，以及在大型Century 21 Outlet百貨中購物血拼。此外，全新的「布魯克菲爾德廣場」、「富頓中心」、「西田購物中心」與「南街海港」等，於近日陸續揭幕，為下曼哈頓地區帶來嶄新的氣象。

### 全球最有影響力的金融市場

**華爾街**
Wall Street

MAP P.226／C3

出地鐵站
步行約10分鐘

**DATA**

➥ 出站後沿Church St前行至Rector St左轉，約10分鐘路程

　17世紀來自荷蘭的殖民者，為了管理非洲的黑奴，以及抵抗印第安原住民和英國殖民者的入侵，曾經在下曼哈頓築起一道高牆，1699年時這道牆雖被拆除，卻留下了「Wall Street」這個街道名稱；隨著金融相關機構的陸續設立，這條「牆街」變成了象徵美國財富和經濟實力的「華爾街」，共有2,900多家金融和外貿機構，密密麻麻地分布在這條長度僅約540公尺的狹窄街道，全球知名的紐約證券交易所、美國證券交易所、紐約商業交易所與紐約期貨交易所等，都是位於此處，可說是對全球經濟最具影響力的金融市場。

### 紐約金融區的精神象徵

**銅牛雕塑**
Charging Bull

MAP P.226／B4

出地鐵站
步行約10分鐘

**DATA**

➥ 出站後沿Church St前行至Rector St左轉，約10分鐘路程

　紐約金融區的另一個地標，為三角公園(Bowling Green Park)上的銅牛，這個街頭雕塑於1989年由藝術家Arturo Di Modica打造，原先只是突發奇想的認為，若是把自己的大型作品放在華爾街上，一定能聲名大噪，於是他以股市長紅的「牛市」(金融術語)為靈感，打造了這隻大型銅牛，並在某天夜晚運送至小公園中，隔天清晨這個龐然大物，果真引起媒體爭相報導。最後這隻銅牛以高價售出，但藝術家規定，買家必須將其留在原地，並捐贈為紐約市公共財，自此之後，銅牛就成為了金融區的精神象徵與遊客必訪景點。

1 2 3 繁忙的華爾街街頭景象 4 紐約警察們騎著馬在區域內巡邏以維持治安

遊賞去處
**DATA**

全球股市交易的指標
# 紐約證券交易所
## New York Stock Exchange

MAP P.226／B3

出地鐵站
步行約10分鐘

http nyse.nyx.com ✉11 Wall St(Btw Broad & New St) ☎(212)656-3000
◎內部不對外開放 ➡出站後沿Church St前行至Rector St左轉，約10分
鐘路程

　　華爾街上一棟醒目的古典建築，為遠近馳名的紐約證券交易
所。這裡的起源可回溯到1792年，當時共有24個證券經紀人，
在華爾街68號附近的梧桐樹下，簽署了一份協議，而這份被稱
為「梧桐樹協議」的文件，即為日後紐約證交所組織章程的前
身。目前這裡是全球股市交易量第二大的交易所(僅次於那斯達
克)，共有超過2,800間公司在此上市，但相當可惜的是，原本
可開放參觀的教育中心，在911事件後已停止對外開放，僅有相
關學術團體經申請後可入內參觀。　　　　　　證券交易所的聖誕燈飾

遊賞去處
**DATA**

見證美國、紐約的發展
# 聯邦國家紀念堂
## Federal Hall National Memorial

MAP P.226／C3

出地鐵站
步行約10分鐘

http www.nps.gov/feha ✉26 Wall St(Btw Board & William St) ☎(212)
825-6990 ◎週一～五09:00～17:00 休週六～日 $免費參觀 ➡出站後
沿Church St前行至Rector St左轉，約10分鐘路程

　　聯邦國家紀念堂位於華爾街上，是另一棟具有歷史意義的建
築，它在不同的年代曾扮演過各種重要的角色。1789年時紐約
曾為美國的首都，首任總統華盛頓就是在此宣誓就職，紀念堂
前的華盛頓銅像即來自這個典故；1790年代初期，隨著首都遷

移至費城，這裡轉作為紐約市政府的
辦公廳舍，直到1812年再度變更為海
關大樓。到了今日，這棟氣勢磅礡的
古蹟建築，早已沒有任何公家機關於
此辦公，而是成為供民眾參觀的聯邦
國家紀念堂。

■1 ■2紀念堂外觀與華盛頓總統銅像 ■3紀念堂
大廳 ■4 ■5館內展出的歷史文物與照片

遊賞去處

**列為國家史蹟的公家機關大樓**

MAP P.226／C1
出地鐵站
步行約3分鐘

# 紐約市政廳
## New York City Hall

**DATA**

httpwww.nyc.gov ✉City Hall Park(Btw Broadway & Centre St) ◉內部不對外開放 ➡出站後沿Barclay St接Centre St前行，約3分鐘路程

於1812年完工的紐約市政廳，接替了聯邦國家紀念堂原本的政府廳舍功能，這棟充滿文藝復興風格的建築，不但名列國家史蹟名錄，目前還是全美最古老、且仍具有辦公功能的建築，包括市長辦公室與市議會等均設於其中。遊客們可以參觀的部分，為前方的三角公園、公園內的美麗噴泉和四周的新穎裝置藝術，此外，市政廳周邊氣派古典的紐約最高法院大樓(New York State Supreme Court Building)，與美國紐約南區聯邦地區法院(Thurgood Marshall United States Courthouse)等建築，也都值得拍照留念。

**1**市政廳附近的紐約最高法院大樓 **2**市政廳周邊的裝置藝術 **3**美國紐約南區聯邦地區法院 **4 5 6**氣勢雄偉的紐約市政廳

遊賞去處

**紐約宗教建築的經典代表**

MAP P.226／B3
出地鐵站
步行約10分鐘

# 聖三一教堂
## Trinity Church

**DATA**

httpwww.trinitywallstreet.org ✉Broadway & Wall St ☎(212)602-0800 ◉週一～五07:00～18:00、週六08:00～16:00、週日07:00～16:00 休無休 $免費參觀 ➡出站後沿Church St接Trinity Pl前行，在Rector St左轉至Broadway再左轉，約10分鐘路程

落成於1698年的聖三一教堂，曾經是紐約最高的建築，其哥德式的尖塔外觀與名師Richard Morris Hunt設計的大門，至今仍是紐約建築藝術的經典，教堂內部的彩繪玻璃窗戶、典雅祭壇、文物展示廳與美術館等，都是值得參觀的部分，教堂外則有多位名人的安息地，美國人對於墓園沒有太多的忌諱，許多人來訪時也會到此參觀與追思。

聖三一教堂著名的尖塔堂頂

遊賞去處

**反恐與追求和平的紀念遺址**

# 911紀念園、世貿中心1號樓
## 911 Memorial、One World Trade Center

**DATA**

🌐www.911memorial.org、oneworldobservatory.com
✉**911紀念園區：**180 Greenwich Street，**世貿中心觀景台：**285 Fulton Street ☎(212)266-5211、(844)696-1776 🕐**911紀念池：**07:30～21:00；911紀念館：週日～四09:00～20:00、週五～六09:00～21:00；**世貿中心觀景台：**09:00～20:00(5～9月至22:00) ⓧ無休 💲**911紀念館：**成人$24、7～17歲$15、65歲以上$18，建議上網預約時段，週二17:00後可免費領票參觀，也可先上網登記；**911紀念池：**免費；**世貿中心觀景台：**成人$37、6～12歲$31、65歲以上$35，上網預購指定時段可享折扣 ➡依車站內指標出站即達

　　世界貿易中心是金融區另一大地標，原本的世貿雙塔，在2001年發生的911恐怖攻擊中夷為平地，也一度重創了金融區的興盛繁榮；12年後的今日，原本荒廢的舊址已改建為「911紀念園」，而全新的「世貿中心1號樓」也在紐約市民的引頸期盼下完工，這棟在不同角度呈現出不同樣貌的嶄新建築，已成為西半球最高的摩天大樓，高樓層的展望台亦正式開放參觀。

　　「911紀念園」分為紀念館(Museum)與世貿遺址紀念池(Ground Zero Memorial)兩部分。紀念館中展示了911事件的歷史照片與紀念資料，入口處的兩根三叉形鋼柱，則是於災後廢墟中被發現的世貿雙塔部分結構；世貿遺址紀念池則是原本雙塔的所在位置，設計師Michael Arad將南塔與北塔的方形地基，改建為陷入地底的瀑布池塘，以「倒映虛空」的概念，讓參訪者反思過去曾經存在，但此時卻已經失去的人事物，水池四周的大理石上，撰刻著罹難者的姓名，代表世人永遠的悼念。

**1**從高空俯瞰911紀念園與新世貿中心1號樓(圖片提供／劉若軍) **2 4**「倒映虛空」的瀑布池塘，為雙塔大樓的原址 **3**有多種語言版本的園區簡介

商業大樓間的綠色花園

# 布魯克菲爾德廣場
## Brookfield Place

MAP P.226／A2

出地鐵站
步行約8分鐘

遊賞去處
**DATA**

brookfieldplaceny.com ✉200 Vesey St(Btw West St & North End Ave)
📞(212)417-7000 ⏰06:00～24:00(各店略異) 🚫無休 💲免費參觀 ➡出站後沿
Church St前行至Vesey St右轉，約8分鐘路程

　　布魯克菲爾德廣場的前身為「世界金融中心」，這座由4棟高樓組成的建築群中，包括了美林集團、美國運通與華爾街日報等大型企業；隨著新世貿中心誕生，許多精品住宅建案也於下曼哈頓陸續完工，讓此區域除了商業機能外，也出現更多購物、美食與娛樂方面的需求，世界金融中心的擁有者布魯克菲爾德集團，遂決定從2013年起將這裡改為現在的名稱，並陸續引進國際品牌商店、SAKS百貨與特色餐廳，樓中還設有占地廣大的有機超市與精緻美食廣場。除了名店區外，位於大樓中庭的「冬之花園」(Winter Garden)也是不可錯過的經典，這裡雖然名為「Winter」，卻遍布著充滿島嶼氣氛的棕櫚樹，樹下還設置了座位區，讓附近忙碌的上班族們能前來小憩片刻。

　　另外在每一季還有不同的大型裝置藝術展示，其中冬季的聲光秀已成為紐約最新的聖誕景點。

**1 2 4**全新落成的商場區域 **3**聖誕時節的藝術燈飾 **5**冬季的室外溜冰場
**6 7 8**超市與美食區域 **9**著名的冬之花園

浴火重生的展翅飛鳥

# 飛鳥車站
# 西田購物中心
## Oculus/ Westfield World Trade Center

**DATA**

🌐www.westfield.com/wtc ✉185 Greenwich St(Btw Vesey St & Cortland St)
📞(212)284-9982 🕐10:00～21:00(各店略異) 🚇出站即達

　　911事件之前的世貿雙塔除了重要的金融商務機能外，還兼具地鐵交通樞紐的重任，這十多年間通勤族們只能暫時利用臨時車站來往，並期盼著全新地鐵轉運站的落成。2016年底，這座耗時12年、花費近美金40億的飛鳥車站(Oculus)終於正式揭幕，來自西班牙的設計師Santiago Calatrava以飛翔的和平鴿為設計概念，象徵著下曼哈頓地區的「浴火重生、展翅高飛」。由於車站的架構與空間設計特殊，在建造途中曾不斷增加經費與延後工時，也因此遭受輿論的非議，然而落成後的飛鳥車站，不但以磅礴的氣勢平息眾議，更讓紐約客們讚歎不已。

飛鳥車站內外以白色大理石打造，占地約3萬平方公尺，中庭的空心挑高設計，讓陽光自然透入，除了讓旅客毫無壓迫感外，還可在開闊的空間中舉辦不同的展覽與活動。車站高樓層部分則為國際知名澳洲百貨集團Westfield打造的西田購物中心，西田集團期許將這裡打造為全球第一的購物中心，以時尚簡約的商場設計引進Apple Store、Dior、Hugo Boss、Kate Spade、COS與H&M等多個不同等級的品牌，餐飲名店Lady M與Eataly等也陸續進駐，讓這裡立即成為紐約人氣第一的新去處，除了高規格的硬體設備外，中心內還選用了多項數位化新科技如大型投影牆面與專屬的APP等，讓消費者感受新時代的脈動。

1彷彿飛鳥展翅的特殊外觀 256以白色大理石打造的建築內部 3館內國際品牌齊聚 4789餐飲名店Eataly打造的美食專區

---

遊賞去處 DATA

**嶄新明亮的地鐵站商圈**

# 富頓中心
## Fulton Center

MAP P.226／B2
出地鐵站
步行約5分鐘

http www.fultoncenternyc.com ✉200 Broadway(Btw Fulton St & John St) ☎(212)590-5020 ⏰10:00〜21:00(各店略異) ➡出站後穿西田購物中心依指示標即達，步行約5分鐘

與西田廣場地下相連結的富頓中心也是下曼哈段地區嶄新的地鐵轉運站，早先一步於2014年底完工，成為Fulton St站紅、綠與棕線的轉乘點，並與飛鳥車站底下的藍、黃線與紐澤西的Path地鐵連通。整棟建築由曾打造伊斯坦堡世界最大機場與皇后區美術館等大型建物的英國建築事務所Grimshaw規畫，和飛鳥車站一樣造價不菲，其中圓形玻璃帷幕的屋頂與整棟的透光設計，一改大眾對於地鐵車站幽暗封閉的印象，中庭四周的環狀LED螢幕更為富頓中心增添了幾分科技感。

轉運站當中的餐廳與商店一樣由西田集團營運，其中包括了占地整層樓的Shake Shack漢堡、巧克力名店Neuhaus與頂級文具Moleskine等等，還有多間提供外帶餐點的咖啡廳、日式便當與三明治專賣店，讓旅客們能有更豐富的選擇。

14充滿科技感的室內設計 23各類型的飲食名店

期待未來、重新再出發
## 南街海港
### South Street Seaport

**MAP P.226／D3**
出地鐵站
步行約15分鐘

http www.southstreetseaport.com ☎ (212)732-8257 ◎約
10:00～21:00，各店略異 ⊗無休 ⑤免費參觀 ➡出站後沿
Church St前行至Fulton St左轉，約15分鐘路程

位於曼哈頓東河(East River)沿岸的南街海港與下
曼哈頓的其他區域，有著相當不同的特色，沒有金融
區的匆忙步調，反而帶著點港口碼頭的休閒風格，
過去區域中最主要的商場為碼頭倉庫改建的Pier 17
，此商場與周邊的商店、餐廳與博物館等，於2013
年末結束並展開大規模的區域重建計畫。2016年重
新開幕的南街海港商圈，不但以更摩登的都會面貌示
人，眾多時尚品牌與餐飲名店也陸續進駐，包括Jean
Georges、Momofuku與By Chloe等等，讓整個區域
煥然一新，成為紐約客休閒、購物與用餐的新去處。

**1**Hornblower遊客中心的全新休憩設施 **2**改裝更新後的
遊艇碼頭區 **3**改裝期間的臨時店面與活動場地

具紀念意義的銅像與雕塑
## 砲台公園
### Battery Park

**MAP P.226／B5**
出地鐵站
步行約15分鐘

http www.thebattery.org ➡出站後沿Church St接Trinity Pl前
行，約15分鐘路程

位於曼哈頓島西南角的
砲台公園，是19世紀經填
海造陸工程而形成的海岸防
衛地，隨著軍事角色功成身
退，這裡被改造為兼具休閒
與紀念意義的觀光公園。公
園中保留了一座大型的加農

砲，除了紀念過去對抗英軍的獨立戰爭，也成為公園
名稱的由來；此外還能見到舊軍事城堡改建的「柯林
頓城堡紀念館」(Castle Clinton National Monument)
、美國水手紀念像、韓戰紀念碑、東海岸紀念碑，以
及多位歷史名人的雕塑。

**1**東海岸紀念碑 **2**原本位於911遺址的世界和平紀念雕塑，於事
件後保存的模樣 **3**移民歷史紀念雕塑 **4**美國水手紀念像 **5**韓戰
紀念碑 **6**公園中的柯林頓城堡，也是前往自由女神像的船票購
票處

世界文化遺產

遊賞去處

美國、紐約的精神象徵

# 自由女神像
# 艾利斯島
## Statue of Liberty、Ellis Island

MAP P.226 / B5

出地鐵站
步行約15分鐘

**DATA**

http www.statuecruises.com ☎ (877)523-9849 ⏰ 觀光船首班09:30、末班15:30，由砲台公園出發，詳細時間表請見網站 💲請見下表 ➡ 購票與取票處位於柯林頓城堡紀念館前，乘船處位於砲台公園西側，出站後沿Church St接Trinity Pl前行，約15分鐘路程

| 行程 | 參觀內容 | 成人 | 62歲以上 | 4~12歲 | 備註 |
|------|---------|------|---------|--------|------|
| A | 觀光船+兩島陸面 | $18 | $14 | $9 | |
| B | A行程+女神基座觀景台(Pedestal) | $18 | $14 | $9 | 名額有限，建議上網預約 |
| C | A、B行程+王冠觀景台(Crown) | $21 | $17 | $12 | 名額有限，建議上網預約 |

自由女神像是紐約、甚至全美國的精神象徵，這座手舉火炬的女神雕像，是1876年美國建國百年時，法國贈送的禮物，雕塑家Edouard Rene de Laboulaye參考了塞納河畔的自由女神像，並以自己母親的容貌與妻子的手臂為樣本，創造出這座高152英呎的巨型雕塑作品，其半成品運送至美國後，歷時10年才組裝完成，而女神像所在的小島，也命名為「自由島」(Liberty Island)。

女神王冠的7個尖角，代表7大陸與7大洋，以金箔覆蓋的火炬，象徵著移民們的希望光輝，女神左手上的書本，為美國的獨立宣言，而左腳長袍下隱約可見的腳鍊，則意謂著專制與奴隸制度的解放。除了具有藝術觀賞價值外，其王冠與基座各打造了兩個不同高度的觀景台，讓參訪民眾能在此眺望曼哈頓島的美景，王冠部分曾因911事件與珊迪風災而暫時關閉，重新裝修後已於2013年美國國慶日重新開放參觀。

艾利斯島(Ellis Island)位於自由島不遠處，19世紀晚期曾是美國移民的報到處與集中管理地，曾有超過2千萬名追尋美國夢的移民們，在進入美國本土前，先在此島居住與接受移民官員審核，讓這裡又有「移民島」之稱。現今的艾利斯島上，設有「移民博物館」(Immigration Museum)，展示當年的「美國之門」、「入境大廳」以及各式珍貴史料，館外還有一整面寫滿移民者姓名的「榮譽牆」。

自由女神像觀光船停靠「自由島」與「艾利斯島」兩站，凡購票者均可下船參觀，而王冠與基座觀景台每日開放人數有限，建議大家可事先上網訂票；至於只想遠望女神像的朋友，建議可選擇搭乘免費的「史泰登島渡輪」(Staten Island Ferry) (P.273)。

搭地鐵玩遍
**紐約**

New Yo

紐約除了曼哈頓島外，還包括了「布魯克林」、「皇后區」、「布朗士」和「史泰登島」等4個行政區，這些位於曼哈頓外圍的區域，自1898年起劃入紐約市的範圍中，並陸續以地鐵路線相互連結。如果你的紐約之旅僅停留在曼哈頓市區，那麼可不能說是真正覽盡紐約的全貌，這些外圍的區域裡，不但擁有多元的文化背景，等著你去發掘，還有各具特色的巷弄街區，等著你去探索，在這個單元中，我們將帶領各位以分區的方式，體驗不同於曼哈頓的迷人紐約。

獨具魅力的紐約其他地區小旅行

布鲁克林
Brooklyn

**布**魯克林位於曼哈頓東南方，共有超過250萬人口居住其中，為紐約居民最多的一個區域，並且擁有多元的族群分布，包括非裔社群、猶太社群、義大利社群、拉丁社群與華人社群等等；許多朋友對於這個區域的刻板印象，來自於1980年代的電影，這些帶有黑暗與危險色彩的早期作品，讓人對布魯克林產生治安不良的觀感。

然而經過紐約政府的努力，現今的布魯克林早已安全無虞，近年來隨著房價的水漲船高，許多紐約客們紛紛選擇於鄰近曼哈頓的威廉斯堡(Williamsburg)，或環境優美的公園坡(Park Slope)定居，不少藝術家與設計師也陸續前來鄧波區(DUMBO)設置工作室，讓整個區域逐漸轉型，成為充滿藝術與文化的街區，因此也孕育出布魯克林特有的街頭時尚。

# 布魯克林

## Brooklyn

### 新興時髦風格、濃厚街頭文化

# 威廉斯堡

## Williamsburg

14街-聯合廣場站
(14th St - Union Sq)
Ⓛ Ⓝ Ⓠ Ⓡ ④ ⑤ ⑥

第三大道站(3 Av)
Ⓛ

第一大道站(1 Av)
Ⓛ

貝福德大道站(Bedford Ave)
Ⓛ

羅利獸街站(Lorimer St)
Ⓛ Ⓖ

葛拉罕大道站(Graham Av)
Ⓛ

格蘭街站
(Grand St)
Ⓛ

←8th Ave

East River

←Mahattan

Brooklyn / Canarsie Rockaway Pkwy→

威廉斯堡周邊街道圖

Kent Ave
Wythe Ave
N 14th St
N 13th St
Brooklyn Brewery
Beacon's Closet
N 12th St
N 11th St
Berry St
N 10th St
N 9th St
N 8th St
N 7th St
Bedford Ave
Sea
N 6th St
Monk Vintage Thrift Shop
Buffalo Exchange
N 5th St
Driggs Ave
KCDC
N 4th St
貝福德大道站
Bedford Ave
Roebling St
N 3rd St
218 Bedford Ave
北
The Bagel Store
Peter Luger Steak House

位於威廉斯堡橋下的本區，與曼哈頓的下東區僅有一站之隔，原本以猶太社群為主，後來因為便利的交通與寧靜的環境，吸引許多通勤族前來定居，但近年來隨著新公寓建案的發展，這裡的房價也已不亞於曼哈頓地區了；其中Bedford大道的周邊，陸續開起了特色服裝店、藝廊、酒吧與餐廳等，讓威廉斯堡區逐漸成為新興的時髦區域。

於此開業的服裝店，有志一同地未讓大品牌進入，而是以二手古著、店主自行帶貨的精品店，或是設計師服裝為主，搭配上路旁販售手工飾品、中古唱片書籍和藝術家塗鴉作畫的攤位，呈現出濃厚的街頭與嬉皮氣息，假日時總能見到穿著打扮和曼哈頓風格全然不同的有型男女們，在各式小店中找尋獨一無二的服裝配件，至於喜歡美食的朋友，也別錯過全美評選第一的牛排館，與曾為影集《慾望城市》拍攝景點的時尚餐廳。

### 購物血拼

樣式特殊的二手服飾

# Monk Vintage Thrift Shop

MAP P.241 / C3
出地鐵站
步行約5分鐘

**DATA**

✉496 Driggs Ave(Btw N 9th & N 10th St) ☎(718)384-6665
🕐週日～四11:00～20:00、週五～六11:00～21:00 休無休 ➡
出站後沿7th St至Driggs Ave左轉前行，約5分鐘路程

Monk以蒐羅1970～1980年代的二手古著為主，商品來源包括美國本地與歐洲跳蚤市場，店內也收購二手服飾，不過款式得要特別，不然很可能會被老闆打回票喔！

### 購物血拼

販售、收購多樣二手衣飾

# Beacon's Closet

MAP P.241 / B1
出地鐵站
步行約8分鐘

**DATA**

🌐www.beaconscloset.com ✉88 N 11th St(Btw Wythe Ave
& Berry St) ☎(718)486-0816 🕐週一～五11:00～21:00、
週六～日11:00～20:00 休無休 ➡出站後沿Bedford Ave至N
11th St左轉前行，約8分鐘路程

威廉斯堡另一家大型二手服飾專賣店，商品類型相當多元，從1970年代二手衣物、八成新的潮牌服飾和過季的名牌包均有，想要出售商品的朋友，不妨也帶來這裡估個價囉！

### 購物血拼

年輕爲主、特色專門

# 218 Bedford Ave

MAP P.241 / B3
出地鐵站
步行約3分鐘

**DATA**

✉218 Bedford Ave(Btw N 4th & N 5th St) ☎(718)388-2720
🕐每日12:00～20:00，各店略異 休無休 ➡出站後沿Bedford
Ave前行，約3分鐘路程

集結數家年輕特色店鋪的小型商場空間，包括前衛的理髮廳、可愛的糖果店、民族風古著店，以及各式包包配件專賣店等，頗有台北東區後巷小店的氣氛。

近似新品的二手服飾

購物血拼

# Buffalo Exchange

MAP P.241／C3

出地鐵站
步行約5分鐘

**DATA**

www.buffaloexchange.com ✉504 Driggs Ave(Btw N 9th & N 10th St) ☎(718)384-6901 ◎週一～六11:00～20:00、週日12:00～19:00 休無休 ➡出站後沿7th St至Driggs Ave左轉前行，約5分鐘路程

紐約知名的街頭潮流品牌二手專賣店，商品多半為7、8成新以上的狀態，且依照類別與尺寸陳列，除販售外也收購二手服飾，店內設有專人鑑定與估價，可選擇兌換現金或店內購物金。

有室內滑板場的主題專賣店

購物血拼

# KCDC

MAP P.241／A3

出地鐵站
步行約8分鐘

**DATA**

kcdcskateshop.com ✉85 N 3rd St(Btw Wythe Ave & Berry St) ☎(718)387-9006 ◎每日12:00～20:00 休無休 ➡出站後沿Bedford Ave至N 3rd St右轉，約8分鐘路程

以滑板服飾配件為主，引進的品牌包括Brixton、Etnies、Vans與Wesc等，店中另設置大型室內滑板場，常能見到滑板高手們在場上躍動的英姿。

網路新星彩虹焙果

特色美食

# The Bagel Store

MAP P.241／A3

出地鐵站
步行約10分鐘

**DATA**

www.thebagelstoreonline.com ✉349 Bedford Ave(Btw S 3rd ＆S 4th St) ◎07:00～17:00 休無休 💲均消約$5～10 ➡出站後沿Bedford Ave前行，約10分鐘路程

開業超過20年的焙果老店，店主Scot Rossillo獨創的彩虹焙果原本銷售平平，但近日因名人們在Instagram轉貼而瞬間爆紅，略甜的口感適合搭配甜口味的起司醬，別忘了拍照上傳！

1 2 Monk Vintage Thrift Shop 3 4 Beacon's Closet
5 6 7 218 Bedford Ave 8 9 Buffalo Exchange 10 11 12 KCDC
13 The Bagel Store

## 《慾望城市》的泰式餐廳
# Sea

MAP P.241／A2
出地鐵站
步行約5分鐘

**DATA**

🌐www.seathainyc.com ✉114 N 6th St(Btw Wythe Ave & Berry St) ☎(718)384-8850 🕐週日～四11:30～翌日00:15、週五～六11:30～翌日01:15 休無休 💲均消約$20～25 ➡出站後沿Bedford Ave至N 6th St右轉前行，約5分鐘路程

　威廉斯堡的泰式料理名店，店中央的水中大佛裝飾，因美國影集《慾望城市》取景而走紅，裡面彷彿夜店的氣氛，可說是越晚越熱鬧！

## 在地品牌的鮮釀啤酒
# Brooklyn Brewery

MAP P.241／B1
出地鐵站
步行約8分鐘

**DATA**

🌐brooklynbrewery.com ✉79 N 11th St(Btw Wythe Ave & Berry St) ☎(718)486-7422 🕐週五06:00～23:00、週六12:00～20:00、週日12:00～18:00 休週一～四 💲均消約$10～15 ➡出站後沿Bedford Ave至N 11th St左轉前行，約8分鐘路程

　布魯克林在地啤酒品牌的釀酒廠，定時提供免費參觀導覽的行程與試飲活動，遊客還可於附設的啤酒吧中繼續暢飲，感受布魯克林式的派對樂趣。

## 全美第一牛排，分量超滿足
# Peter Luger Steak House

MAP P.241／B3
出地鐵站
步行約10分鐘

**DATA**

🌐peterluger.com ✉178 Broadway (Btw Driggs & Bedford Ave) ☎(718)387-7400 🕐週一～四11:30～21:30、週五～六11:30～22:30、週日12:30～21:30 休無休 💲均消約$65～70 ➡出站後沿7th St至Driggs Ave右轉前行，約10分鐘路程

　裝潢傳統的老店，卻擁有蟬聯全美第一的牛排，每日由專人精挑細選頂級牛肉，再經過脫水熟成，半熟的炭烤方式讓外表焦黑，但切開後卻鮮嫩順口、肉汁四溢，搭配加點的超厚切烤培根，是這裡另一必點菜色，由於牛排分量超大，建議多人一起共享！

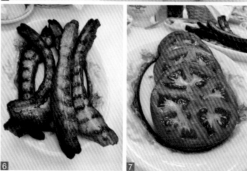

1 2 Sea　3 4 Brooklyn Brewery　5 6 7 Peter Luger Steak House

# 布魯克林
## Brooklyn
### 碼頭工廠蛻變的藝文街區

# 鄧波區
## DUMBO

第二大道站(2 Av)
Ⓕ

地蘭西街-亞瑟斯街站
(Delancey St-Essex St)
ⒻⓂⒿⓏ

東百老匯大道站
(East Broadway)
Ⓕ

約克街站(York St)
Ⓕ

傑街-大都會科技中心站
(Jay St-MetroTech)
ⒻⒶⒸⓇ

伯根街站(Bergen St)
ⒻⒼ

卡羅街站
(Carroll St)
ⒻⒼ

←Uptown / Queens

←Mahattan

Brooklyn / Coney Island→

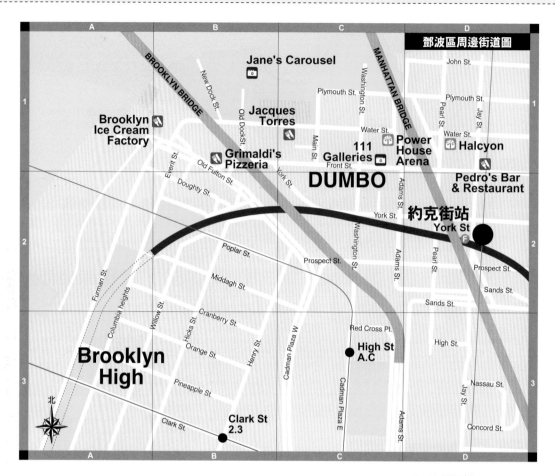

BROOKLYN BRIDGE

MANHATTAN BRIDGE

Jane's Carousel

Brooklyn
Ice Cream
Factory

Jacques
Torres

Grimaldi's
Pizzeria

111
Galleries

Power
House
Arena

Halcyon

DUMBO

Pedro's Bar
& Restaurant

約克街站
York St

Brooklyn
High

High St
A.C

Clark St
2.3

John St.

Plymouth St.

Plymouth St.

New Dock St.

Old Dock St.

Washington St.

Water St.

Main St.

Front St.

York St.

Adams St.

Pearl St.

Jay St.

Water St.

York St.

Everit St.

Old Fulton St.

Doughty St.

Poplar St.

Prospect St.

Washington St.

Adams St.

Pearl St.

Prospect St.

Middagh St.

Sands St.

Furman St.

Columbia heights

Willow St.

Cranberry St.

Hicks St.

Orange St.

Henry St.

Cadman Plaza W

Red Cross Pl.

High St.

Sands St.

Pineapple St.

Cadman Plaza E

Jay St.

Nassau St.

北

Clark St.

Adams St.

Concord St.

鄧波區(DUMBO)是「Down Under the Manhattan Bridge Overpass」 的縮寫，指的是曼哈頓橋頭下的區域，由於和卡通人物小飛象同名，因此也有人暱稱這裡為「小飛象區」。鄧波區原本僅散布著碼頭倉庫與工廠，從1970年代開始，隨著廠房逐漸被廢棄，許多新興藝術家開始進駐，而逐漸蛻變為充滿藝術、文化與時尚的街區，街巷中也陸續開設了各類藝廊、工作室及特色商店。

近年來鄧波區可遊覽的區域不斷擴張，目前已從曼哈頓橋頭延伸至布魯克林大橋下。布魯克林大橋橫越紐約東河，是全世界第一座使用鋼鐵纜線的懸吊橋，其哥德式雙拱門的宏偉橋墩，也成為紐約著名的地標，除了搭地鐵前來外，很多遊客也會選擇徒步的方式，從曼哈頓穿越布魯克林大橋走到鄧波區呢！

## 鄧波區的藝術指標

遊賞去處

# 111 Galleries

MAP P.246 / C1
出地鐵站
步行約5分鐘

**DATA**

🌐www.safetgallery.com/FrontStreetGalleries ✉111 Front St(Btw Adams & Washington St) ☎(718)596-8781 🕐各藝廊不同，約12:00～21:00 💲免費參觀 ➡出站後沿Jay St至 Front St左轉前行，約5分鐘路程

鄧波區最有名的藝廊111 Galleries，包含14個不同風格的藝術展場，許多藝術愛好者在這棟樓中，就能流連忘返一整天呢！

## 復古夢幻的兒時回憶

遊賞去處

# Jane's Carousel

MAP P.246 / B1
出地鐵站
步行約8分鐘

**DATA**

🌐janescarousel.com ✉Brooklyn Bridge Park(可由Dock St或Main St進入) ☎(718)222-2502 🕐冬季：週四～日 11:00～18:00，其餘公休；夏季：除週二公休外，每日11:00 ～19:00 💲每次$2 ➡出站後沿Jay St至Water St左轉前行，約8分鐘路程

位於河畔的大型骨董旋轉木馬，建造於1920年代，是由收藏家Jane Walentas所捐贈，經過工匠的巧手改造，變身為本區最新的夢幻景點。

## 老唱片與新服飾的另類結合

購物血拼

# Halcyon

MAP P.246 / D1
出地鐵站
步行約5分鐘

**DATA**

🌐halcyontheshop.com ✉57 Pearl St(Btw Water & Front St) ☎(718)260-9299 🕐週一～五10:00～21:00、週六12:00 ～20:00、週日12:00～18:00 🚫無休 ➡出站後沿Jay St至 Water St左轉前行，約5分鐘路程

風格前衛的Halcyon，是鄧波區最酷的唱片專賣店，除了各式的CD與黑膠唱片外，店家還引進設計師潮流服飾與配件，吸引許多時髦男女前往。

1️⃣111 Galleries 2️⃣3️⃣4️⃣Jane's Carousel 5️⃣6️⃣Halcyon

## 聞香書海、享受美好時刻

# Power House Arena

MAP P.246 / C1
出地鐵站
步行約5分鐘

**DATA**

http powerhousearena.com ✉28 Adams St(Btw Water & Fron St) ☎(718)666-3049 ⊙週一～三10:00～19:00、週四～五10:00～20:00、週六11:00～20:00、週日11:00～19:00 休無休 ➡出站後沿Jay St至Water St左轉前行,約5分鐘路程

充滿藝文氣息的Power House Arena,除了擁有各類型的書籍雜誌外,也時常在店內舉辦藝術展覽與表演活動,各位不妨來到這裡,靜靜地拿本書,享受幸福的午後時光。

## 享受純手工巧克力的甜蜜

# Jacques Torres

MAP P.246 / C1
出地鐵站
步行約5分鐘

**DATA**

http www.mrchocolate.com ✉66 Water St(Btw Dock & Main St) ☎(718)875-1269 ⊙週一～六09:00～20:00、週日10:00～18:00 休無休 💲均消約$5～10 ➡出站後沿Jay St至Water St左轉前行,約5分鐘路程

巧克力專賣店,強調全店商品均以手工製作,不含添加劑與化學成分,甜蜜的巧克力飲品、巧克力脆餅與各式造型巧克力,都是店中的必嘗招牌。

## 墨西哥風味的街邊美食

# Pedro's Bar & Restaurant

MAP P.246 / D1
出地鐵站
步行約3分鐘

**DATA**

http www.pedrosdumbo.net ✉73 Jay St(Btw Front & Water St) ☎(718)797-2851 ⊙每日11:00～24:00 休無休 💲均消約$15～20 ➡出站後沿Jay St前行,約3分鐘路程

充滿墨西哥異國情調的街邊美食,每到假日的時候,不論戶外座位區或室內吧檯區,都是高朋滿座,南美洲風味的塔可餅(Taco)、捲餅(Burrito)與起士雞肉餅(Quesadilla)等是特色餐點。

1 2 Power House Arena 3 4 Jacques Torres 5 6 7 Pedro's Bar & Restaurant

從鄧波區遠望布魯克林大橋的美景

**特色美食**

冰淇淋老店的經典與創新
# Brooklyn Ice Cream Factory

MAP P.246 / B1
出地鐵站
步行約10分鐘

**DATA**

http www.brooklynicecreamfactory.com ✉1 Water St(Old Fulton & Water St轉角) ☎(718)246-3963 🕐每日12:00～22:00 ⊗無休 💲均消約$5～10 ➡出站後沿Jay St至Water St左轉前行，約10分鐘路程

　　布魯克林橋下的超人氣冰淇淋店，自1922年創立至今，每天新鮮現做各種口味冰淇淋，經典的草莓、香草、巧克力，以及特製的水蜜桃和奶油胡桃等，都各有消費者的支持。

**特色美食**

紐約第一的薄脆炭烤披薩創始店
# Grimaldi's Pizzeria

MAP P.246 / B1
出地鐵站
步行約10分鐘

**DATA**

http www.grimaldis.com ✉1 Front St(Btw Old Fulton & Dock St) ☎(718)858-4300 🕐週一～四11:30～22:45、週五11:30～23:45、週六12:00～23:45、週日12:00～22:45 ⊗無休 💲均消約$15～20 ➡出站後沿Jay St至Water St左轉前行，於Old Fulton St左轉，約10分鐘路程

　　紐約票選第一的披薩，也是薄脆炭烤披薩的創始店家。許多遊客來到紐約的必備行程，就是徒步走過布魯克林大橋後，再來此處大快朵頤；不過這個老品牌的經營權，曾於多年前易主並搬遷店面，原本的經營者後來又在原址，開設了另一家口味類似的Juliana's Pizza，兩家店都受到紐約客的喜愛，也各有死忠支持者。

1 2 Brooklyn Ice Cream Factory 3 4 5 Grimaldi's Pizzeria

# 布魯克林
## Brooklyn

住宅區裡的大型公園、美術館

# 東花園大道
## Eastern Parkway

亞特蘭提克大道-巴克萊中心站
(Atlantic Av-Barclays Ctr)
②③④⑤Ⓑ Ⓠ

伯根街站(Bergen St)
②③

大軍廣場站
(Grand Army Plaza)
②③

東花園大道-布魯克林美術館站
(Eastern Parkway / Brooklyn Museum)
②③

富蘭克林大道站(Franklin Av)
②③④⑤

諾斯寸大道站(Nostrand Av)
③

京斯頓大道站
(Kingston Av)
③

←Mahattan

Brooklyn / New Lots Ave→

## 東花園大道周邊街道圖

東花園大道-
布魯克林美術館站
Eastern Parkway/
Brooklyn Museum
❷❸

布魯克林
植物園

布魯克林
美術館

Sterling Pl.
St Johns Pl.
Lincoln Pl.
Eastern Pkwy
Underhill Ave.
Washington Ave.
Classon Ave.
Flatbush Ave.
Union St.
President St.
Carroll St.

北

**東**花園大道鄰近「展望公園」(Prospect Park)，是布魯克林環境優美的住宅區域。這座面積2.37平方公里的大型公園，和曼哈頓的中央公園一樣，都是由Frederick Law Olmsted和Calvert Vaux兩位設計師打造，裡面有著能與中央公園媲美的「長型草原」、「李奇費德莊園」，以及舉辦戶外表演的大型舞臺等。「布魯克林植物園」(Brooklyn Botanical Garden)與「布魯克林美術館」(Brooklyn Museum)也是本區的必訪景點；其中成立於1910年的植物園，可說是紐約最美麗的世外桃源，超過52英畝的面積範圍，擁有萬種以上的植物花卉，整個園區共分為20多個不同主題的庭園，包括玫瑰園、莎士比亞花園、岩石花園，和建有假山、涼亭與小橋的日式庭園等。

遊賞去處

在紐約享受日式賞櫻樂趣

# 布魯克林植物園
## Brooklyn Botanical Garden

MAP P.251/A1
出地鐵站
步行約1分鐘

**DATA**

🌐www.bbg.org ✉150 Eastern Parkway(Btw Washington & Flatbush Ave) ☎(718)623-7200 🕐**3月中～10月**：週二～五08:30～18:00、週六～日10:00～18:00；**11月～3月中**：週二～五08:30～16:30、週六～日10:00～16:30 ❌週一 💲成人$12、學生與65歲以上$6；週二免費；週六10:00～12:00免費入場 ➡出站後沿Eastern Parkway前行，約1分鐘路程

布魯克林植物園擁有全美最大的櫻花園，每年4月底～5月初，數百顆櫻花樹同時盛開，園方也會盛大舉辦結合日本文化、表演與美食的大型「櫻花祭」(Sakura Matsuri)，讓遊客們體驗在櫻花樹下野餐、賞景的「花見」樂趣。

❶櫻花盛開的粉紅景致 ❷日式庭園 ❸花團景簇的植物園 ❹園內的休憩區域

## 百年歷史、館藏多元

# 布魯克林美術館
## Brooklyn Museum

MAP P.251 / B2
地鐵站出口
出站即達

**DATA**

http www.brooklynmuseum.org ✉200 Eastern Parkway(Btw Washington & Flatbush Ave) ☎(718)638-5000 ⏰週三、五〜日11:00〜18:00、週四11:00〜22:00 休週一、二 💲建議票價,成人$16、學生與65歲以上$10 ➡往地鐵站出口出站即達

超過百年歷史的布魯克林美術館,是全紐約第二大美術館,在宏偉氣派的建築中,可以欣賞珍貴的埃及、非洲與中亞文物,以及近代的西洋藝術收藏,館中的特展區,也會定期展出當代藝術家的作品。

1館內各式新奇的藝術品 2 6美術館建築的內外觀 3 4 5定期更新的藝術特展

# 布魯克林
## Brooklyn
### 猶如聖誕樂園的特色住宅區

# 戴克高地
## Dyker Heights

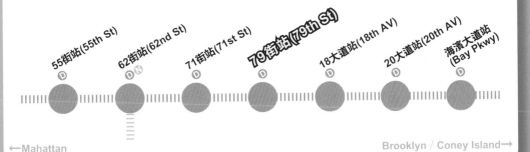

55街站(55th St) | 62街站(62nd St) | 71街站(71st St) | 79街站(79th St) | 18大道站(18th AV) | 20大道站(20th AV) | 海濱大道站(Bay Pkwy)

←Mahattan　　　　　　　　　　　　Brooklyn / Coney Island→

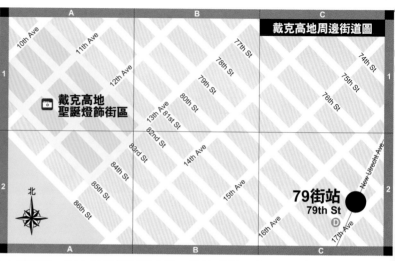

**戴克高地周邊街道圖**

戴克高地
聖誕燈飾街區

79街站
79th St

**戴**克高地(Dyker Heights)原本只是布魯克林的高級住宅區,多年前開始,由於其中某部分「大戶人家」對於聖誕布置的熱衷,而意外帶動起整個社區的「聖誕狂熱」,每年11月中旬開始,社區中的每家每戶,彷彿進行起聖誕裝飾競賽,大家都投入大筆的金錢、人力與巧思,將自己的房屋與庭院,裝扮成最吸睛的聖誕樂園。

和房子一般高的聖誕老人,隨著音樂旋轉的木馬,金光閃閃的胡桃鉗人,以及從天而降的雪人與迪士尼主角等,處處都讓慕名而來的遊客驚呼連連,很多屋主還會舉辦各種的有趣活動,藉此來和遊客們互動。一幢幢目不暇給的聖誕房屋,一條條掛滿聖誕燈飾的街道,冬季寒夜中的戴克高地,成為紐約頗負盛名的聖誕「奇景」。

**豪宅群的特殊閃亮奇觀**

# 戴克高地聖誕燈飾街區

MAP P.254／A1

出地鐵站
步行約10分鐘

**DATA**

82nd～85th St與10th～13th Ave之間 ◉11月中～1月中 ➡出站後沿79th St前行,至13th Ave即可到達此一區域

戴克高地聖誕奇景的觀賞期間,曼哈頓某些旅遊公司甚至還推出一日遊的行程,越接近聖誕節人潮越洶湧,搭乘地鐵前往時,只要跟著人群走,即可依序到達最壯觀的幾棟豪宅喔!

1 2 3 4 色彩繽紛且耀眼奪目的聖誕燈飾令人歎為觀止

# 布魯克林
## Brooklyn
### 沙灘、陽光、比基尼

# 康尼島
## Coney Island

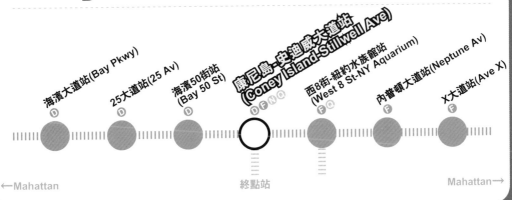

海濱大道站(Bay Pkwy)
Ⓓ

25大道站(25 Av)
Ⓓ

海濱50街站
(Bay 50 St)
Ⓓ

康尼島-史迪威大道站
(Coney Island-Stillwell Ave)
ⒹⒻⓃⓆ

西8街-紐約水族館站
(West 8 St-NY Aquarium)
ⒻⓆ

內普頓大道站(Neptune Av)
Ⓕ

X大道站(Ave X)
Ⓕ

←Mahattan

終點站

Mahattan→

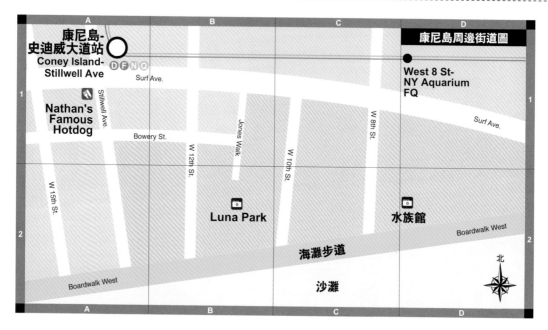

康尼島-
史迪威大道站
Coney Island-
Stillwell Ave
D F N Q

West 8 St-
NY Aquarium
FQ

Surf Ave.

Nathan's
Famous
Hotdog

Stillwell Ave.

Surf Ave.

Bowery St.

Jones Walk

W 8th St.

W 15th St.

W 12th St.

W 10th St.

Luna Park

水族館

Boardwalk West

海灘步道

沙灘

北

Boardwalk West

位於布魯克林南端的康尼島(Coney Island)，是距離紐約市區最近的一處海灘，搭乘地鐵即可抵達的便利性，也讓許多無暇遠行的紐約客們，可以就近享受充滿陽光、沙灘與比基尼的熱情仲夏。康尼島的海灘，每年僅於4月初到9月初開放，由於免入場費，每到假日時總吸引大批人潮前來，每年6月舉辦的「美人魚遊行」(P.46)活動，更是讓康尼島熱鬧異常。

擁有美麗海景的刺激遊樂園

# Luna Park

MAP P.256／B2

出地鐵站
步行約1分鐘

### DATA

httpwww.lunaparknyc.com 1000 Surf Ave(Btw W 8h & W 12th St) (718)373-5862 每年4月初～9月開放，詳細時間日期請見網站 出站後過馬路即達，約1分鐘路程

著名的主題遊樂園，位於康尼島海灘旁，全長800公尺的雲霄飛車，以及大型摩天輪等，都是不可錯過的刺激遊樂設施。 12位於海灘旁，色彩繽紛、氣氛歡樂的Luna Park

吃熱狗大賽名店

# Nathan's Famous Hotdog

MAP P.256／A1

出地鐵站
步行約1分鐘

### DATA

httpwww.nathansfamous.com 1310 Surf Ave(Btw W 12th St & Stillwell Ave) (718)946-2202 週日～四08:00～24:00、週五～六08:00～翌日02:00 無休 均消約$5～10 出站後過馬路即達，約1分鐘路程

遠近馳名的熱狗專賣店，每年7月4日美國國慶的吃熱狗大賽，就是由這間店發起的活動，家喻戶曉的日本大胃王小林樽，可是連年到此參賽呢！

位在海灘邊的店面，夏日吸引眾多人潮

257

皇后區
Queens

位於曼哈頓東側的皇后區，是紐約5大區域中，幅員最廣的一區，紐約最主要的國際線機場「甘迺迪國際機場」(JFK International Airport)，與國內線機場「拉瓜迪亞機場」(LaGuardia Airport)均位於此區，因此讓皇后區的空中交通格外繁忙。

皇后區共有近220萬人口，其居民的民族多元性與分區化，比布魯克林還要來得明顯。「傑克森高地」(Jackson Heights)周邊密布著印度住宅區、餐飲店與傳統服飾店；「亞斯多里亞」(Astoria)為希臘移民的集中地，地中海風味的餐廳與甜點店，在這裡隨處可見；中南美洲移民為主的「可樂那」(Corona)街頭，輕快的拉丁音樂與閃爍的霓虹招牌，充分顯現出阿米哥(Amigos)的熱情；而「俄姆赫斯」(Elmhurst)與「法拉盛」(Flushing)則是華人移民的大本營，抬頭可見的中文標誌，彷彿來到小台北或小上海。

因為多元文化的特色，皇后區於1964年時，被選為世界博覽會的舉辦地，至今在可樂那公園(Corona Park)裡，還可見到當時為了世博會而打造的大型地球儀雕塑，另外像大都會棒球隊(Mets)的主場也位於此區域中，是球迷們必來朝聖的觀光地標。

# 皇后區
## Queens
### 交通便利的高級社區、藝文區

# 長島市
## Long Island City

第五大道站(5 Av)
**7** **B** **D** **F** **M**

中央車站-42街站
(Grand Central-42 St)
**7** **4** **5** **6** **S**

維儂大道-傑克森大道站
(Vernon Blvd - Jackson Ave)
**7**

杭特角大道站(Hunters Point Av)
**7**

法院廣場站(Court Sq)
**7** **G** **E** **M**

皇后區廣場站
(Queensboro Plaza)
**7** **N** **Q**

33街-拉森街站
(33 St-Rawson St)
**7**

East River

←42nd St-Times Square   ←Mahattan   Queens / Flushing Main St→

長島市周邊街道圖

44th Dr
45th Ave

Court Sq
B M

法院廣場站
Court Sq
7 G

碼頭廣場公園

46th Ave

MoMA P.S.1

46th Rd

Center Blvd

47th Rd

Vernon Blvd

5fh St

21 St
G

48th Ave

11th St

21st St

49th Ave

維儂大道-傑克森大道站
Vernon Blvd-Jackson Ave
7

北

位於皇后區的西側、與曼哈頓隔東河相望的「長島市」(Long Island City)，這裡雖然與紐約「州」的「長島區」(Long Island)地名相同，但兩者卻無太大的關連。長島市曾是皇后區發展初期的政府所在地，現今則轉型為藝術工作室與高級住宅的聚集地，許多新建的大樓，因為便利的地鐵交通與新開發的碼頭公園美景，房價甚至還超越曼哈頓呢！

此外現代美術館的分館MoMA P.S.1，是喜歡藝術的朋友，千萬不能錯過的，其周邊還分布著許多小型藝廊與工作室，雖然規模最大的塗鴉工作室大樓「5 Pointz」已宣布改建，但創意無限的街頭藝術家們，仍在此區域的巷弄與廢棄廠房間，留下塗鴉藝術的足跡，不論這些噴漆彩繪是否合法，各式各樣色彩鮮明的街頭創作，儼然已成為此區域的一大特色。

## 遊賞去處

紐約第一的休閒野餐勝地

# 碼頭廣場公園
## Gantry Plaza State Park

MAP P.261/A1

出地鐵站
步行約8分鐘

### DATA

nysparks.com/parks/149 ● 搭地鐵在Vernon Blvd - Jackson Ave站下車,出站後沿Vernon Blvd前行至47th Ave,左轉直走到底,約8分鐘路程

2009年揭幕的碼頭廣場公園,在19～20世紀初曾是繁忙的貨物集散地,原本的4個碼頭被設計成不同風格的休憩區,讓遊客能在造型特殊的躺椅上,遠眺由帝國大廈、克萊斯勒大廈與聯合國大樓等連成的曼哈頓天際線,如此的美景,讓這裡被紐約的《村聲》週報票選為「紐約第一」的野餐勝地。

**1**大面積的公園綠地 **2**舒適的河畔步道 **3****7**特殊設計的躺椅區 **4**復古的百事可樂廣告招牌 **5**兒童戲水區 **6**特意保留的碼頭起降機

## 遊賞去處

前衛的塗鴉街頭藝術

# MoMA P.S.1

MAP P.261/D1

出地鐵站
步行約5分鐘

### DATA

momaps1.org ✉22-25 Jackson Ave(Btw 46th Rd & 46th Ave) ☎(718)784-2084 ◷週四～一12:00～18:00 休週二、三 $成人$10、學生與65歲以上$5,採建議票價制;憑曼哈頓MoMA門票可免費參觀 ●搭地鐵在Court Sq站下車後過馬路即達,約5分鐘路程

由1號公立小學(Pubic School / P.S.1)改建的藝術展場,為曼哈頓現代藝術館(MoMA)的分館,除了定期舉辦前衛的藝術特展之外,夏季週末另會舉行不同主題的「暖日音樂派對」(Warm Up Party)。

**1****2**各式新型態的藝術展覽 **3**由小學改建的展覽館外觀

# 皇后區
## Queens
### 地中海藍白小屋的浪漫風情

# 亞士多里亞
## Astoria

亞士多里亞-迪莫大道站
(Astoria-Ditmars Blvd)

皇后區廣場站
(Queensboro Plaza)
N Q 7

39大道站(39 Av)
N Q

36大道站(36 Av)
N Q

百老匯大道站
(Broadway)
N Q

30大道站(30 Av)
N Q

亞士多里亞大道站
(Astoria Blvd)
N Q

N Q

←Mahattan / Downtown / Brooklyn

終點站

亞士多里亞(As-toria)是位於東河的另一段沿岸區域，與長島市一樣擁有美麗的河岸景觀，從17世紀起即陸續有來自德國、荷蘭、愛爾蘭與義大利的移民遷入此區定居，到了1960年代，大批的希臘移民逐漸成為這裡的主角，並於街巷中打造出富含湛藍與純

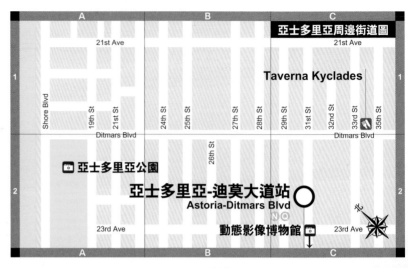

亞士多里亞周邊街道圖

Taverna Kyclades

亞士多里亞公園

亞士多里亞-迪莫大道站
Astoria-Ditmars Blvd

N Q

動態影像博物館

白色系的房屋、教堂與壁畫彩繪，也陸續開設起希臘式的餐廳、麵包店與咖啡店，讓這裡成為頗具地中海風味的特色街區。除了各式歐洲風味的美食外，幅員廣大的亞士多里亞公園，是皇后區居民最愛的休憩去處之一，國慶日的大型煙火秀，更是周邊住戶眾所期待的盛事。

### 都市中的夏日戲水天堂

# 亞士多里亞公園
## Astoria Park

遊賞去處

**DATA**

MAP P.264 / A2

出地鐵站轉乘公車約15分鐘

www.nycgovparks.org/parks/AstoriaPark ◯ 搭地鐵黃線N、R在As-toria-Ditmars Blvd站下車，出站後於Ditmars Blvd上轉乘Q69公車(車程約15分鐘)，至21St / 23 Dr站下車

位於甘迺迪橋(Robert F. Kennedy Bridge)下，除了有供市民休閒與運動的大片草原綠地外，還設置了一座全紐約最大的戶外游泳池，夏天時不但免費開放，還不時會舉辦演唱會、園遊會與露天電影院等活動。

**1**夏日的露天音樂會 **2**紐約最大的泳池 **3**占地廣闊的公園綠地

遊賞去處

## 動態影像博物館
### Museum of Moving Image

互動影像的視覺樂趣

MAP P.264／C2
出地鐵站
步行約5分鐘

**DATA**

🌐www.movingimage.us ✉36-01 35th Ave(Btw 36th & 37th St) ☎(718)777-6888 🕐週三～四10:30～17:00、週五10:30～20:00、週六～日11:30～19:00 ❌週一、二 💲成人$15、65歲以上與學生$11、17歲以下$7，週五16:00～20:00免費 ➡搭地鐵黃線R在Steinway St站下車，沿Steinway St直行至35th Ave右轉，約5分鐘路程

　　亞士多里亞的另一側位於地鐵R線的Steinway St站周邊，出站後步行約5分鐘即可到達相當有趣的動態影像博物館，這裡展示了電視與電影等影像科技從古至今的歷史與發展，除了能參觀早期的放送設備與動態畫片等展示外，還能從多項互動設施中體驗影像帶來的不同視覺樂趣。

1️⃣2️⃣3️⃣博物館中的展示與互動區

---

特色美食

豐富實惠的希臘燒烤海鮮

## Taverna Kyclades

MAP P.264／C1
出地鐵站
步行約5分鐘

**DATA**

🌐www.tavernakyclades.com ✉33-07 Ditmars Blvd(Btw 33rd & 35th St ) ☎(718)545-8666 🕐週一～四12:00～23:00、週五～六12:00～23:30、週日12:00～22:30 ❌無休 💲均消約$25～30 ➡出站後沿31st St至Ditmars Blvd右轉前行，約5分鐘路程

　　位於Ditmars大道上的希臘海鮮料理專賣店，是亞士多里亞地區最有名的一間餐廳，許多老饕自曼哈頓慕名前來，其中的燒烤海鮮、烤肉串、優格沙拉與酸甜馬鈴薯等，都是必嘗的美味料理，不但價格優惠，還有附贈免費的甜點呢！

1️⃣2️⃣3️⃣充滿希臘異國風格的店內外裝潢 4️⃣5️⃣酸甜馬鈴薯與烤肉串均為人氣料理 6️⃣產地直送的各式海鮮

# 皇后區
## Queens
### 多元亞洲文化的新興城鎮

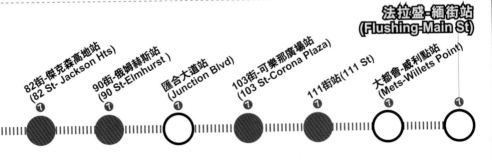

# 法拉盛
## Flushing

法拉盛-緬街站
(Flushing-Main St)

82街-傑克森高地站
(82 St- Jackson Hts)

90街-俄姆赫斯站
(90 St-Elmhurst )

匯合大道站
(Junction Blvd)

103街-可樂那廣場站
(103 St-Corona Plaza)

111街站(111 St)

大都會-威利點站
(Mets-Willets Point)

←Mahattan

終點站

法拉盛周邊街道圖

Queens Crossing Mall

34th Ave

法拉盛凱悅嘉軒酒店
One Fulton Square

39th Ave
Rooservelt Ave

126th St

Willets Point Blvd

Van Wyck Expy

法拉盛-緬街站
Flushing-Main St
7

Main St

花旗球場

Skyview
Center

41st Ave

College Point Blvd

Sanford Ave

Maple Ave

Rooservelt Ave

Mets Willets Point
7

Blossom Ave

Perimeter Rd

可樂那公園

Booth Memorial Ave

134th St

136th St

北

地球雕塑

**位**於地鐵7號線終點站的法拉盛(Flushing)，距離時代廣場約30分鐘車程，這裡早在1645年開始，即成為荷蘭西印度公司的屬地，其名稱來自荷蘭南方城市「Vlissingen」的英文音譯，隨後英國人接管此處，並讓法拉盛成為皇后區最早發展的5個城鎮之一。

到了1970年代，華裔移民開始進入此區，並在Main街周邊開起餐廳、超市與包含大江南北風味的小吃店，讓法拉盛日漸成為比起曼哈頓的中國城，還要繁榮興盛的亞裔社區；1980年代開始，韓國移民也來到了法拉盛，並在Northern大道以北的地區經營起餐飲店、商場與酒吧，讓法拉盛的亞洲文化更加多元。在許多紐約客眼中，法拉盛已成為亞洲美食的代名詞，在這裡不但能找到中國八大菜系、台灣小吃和日韓料理等，就連東南亞的越南、泰國與馬來西亞餐點等，也都相當道地美味。

國際級的體驗

遊賞去處

## 花旗球場
### Citi Field

**DATA**

MAP P.267／A2
往地鐵站出口
出站即達

🌐 newyork.mets.mlb.com/nym/ballpark ✉ 123-01 Roosevelt Ave 📞 (718)507-6387 ➡ 搭地鐵7號線至Mets-Willets Point 站，出站即達

花旗球場(Citi Field)，是美國職棒大聯盟、紐約大都會隊(Mets)的主場，這座耗資10億美金打造的球場，是棒球迷最不可錯過的朝聖經典。

美網公開賽與世界博覽會

遊賞去處

## 可樂那公園
### Corona Park

**DATA**

MAP P.267／B3
出地鐵站
步行約5分鐘

🌐 www.nycgovparks.org/parks/fmcp 📞 (718)507-6387 ➡ 搭地鐵7號線至Mets-Willets Point站，出站往花旗球場反方向走，步行約5分鐘

美網公開賽固定在可樂那公園(Corona Park)舉行，這裡曾舉辦過兩屆的世界博覽會，目前公園內的大型地球雕塑，即為當時留下的紀念物，公園裡還埋有兩顆時空膠囊，讓5千年後的人類感受20世紀的文明。

1 花旗球場外觀 2 大型地球儀為公園內醒目地標 3 位於全新完工住宅大樓低樓層的Skyview Center 4 5 商場內以連鎖品牌與折扣商店為主

交通便利的折扣購物中心

購物血拼

## Skyview Center

**DATA**

MAP P.267／C1
出地鐵站
步行約8分鐘

🌐 www.shopskyviewcenter.com ✉ 40-24 College Point Blvd (Btw Roosevelt Ave & 40th Rd) 📞 (718)460-2000 🕐 商店11:00～21:00，餐廳11:00～23:00，各店略異 🚫 無休 ➡ 出站後沿Roosevelt Ave前行至College Point Blvd即達，約8分鐘路程

Skyview Center商場包括美國大型連鎖店Target及Marshall's、Nordstrom Rack、Nike與Adidas等百貨與運動品牌的暢貨中心，這些折扣商店大多位於郊區，法拉盛分店開幕後，讓消費者搭乘地鐵即可輕鬆到達。

## 精品路線的複合式購物中心

**Queens Crossing Mall**

出地鐵站
步行約1分鐘

**DATA**

🌐www.queenscrossing.com ✉136-17 39th Ave(Btw Main & 138th St) 📞(718)713-0880 🕐商店11:00～20:00,餐廳 11:00～23:00,各店略異 ❌無休 ➡出站後沿Main St前行, 約1分鐘路程

以精品路線著稱的Queens Crossing Mall,包含購物與美食機能,引進多個歐美服裝與飾品品牌,其中Pandora與Swarovski等時尚珠寶的價格皆比亞洲優惠,各店內均設有中文服務人員。商場內還代理台灣知名下午茶館「古典玫瑰園」並開設特色美食廣場,販售紐約高人氣的生魚片蓋飯(Poke Bowl)、泰式炒冰淇淋捲、日式咖哩與珍珠奶茶等。位於2樓的「木蘭餐廳」(MulanRestaurant),則以特殊的亞洲新派料理遠近馳名,主廚將東西方的飲食元素結合,在充滿時尚感的用餐環境中,讓消費者品味不同的美食饗宴。

## 亞洲美食齊聚

**One Fulton Square**

出地鐵站
步行約3分鐘

**DATA**

🌐www.onefultonsquareflushing.com ✉39-16 Prince St (Btw 39 & Roosevelt Ave) 🕐商店:11:00～20:00,餐廳: 11:00～23:00,各店略異 💲均消約$20～30 ➡出站後沿 Main St前行直至39th Ave左轉,約3分鐘路程

紐約知名開發商F&T Group於法拉盛地區深耕多年,並陸續完成幾處大型商場、飯店與住宅大樓的建案,其中於2015年落成的One Fulton Square,引進來自亞洲各國的美食料理,在短時間內即成為此區域的人氣聚點,包括馬來料理Pappa Rich、日式料理Iki、韓國炸雞酒吧The Coop、港式火鍋大爺以及特色海鮮餐廳大豐收漁莊等,商場內的Hyatt Place酒店頂樓另設有皇后區首間手製雞尾酒(Craft Cocktail)酒吧Leaf Bar & Lounge,曾榮獲紐約Top 50殊榮的調酒師,以時令新鮮水果與香草研發各式創意調酒,讓消費者在舒適的戶外座位區小酌,並欣賞由皇后區眺望曼哈頓的不同風光。

6Queens Crossing大樓為法拉盛地標 7以精緻居家生活用品為主的Irresistible Home Decor 8裝潢雅致的新派亞洲料理木蘭餐廳 9結合住宅飯店與餐廳的複合建築 10馬來西亞美食Pappa Rich 1112氣氛時尚的頂樓酒吧Leaf (One Fulton Square圖片提供 / One Fulton Square)

布朗士
Bronx

位於曼哈頓北方的布朗士，是紐約市五大區中，唯一和本土陸地相接壤的地區，區內擁有最多的公園綠地，這裡在19世紀前主要以農業為主，紐約市其他地區的農產品，很多都產自布朗士，1930年代地鐵通行後，由於交通便利性提升，加上相對低廉的房價，因此逐漸成為近郊的住宅區域。然而遷入布朗士的族群，大多以中低收入的非洲裔與拉丁裔移民為主，讓這個區域在1970～1980年代，成為紐約犯罪率較高的地帶，後來經過政府的積極整頓，才讓此情形大幅改善，目前布朗士的觀光區域均安全無虞，遊客無需擔心。

## 植物園、動物園周邊街道圖

Bronx Park Rd
Allerton Ave
**Allerton Ave** 2,5
Bronx River Pkwy
Bronx Park E
Southern Blvd
Waring Ave
Boston Rd
📷 **紐約植物園**
Bronx Park Rd
**Pelham Pkwy** 2,5
E Fordham Rd
Bronx River Pkwy
Bronx Park E
Southern Blvd
Boston Rd
📷 **布朗士動物園**
**Bronx Park East** 2,5
北

## 洋基球場周邊街道圖

E 164th St
Macombs Dam Bridge
Jerome Ave
📷 **洋基球場**
E 161st St
**161 St-Yankee Stadium** 4,B,D
北

搭地鐵去看老虎和北極熊
**遊賞去處**

# 布朗士動物園
## Bronx Zoo

MAP **P.272／左**
往地鐵站出口
出站即達

**DATA**

🌐 www.bronxzoo.com ✉ 2300 Southern Blvd 📞 (718)220-5100 🕙 每日10:00〜16:30 🚫 無休 💲 成人$33.95、3〜12歲$23.95、65歲以上$28.95，網路購票可享優惠 ➡ 搭地鐵2線至Pelham Parkway站，出站即達

　　1899年開園至今的布朗士動物園，是全世界最大的都會區動物園，共飼養超過6,000種動物，從北極熊、老虎與長頸鹿等大型動物，到鳥類、爬蟲類和昆蟲類等小型生物，是大人小孩們都會喜歡的休閒去處。

**1**布魯克林動物園的招牌 **2**3**4**5**6**動物園裡的各種動物 (1〜6圖片提供/Niki Wu)

## 面積廣大、自然植物種類豐富

遊賞去處

# 紐約植物園
## New York Botanical Garden

MAP P.272／左
出地鐵站轉乘
公車約15分鐘

**DATA**

www.nybg.org ✉2900 Southern Blvd ☎(718)817-8700 🕐週二～日10:00～18:00，冬季1/15～2/28的週日10:00～17:00 休週一 💲成人$13、學生與65歲以上$6、週三全天與週日09:00～10:00免費入場，部分特展須另行購票 🚇搭地鐵4、B、D線至Bedford Park Blvd 站，轉Bx 26公車(車程約15分鐘)，至Garden's Mopholu Gate下車即達

布朗士「紐約植物園」的規模，若與布魯克林、皇后區的植物園相比，可說是其中之冠，超過100公頃的園區中，包含50個以上的主題區域，從人工溫室花房，到超過20公頃的原始森林保育地、階梯瀑布與熱帶濕地等，遊客們可以盡情欣賞橡樹、白臘木、櫻花樹與樺木等珍貴樹種，還能在維多利亞水晶宮式的「奧普特溫室」(Haupt Conservatory)中，見到熱帶雨林區的植物百態，每年春天的大型蘭花展，也總是吸引大批人潮前往。

**1****3****4****5**植物園中的特色建築與綠地 **2**園中著名的溫室花園 **6** **7**春季繁花盛開的美景

## 全新設備、全新體驗

遊賞去處

# 洋基球場
## Yankee Stadium

MAP P.272／右
往地鐵站出口
出站即達

**DATA**

newyork.yankees.mlb.com/nyy/ballpark ✉1 E 161 St ☎(646)977-8777 🕐商店週一～六10:00～17:00、週日10:00～16:00 🚇搭地鐵4、B、D線至161 St-Yankee Stadium站，出站即達

美國職棒大聯盟、紐約洋基隊的主場館，目前使用中的為2009年揭幕的全新球場，與1923年啟用的舊球場僅隔一條街，除了提供更好的觀賽空間外，球迷們也可在Gate 6大廳(Great Hall)的商店裡，購買各式的洋基球隊紀念品。　洋基球場外觀

# 史泰登島
## Staten Island
## 與其他著名小島

**史**泰登島位於曼哈頓南方，以狹
窄的韋拉札諾海峽（Verrazano
Narrows）與布魯克林及長島相隔，
為紐約市5個行政區中，位置最偏遠、
人口密集度最低，但自然景觀保持最
完整的一區。由於與曼哈頓島距離較
遠，所以需另行乘船前往，來往史泰登
島的渡輪由政府經營，免費提供大眾
搭乘，除了是島上居民對外的主要大
眾運輸工具外，也成為觀光客們「免
費」享受紐約海上風光的最佳選擇，
島上的觀光景點不多，大部分遊客僅
以搭乘渡輪往返賞景為主要行程。

除了史泰登島外，在紐約市周邊還
有另外兩座「小島型觀光勝地」，這
兩個地方，可是只有真正熟門熟路的
紐約客才知道的祕密小島，現在就讓
我們帶領大家來一探究竟。

免費享受海上遊船與曼哈頓美景

遊賞去處

# 史泰登島渡輪
## Staten Island Ferry

**DATA**

MAP P.275
出地鐵站
步行約15分鐘

史泰登島周邊街道圖

史泰登島渡輪

史泰登島
洋基球場

Bank St

Wall St

Richmond Terrace

北

http www.siferry.com ☎(212)639-9675 ⏰每30分鐘一班船，除週一清晨與部分節假日外，大多為24小時營運 💲免費 ➡乘船處位於下曼哈頓砲台公園(P.234)東側

　　由下曼哈頓砲台公園(P.234)到史泰登島，在這個約25分鐘的航程中，可以遠望曼哈頓的天際線，還能在途中欣賞自由女神像與艾利斯島的美景，如果行程緊湊，來不及預約自由女神像(P.235)的船票，或是想節省旅費的朋友，不妨參考此一行程。

渡輪搭乘處和輪船的外觀

美國職棒小聯盟主球場

遊賞去處

# 史泰登島洋基球場
## Staten Island Yankee Stadium

**DATA**

MAP P.275
出地鐵站
步行約5分鐘

http www.milb.com ✉75 Richmond Terrace ☎(718)720-9260 ➡搭史泰登島渡輪，下船後沿Richmond Terrace步行約5分鐘可達

　　史泰登島渡輪的碼頭出口不遠處，設有美國職棒小聯盟、史泰登島洋基隊的球場，想體驗現場觀看小型棒球賽事的朋友，可事先上網查詢比賽場次和時間。　　**13**球場內外觀 **2**球隊可愛的吉祥物

# 羅斯福島
## Roosevelt Island

東河上的狹長型小島「羅斯福島」，正好位於曼哈頓與皇后區之間，這裡最早的名稱為「黑威爾島」(Blackwell's Island)，19世紀初期曾經是監獄與精神病院的所在，因而帶有些陰森的感覺；20世紀後這裡被重新規畫為國民住宅區域，並改名為「福利島」(Welfare Island)，1973年時為紀念羅斯福總統而再度更名為「羅斯福島」。

今日島上除了高級住宅建案紛紛興起外，還保留了大面積的河濱公園，寧靜優美的環境，和喧囂的紐約大都會全然不同，在春季與夏季的下午，常能見到前來散步小憩的遊客，入夜後還能在此欣賞皇后大橋(Queensboro Bridge)與對岸曼哈頓的燦爛夜景。

除了乘坐地鐵F線外，還可以搭乘特別的「羅斯福島纜車」(Roosevelt Island Tramway)前來，這座大都會中難得一見的運輸系統，曾經是北美唯一的交通纜車，在地鐵通行後也並未功成身退，反而成為此區域的一大特色，纜車的費用和地鐵單程票相同，購買無限制地鐵卡的朋友，也可直接刷卡無需另行購票，而為了促進觀光，島上還設置了免費的紅色交通巴士，大家可要多加利用這些鮮為觀光客所知的優惠！

羅斯福島周邊街道圖

MAP P.276

舊時河路指引

## 燈塔公園
## Lighthouse Park

DATA

MAP P.276 出地鐵站轉乘巴士約15分鐘

🌐www.rioc.com/lighthouse.htm ⏰每日開放 🈹無休 💲免費 ➡️地鐵F線Roosevelt Island站或纜車站出站後，於站口搭乘免費紅色巴士至終點站(車程約15分鐘)，下車後步行約5分鐘可達

燈塔公園位於羅斯福島的北端，這座中型燈塔建於1872年，是建築師James Renwick Jr.設計，並由當時島上監獄中的囚犯，以勞動方式取島內石塊建造完成，過去曾扮演指引東河上貨運船隻的重要角色，如今燈塔的作用已功成身退，其周邊則被改建為釣魚和烤肉的休閒公園。

### 遊賞去處

## 從空中欣賞曼哈頓的日夜美景
# 羅斯福島纜車
### Roosevelt Island Tramway

**MAP P.276**

出地鐵站
步行約3分鐘

**DATA**

🌐 rooseveltislander.blogspot.com ⏰ 週日〜四06:00〜翌日02:00、週五〜六06:00〜翌日03:30 💲 使用地鐵卡每趟$2.75，亦可直接使用無限制地鐵卡(無須額外付現購票) ➡️ **曼哈頓出發：**搭乘處位於2nd Ave(Btw 59th & 60th St)，出地鐵59th St站(4、5、6、N、Q、R線)後沿59th St直行約3分鐘可達；**羅斯福島出發：**搭乘處位於West Rd與Main St之間，出地鐵F線Roosevelt Island站後向左直行約1分鐘即達

　　羅斯福島的纜車，除了載送居民往返於曼哈頓59街外，也讓觀光客有機會從空中欣賞東河兩側的美景，白天和夜晚將帶給各位不同的視覺震撼，建議大家不妨在下午前來、日落後離開，如此就能一次兼顧兩種景致。

**1 2 3** 行駛於曼哈頓與羅斯福島之間的纜車系統 **4** 從纜車上欣賞紐約的燦爛夜景

### 遊賞去處

## 古蹟建築與河岸景觀的完美結合
# 南方公園
### South Point Park

**MAP P.276**

出地鐵站
步行約5分鐘

**DATA**

🌐 www.fdrfourfreedomspark.org ⏰ 06:00〜22:00；羅斯福紀念廣場部分09:00〜19:00 🗓 公園無休，紀念廣場休週二 💲 免費 ➡️ 地鐵F線Roosevelt Island站或纜車站，出站後向左直行，步行約5分鐘

　　羅斯福島的南端為「南方公園」，這裡除了保留大片的公園綠地外，還能見到許多舊時代的古蹟建築，其最底端的尖角部分為「羅斯福紀念廣場」(FDR Four Freedoms Park)，這個於2012年揭幕的三角形紀念園區，是知名建築師Louis Kahn的最後傑作。此外，在皇后大橋與南方公園之間的路段，種植了一整排的櫻花樹，春天時一片粉色的花海，再搭配上河岸景觀，真可說是美不勝收。

**1 2** 公園中的古蹟建築 **3** 羅斯福紀念廣場上的雕塑 **4** 河濱步道 **5** 春季櫻花盛開的美景

# 總督島
## Governors Island

總督島周邊街道圖

位於史泰登島與曼哈頓島中央的「總督島」，每年僅開放約4個月，不少紐約客會將此處當作夏天週末一日遊的度假聖地。總督島首先於1624年被荷蘭西印度公司占領，並進行初步開發，而後才依序被紐約州政府以及聯邦政府收管，作為軍事用途，在第一、二次世界大戰與波斯灣戰爭期間，總督島都曾扮演保衛紐約地區的重要角色。隨著軍事用途的功成身退，布希總統於2003年將總督島劃歸紐約州政府管理，州政府隨後決定把這裡重新規畫，作為觀光及教育用途，除了保留具有歷史意義的古蹟建築外，還重整大片的公園綠地供市民前往休憩。

總督島上除了正中央的「威廉城堡」(Castle William)外，還請來許多知名藝術家打造大型的裝置藝術品，建議大家可租用島上的腳踏車或協力車(需付費)，輕鬆環島一圈，欣賞美麗的風光。此外，每年夏天還有各種豐富的活動在此舉行，如藝術節、爵士舞會與電音派對等等，由於總督島的外型好像一個三角型甜筒，因此也有人暱稱它為「冰淇淋島」，如果有機會在夏天造訪紐約，別忘了前來「冰淇淋島」消暑一番！

**遊賞去處**

連接曼哈頓和外島度假公園 MAP P.278

## 總督島渡輪
### Governors Island Ferry

出地鐵站步行約5分鐘

**DATA**

🌐 www.govisland.com ⏰ 每年5月底～9月底，平日10:00～18:00，假日10:00～19:00，約每半小時一班船，詳細班次請參考網站 💲成人往返票價$2、12歲以下免費，每週六、日11:00前免費 ➡購票處與乘船處，位於砲台公園(P.234)東側、史泰登島渡輪(P.275)旁的Battery Maritime Building

總督島於5月底～9月底每日開放，在這期間遊客可於砲台公園(P.234)搭乘渡輪前往，遇到大型活動時往往湧現大批排隊人潮，開放日期與時間每年可能會調整，建議大家行前先上網查詢。

**1 2** 前往總督島的渡輪與乘船處 **3** 總督島上的裝置藝術 **4** 威廉城堡

# 復古爵士派對
## Jazz Age Lawn Party

**DATA**

www.jazzagelawnparty.com 每年6月與8月的特定週末，請上網查詢日期 套票自$30起 同P.278總督島，活動於島上舉行

　　「復古爵士派對」為總督島上最熱鬧與精彩的活動，這個已有近十年傳統的派對，每年均吸引近千人共襄盛舉，參與者無不精心準備復古的服裝與配件，讓整個總督島當天彷彿回到電影《大亨小傳》(Gatsby)的1920年代。活動中除了有爵士樂團演奏與舞蹈表演外，大家還可以到舞池中盡情搖擺，現場另販售各式復古商品與餐點，有興趣體驗的朋友不妨先上網查詢活動日期和購票。

1 知名爵士舞團於現場演出懷舊舞蹈 2 參與派對的民眾在場中央歡樂共舞 3 爵士樂團的精采演出，讓活動現場回到1920的風華年代 4 復古的老爺車展覽 5 沒準備行頭的朋友，也可於現場購買帽飾與頭花 6 與會者盛裝搭乘總督島渡輪 7 在草坪上享受彷彿20年代的貴族式野餐

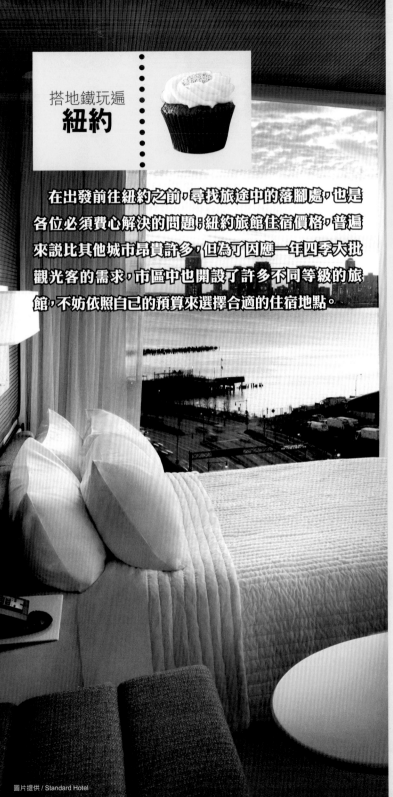

搭地鐵玩遍
**紐約**

# 紐約旅館住宿

在出發前往紐約之前，尋找旅途中的落腳處，也是各位必須費心解決的問題；紐約旅館住宿價格，普遍來說比其他城市昂貴許多，但為了因應一年四季大批觀光客的需求，市區中也開設了許多不同等級的旅館，不妨依照自己的預算來選擇合適的住宿地點。

圖片提供 / Standard Hotel

# 國際品牌飯店

君悅、希爾頓、艾美與文華東方等國際品牌飯店,具有頂級的配備與高水準的服務,所在位置也多為交通方便的曼哈頓中心鬧區,如時代廣場、中央車站或第五大道等知名景點周邊。這些五星級飯店的住宿價格相對較高,但也常與航空公司搭配「機+酒」的超值套裝行程,大家不妨向各航空業者或旅遊網站查詢,在非旅遊旺季的時候,常有機會可以用相當優惠的價格入住。

---

中城東　　　　　　　　　MAP P.84 / C3

## 紐約君悅酒店
### Grand Hyatt New York

**DATA**

🌐 grandnewyork.hyatt.com ✉ 109 E 42nd St (Btw Lexington & Park Ave) ☎ (212)883-1234 ➡ 地鐵4、5、6、7線 Grand Central- 42nd St站

紐約君悅酒店位於交通便利的中央車站旁,酒店內擁有1,306個客房,除了簡約摩登的內裝設計,並採用頂級的寢具,提供旅客舒適的休憩時刻,Club房型的房客,還可免費享用Grand Club的精緻早餐和傍晚迎賓小點,酒店內另設有西式餐廳New York Central與提供各式外帶輕食的Market商店。

以上圖片提供 / 紐約君悅酒店

---

中城西　　　　　　　　　MAP P.126 / D1

## 中城希爾頓飯店
### New York Hilton Midtown

**DATA**

🌐 www.hilton.com/NYC ✉ 1335 6th Ave (Btw 53rd & 54th St) ☎ (212)586-7000 ➡ 地鐵B、D、E線7th Ave站

希爾頓飯店集團在紐約擁有多家不同定位的飯店,其中位於中城的分館交通格外方便,步行即可前往時代廣場、洛克斐勒中心與第五大道名店區。館內分一般房型與Executive房型,後者房客可免費享用Executive Lounge提供的早餐和下午點心,飯店內設有美式餐廳Herb N' Kitchen,以及曾被許多媒體報導的冰窖酒吧Minus 5 Ice Bar。

以上圖片提供 / 中城希爾頓飯店

---

上西城　　　　　　　　　MAP P.112 / C5

## 紐約文華東方酒店
### Mandarin Oriental New York

**DATA**

🌐 www.mandarinoriental.com/newyork ✉ 80 Columbus Circle (Btw 58th & 60th St) ☎ (212)805-8800 ➡ 地鐵1線59th St- Columbus Circle站

位於哥倫布圓環時代華納中心的高樓層,以頂級精緻聞名,僅有198間客房的設計,讓入住的旅客皆能享有貴賓級的禮遇,客房依景觀分為中央公園、哈德遜河與城市景觀3種,不論何種房型的房客,都可以居高臨下地欣賞曼哈頓的美景,飯店內並設有提供精緻英式午茶的Lobby Lounge、新派亞洲料理餐廳Asiate和酒吧Mobar。

以上圖片提供 / 紐約文華東方酒店

# 時尚商務旅館

想體驗精緻紐約文化的朋友，推薦選擇新穎摩登的時尚商務旅館，這些新興的旅館，大部分位於肉品包裝區與雀兒喜等時髦街區，除了客房內裝由名師打造外，飯店內也大多設有氣氛極佳的餐廳、Lounge Bar與Club，讓旅客們即使不出門，也能體驗紐約夜生活的魅力。

雀兒喜　　　　　　　　　MAP P.142 / B3

## Standard Hotel

### DATA

standardhotels.com ✉848 Washington Street(Btw Little W 12th & 13th St) ☎(212)645-4646 ➡地鐵A、C、E線14th站、L線8th Ave站

以獨特的造型，橫越高架公園上空的Standard Hotel，開幕至今已成為肉品包裝區的人氣地標，除了極具設計感的客房外，飯店內的餐廳與夜店，也是時髦紐約客的新寵，還常能見到明星與名人的身影，Standard Hotel並不定時於戶外廣場與知名藝術家合作大型的裝置藝術，為此一地區注入更多藝文氣息。

以上圖片提供 / Standard Hotel

下曼哈頓區　　　　　　　MAP P.226 / B3

## W New York Downtown

### DATA

www.wnewyorkdowntown.com ✉123 Washington St(Btw Albany & Carlisle St) ☎(646)826-8600 ➡地鐵1、R線Rector St站、4、5線Wall St站

W Hotel集團在紐約各重要區域均設有分館，包括時代廣場、聯合廣場、Lexington Ave與金融區等，其中最新成立的W New York Downtown正對剛落成的世貿中心1號樓，其高樓層為精品住宅，低樓層則為飯店，設計上除了維持W Hotel一貫的前衛摩登風格外，並另打造了奢華的酒吧、休憩區域和戶外露台，不但能以最佳角度欣賞世貿新樓，還能眺望金融區的燦爛夜景。

以上圖片提供 / W Hotel

## 葛梅西 MAP P.182 / B1

# Ace Hotel

**DATA**

http www.acehotel.com ✉20 W 29th St(Btw Broadway & 5th Ave) ☎(212)679-2222 ➡地鐵N、R線28th St站

於幾年前開幕的Ace Hotel，以特殊的復古設計，在紐約眾多精品旅館中獨樹一格，從踏進旅館開始，戴著小鴨舌帽的服務人員將帶你回到70年代的場景中，皮質沙發、原木床組與四周的塗鴉壁畫，不但別具復古情懷，也讓旅客有彷彿到朋友家作客的舒適感，飯店內的餐廳、咖啡廳、生蠔吧和酒吧，也都是常登上媒體版面的話題名店。

以上圖片提供 / Ace Hotel

## 中城西 MAP P.126 / A4

# Yotel

**DATA**

http yotelnewyork.com ✉570 10th Ave(Btw 41st & 42nd St) ☎(646)449-7790 ➡地鐵A、C、E線 42nd St–Port Authority Bus Terminal站

位於中城西、地獄廚房區周邊的全新精品旅館Yotel，自2011年開幕以來即話題性不斷，除了時尚的裝潢與合理的價位外，品牌特意營造出的前衛科技感，也讓旅客們大開眼界，包括全球首創的機器人行李運送設備、自助式的Check-in櫃檯，以及飯店內多處舒適的Wifi上網空間等設施。

以上圖片提供 / Yotel

## 上西城 MAP P.112 / C5

# Hudson Hotel

**DATA**

http www.morganshotelgroup.com ✉356 58th St(Btw 8th & 9th Ave) ☎(212)554-6000 ➡地鐵1線59th St-Columbus Circle站

由國際精品飯店集團Morgan Hotel Group打造、位於上西城的Hudson Hotel，飯店內以夜店般的昏暗燈光和慵懶的沙發音樂，吸引許多時尚人士造訪，其中餐廳Hudson Common與戶外的Tequila Park，每到週末更是高朋滿座，由於鄰近林肯中心，紐約時裝週的不少派對也都選擇在此舉辦。

以上圖片提供 / Hudson Hotel

MAP P.267 / C1

# 法拉盛凱悅嘉軒酒店
## Hyatt Place Flushing

**DATA**

hyattplaceflushing.com ✉ 133-42 39th Ave, Flushing, Queens, New York ☎ (718)888-1234 ➡ 地鐵7號線 Flushing-Main St站

凱悅飯店旗下的商務型飯店Hyatt Place，於全球各地均設有分館，和同等級的商務飯店相比較，Hyatt Place以舒適寬敞的客房、設備齊全的游泳池與健身中心、便利的商務中心，以及免費的豐盛早餐而深受旅客歡迎。其中位於皇后區法拉盛的酒店為2014年最新開幕的分館，共有168間客房，採用前衛的建築設計，並擁有絕佳的景觀視野、寬闊的屋頂戶外花園、室內游泳池與可遠眺曼哈頓景觀的酒吧等等。

由於位於許多華人居住的法拉盛地區，飯店內工作人員多能通曉中、英雙語，可用中文提供房客各項旅遊資訊；此外，因位於地鐵站附近，可輕鬆搭乘7號線直達曼哈頓地區，館方另提供免費的拉瓜迪亞機場接送巴士，方便旅客空中交通的往返。針對商務客的需求，飯店內設置免費寬頻與Wi-Fi網路、24小時全天候簡餐、咖啡專賣區、雞尾酒吧與大廳休憩區等等，讓旅客能在便利又舒適的環境中享受紐約之旅。

以上圖片提供 / Hyatt Place

# 平價青年旅館

預算有限的朋友，可考慮專供背包客住宿的平價青年旅館，除了價格實惠外，還可結交來自世界各地的朋友。至於「短期出租」(Sublet)，建議在付款前，務必詳細了解是否為合法的租賃契約，以免產生不必要的糾紛，進而影響到行程。

## 雀兒喜　MAP P.142 / C2

# Chelsea International Hostel

**DATA**

http www.chelseahostel.com ✉251 W 20th St (Btw 7th & 8th Ave) ☎(212)647-0010 ➡地鐵1線23rd 站

位於雀兒喜，相當受到歐美觀光客歡迎，4人房每人只要$39起，含浴室的單人房則為$70起，除了地鐵交通便利外，也可步行前往多處紐約名勝景點、餐廳與購物商店，另外旅館的斜對面即為區域警察局，讓大家能住得更安心。

## 上西城　MAP P.112 / C4

# YMCA

**DATA**

http www.ymcanyc.org/westside ✉5 W 63rd St(Btw Central Park West & Columbus Ave) ☎(212)912-2600 ➡地鐵1線59th St-Columbus Circle站

YMCA青年會是國際知名的社會服務團體，曼哈頓多家YMCA中有三間附設青年旅館，包括位於中央公園旁邊的West Side YMCA、中城東的Vanderbilt YMCA與哈林區的Harlem YMCA；青年旅館的房型包括單人房、雙人房與上下鋪等，大部分為共用浴室和公共空間，入住房價由$79起，除了有一定的品質保證外，還能結交來自世界各地的青年背包客朋友，而West Side YMCA更是緊鄰高級私人住宅，讓大家能以優惠的價格體驗上西城的上流生活。

以上圖片提供 / YMCA

## 雀兒喜　MAP P.142 / A2

# Jazz Hostel

**DATA**

http www.jazzhostels.com ✉184 11th Ave(Btw 23rd & 24th Ave) ☎(212)366-4129 ➡地鐵C、E線23rd St站

Jazz Hostel為紐約地區另一間以連鎖型態經營的青年旅館，曼哈頓的分館，位於中央公園西側與雀兒喜碼頭公園旁，除了鄰近著名公園景點外，亦具有交通便利的優勢，業者還會不定時組織團體活動，讓隻身前來紐約的房客們搭起國際的友誼橋梁。

以上圖片提供 / Jazz Hostel

世界搜之旅

這次購買的書名是：

# 搭地鐵玩遍紐約 新第二版 (世界主題之旅 94)

＊01 姓名：＿＿＿＿＿＿＿＿＿＿＿＿＿＿＿＿＿＿＿＿ 性別：□男 □女 生日：民國＿＿＿＿＿年

＊02 手機(或市話)：＿＿＿＿＿＿＿＿＿＿＿＿＿＿＿＿＿＿＿＿＿＿＿＿＿＿＿＿＿

＊03 E-Mail：＿＿＿＿＿＿＿＿＿＿＿＿＿＿＿＿＿＿＿＿＿＿＿＿＿＿＿＿＿＿＿

＊04 地址：□□□□□ ＿＿＿＿＿＿＿＿＿＿＿＿＿＿＿＿＿＿＿＿＿＿＿＿＿

＊05 你選購這本書的原因

1.＿＿＿＿＿＿＿＿＿＿＿ 2.＿＿＿＿＿＿＿＿＿＿＿ 3.＿＿＿＿＿＿＿＿＿＿＿

06 你是否已經帶著本書去旅行了？請分享你的使用心得。

＿＿＿＿＿＿＿＿＿＿＿＿＿＿＿＿＿＿＿＿＿＿＿＿＿＿＿＿＿＿＿＿＿＿＿＿＿＿

＿＿＿＿＿＿＿＿＿＿＿＿＿＿＿＿＿＿＿＿＿＿＿＿＿＿＿＿＿＿＿＿＿＿＿＿＿＿

＿＿＿＿＿＿＿＿＿＿＿＿＿＿＿＿＿＿＿＿＿＿＿＿＿＿＿＿＿＿＿＿＿＿＿＿＿＿

＿＿＿＿＿＿＿＿＿＿＿＿＿＿＿＿＿＿＿＿＿＿＿＿＿＿＿＿＿＿＿＿＿＿＿＿＿＿

＿＿＿＿＿＿＿＿＿＿＿＿＿＿＿＿＿＿＿＿＿＿＿＿＿＿＿＿＿＿＿＿＿＿＿＿＿＿

很高興你選擇了太雅出版品，將資料填妥寄回或傳真，就能收到：1.最新的太雅出版情報 /2.太雅講座消息 /3.晨星網路書店旅遊類電子報。

## 填問卷，抽好書 (限台灣本島)

凡填妥問卷(星號＊者必填)寄回、或完成「線上讀者情報上傳表單」的讀者，將能收到最新出版的電子報訊息，並有機會獲得太雅的精選套書！每單數月抽出10名幸運讀者，得獎名單將於該月10號公布於太雅部落格與太雅愛看書粉絲團。

參加活動需寄回函正本(恕傳真無效)。活動時間為即日起～2018／06／30

以下3組贈書隨機挑選1組

放眼設計系列2本 (隨機)

手工藝教學系列2本 (隨機)

黑色喜劇小說2本

填表日期：＿＿＿＿年＿＿＿＿月＿＿＿＿日

**太雅出版部落格**
taiya.morningstar.com.tw

**太雅愛看書粉絲團**
www.facebook.com/taiyafans

**旅遊書王**(太雅旅遊全書目)
goo.gl/m4B3Sy

**線上讀者情報上傳表單**
goo.gl/kLMn6q

(請沿此虛線壓摺)

| 廣　告　回　信 |
| 台灣北區郵政管理局登記證 |
| 北 台 字 第 1 2 8 9 6 號 |
| 免　貼　郵　票 |

# 太雅出版社　編輯部收

## 台北郵政53-1291號信箱
## 電話：(02)2882-0755

(請沿此虛線壓摺)

**太雅部落格** http://taiya.morningstar.com.tw

有行動力的旅行，從太雅出版社開始